KARL-LUDWIG AY

Die Entstehung einer Revolution

Beiträge zu einer historischen Strukturanalyse Bayerns im Industriezeitalter

herausgegeben von Prof. Dr. Karl Bosl

Institut für Bayerische Geschichte an der Universität München

Band 1

Die Entstehung einer Revolution

Die Volksstimmung in Bayern während des Ersten Weltkrieges

Von

Dr. Karl-Ludwig Ay

DUNCKER & HUMBLOT / BERLIN

Gedruckt 1968 bei Buchdruckerei Bruno Luck, Berlin 65
Printed in Germany

Inhaltsverzeichnis

Abkürzungsverzeichnis 9

Vorwort 11

A. Der innere Staatszerfall 21

I. Gegebenheiten des Bismarckreiches 21

II. Meinungsbildende Faktoren im Krieg 23

1. Kriegsverlauf 23
2. Fronturlauber, Invalide, Frontbriefe 25
3. Wirtschaftliche Not 26
4. Ungeschicklichkeiten der Behörden, Bürokratismus 31

III. Propaganda 37

1. Feindlich 37
2. Staatsfeindlich 45
   a) Von links 45
      α) Pazifistisch 45
      β) Frauenemanzipation 52
      γ) Sozialistisch 52
   b) Von rechts, annexionistisch 58
3. Staatliche Propaganda 62

IV. Lebensumstände, Ansichten, Stimmungen und Selbstverständnis der einzelnen Schichten 69

1. Großbürgertum 69
   a) Wirtschaft und Wissenschaft 69
      α) Lebenshaltung 69
      β) Die Eigenart des politischen Klimas innerhalb der Oberschichten Bayerns 73
      γ) Über den Krieg 77
      δ) Über Pazifismus, Internationalismus 80
      ε) Über Sozialismus 83
      ζ) Wahlrecht, Königtum, Verfassung 85

η) Über Preußen 87
b) Klerus 89
c) Beamte 94
2. Mittelstand 97
3. Soldaten 102
a) Kriegsleben, das Leben an der Front 102
b) Kasernenhof, Garnison 104
4. Landbevölkerung 109
5. Arbeiterschaft 123

V. Die Spannungen 134

1. Nord — Süd, Preußenhaß 134
2. Stadt — Land 148
3. Sozial 152
a) Auf dem Land 152
b) In der Stadt 153

VI. Das Ende der Staatsautorität 156

1. Geldwert und Kriegsanleihen 156
2. Hamsterei 159
a) Hamsterer und Schleichhändler 160
b) Hamster- und Schwarzhandelspraktiken 162
c) Schwarzmarkt- und Hamsterpreise 165
d) Hamsterei — Schwarzhandel — Mengen 166
e) Gaststätten 168
f) Hamsterbekämpfung 170
g) Hamsterei, Hamsterbekämpfung und Rechtsgedanke 174
3. Gerüchte 178
4. Krawalle, Meutereien 183

B. Die Staatszerstörung 189

I. Linksgruppen und USPD 189

1. Gründung und Ziele 189
2. Soziale Stellung und Zusammensetzung 192
3. Der Januarstreik 196
4. Bekämpfung durch den Staat 200

II. Die Revolution ... 202
1. Der Zusammenbruch ... 202
2. Die Revolution ... 203
3. Nach der Revolution ... 207

Anhang

Aktenverzeichnis ... 210

Auswahlbibliographie ... 213

Register ... 223

Abkürzungsverzeichnis

AA.	=	Auswärtiges Amt, Berlin
Agbg.	=	Augsburg
AK.	=	Armeekorps
b.	=	bayerisch
B(est).	=	Bestand
BA.	=	Bezirksamt
BAmann.	=	Bezirksamtmann
Beh.	=	Behörde
Berl. Kr(iegs).	=	Preußisches Kriegsministerium, Berlin
Bez.	=	Bezirk
Büro f. Soz. Pol.	=	Büro für Sozialpolitik
Frl.	=	Fräulein
Gend.	=	Gendarmerie
G(en). K(do).	=	Generalkommando
gez.	=	gezeichnet
Gr. H. Qu.	=	Großes Hauptquartier
Hzg.	=	Herzog
kgl.	=	königlich
Kr. Pr. A.	=	Kriegspresseamt Berlin
Kr. Wu. A.	=	Bayerisches Kriegswucheramt, München
ksl.-dt.	=	kaiserlich - deutsch
L.	=	Landwehr
MA.	=	K. bayerisches Staatsministerium des königlichen Hauses und des Äußeren
MAA.	=	München - Augsburger Abendzeitung
Mch.	=	München
MFinanz.	=	K. bayerisches Staatsministerium der Finanzen
Mfr.	=	Mittelfranken
milit.	=	militärisch
Min.	=	Minister(ium)
MInn.	=	K. bayerisches Staatsministerium des Innern

MJustiz.	= K. bayerisches Staatsministerium der Justiz
MKultus.	= K. bayerisches Staatsministerium des Innern für Kirchen- und Schulangelegenheiten
MKr.	= K. bayerisches Kriegsministerium
MNN.	= Münchner Neueste Nachrichten
MVerkehr.	= K. bayerisches Staatsministerium für Verkehrsangelegenheiten
Nb.	= Niederbayern
Nebst.	= Nebenstelle
Nbg.	= Nürnberg
OB.	= Oberbürgermeister
Obb.	= Oberbayern
Ofr.	= Oberfranken
Okdo.	= Oberkommando
OPD.	= Oberpostdirektion
Opf.	= Oberpfalz
pers.	= persönlich
Pf.	= Pfalz
Pol.	= Polizei
Pol. Bez.	= Polizeibezirk
Pol. Dir. (Mch).	= Polizeidirektion München
Präs.	= Präsident, Präsidium
prot.	= protestantisch
Reg.	= Regierung
Reg. Präs.	= Regierungspräsident, -Präsidium
Rgbg.	= Regensburg
Schwab.	= Schwaben und Neuburg
S-dte Mtsh.	= sine dato, undatiert
st.	= Süddeutsche Monatshefte
st. G. K. I.	= stellvertretend
Ufr. (II., III.) (b.) AK.	= stellvertretendes Generalkommando des I. (II., III.) (bayerischen) Armeekorps
s. d.	= Unterfranken und Aschaffenburg
Z. P. St.	= Zentralpolizeistelle Bayern bei der Polizeidirektion München

Vorwort

Die Literatur zum Ersten Weltkrieg ist völlig unüberschaubar. Die Bayerische Staatsbibliothek hat einen eigenen großen Katalog allein über dieses Thema. Diese Literatur aber beschäftigt sich kaum mit der Heimat, es sei denn in anklagender oder apologetischer Manier, und auch dann meist nur unter dem Aspekt der Revolution, die diesen Krieg abschließt. Im Bewußtsein der Eigengeprägtheit der bayerischen Revolution schrieb Michael Doeberl 1919 sein berühmtes, wohl auch berüchtigtes Buch über Sozialismus, Sozialen Volksstaat, Soziale Revolution, in dem wohl erstmals ein angesehener Gelehrter neben den Ideen des Sozialismus das Judentum als landfremdes und geistig bindungsloses Element für die Revolution, die der bayerischen landstämmigen Königstreue gänzlich fremd gewesen sei, verantwortlich macht, und so die vermeintliche Schuld der Revolution von Bayern weg auf die modernen Ideologien, die Landfremden wälzt und sie unausgesprochenerweise dem „Novemberverbrechen" der Kapitulation gleichsetzt, die beide als Fremdes zu erkennen und also rückgängig zu machen seien, trotz aller Beteuerungen, „wir stellen uns auf den Boden der Tatsachen".

Auch Bücher wie das, das Wilhelm Mattes 1921 über die bayerischen Bauernräte erscheinen ließ und in denen die Bedingtheit der revolutionären Institutionen wesentlich aus den Gegebenheiten des eben beendeten Krieges gedeutet wird, konnten an dem von Doeberl gezeigten Weg nichts ändern. Auch die beiden Bücher Alois Hundhammers über die Geschichte des bayerischen Bauernbundes und über die landwirtschaftlichen Berufsvertretungen vermochten auf das Bild, das die Wissenschaft von der Revolution hatte, nicht wesentlich einzuwirken. Die Broschürenliteratur von allen Seiten erstickte alle Erkenntnisversuche. Selbst die im Dolchstoßprozeß 1925 zutage geförderten zum Teil erschütternden Materialien trugen kaum zur wissenschaftlichen Aufhellung der Tatsachen bei, weil auch sie in erster Linie als Munition der politischen Auseinandersetzung verwendet wurden.

Ganz besonders deutlich wird das in den zwölf Bänden der vierten Reihe des Werkes des Untersuchungsausschusses des deutschen Reichstags über die Ursachen des deutschen Zusammenbruchs, die sich mit dem inneren Zusammenbruch beschäftigen. Der sechste Band dieser Reihe ist mehreren Gutachten über die Dolchstoßfrage gewidmet. Die Ansichten, besonders der Exponenten General von Kuhl und des Pazifisten Herz prallen darin absolut unvereinbar aufeinander und breiten das ganze Panorama der Sicht von der Revolution entweder als „Mache des inneren und äußeren Feindes" durch Propaganda und Verhetzung oder als zwangsläufiges Ergebnis der inneren Struktur und Entwicklung des Reiches vor dem Leser aus. Beiden Parteien aber fehlt das letzthin wirklich überzeugende Material als Grundlegung ihrer Thesen.

Wir wissen heute, daß die Ansichten, die Herz und Delbrück in diesem Bande darlegen, der Wirklichkeit äußerst nahe kommen, beiden aber fehlte das Material, um diese Einsichten im ideologiezerfressenen Klima der Weimarer Zeit durchzusetzen, und selbst uns Heutige vermögen sie erst auf Grund des jetzt ausgebreiteten Materials zu überzeugen.

Einzig der zwölfte Band dieser Reihe, in dem Erich Volkmann über die Annexionsfragen des Weltkrieges arbeitete, bleibt wegen seines Reichtums an Materialien auch heute wesentliche Grundlage der Forschung wenigstens auf einem Teilbereich.

In der Zeit des Dritten Reichs war naturgemäß kaum eine wissenschaftliche Beschäftigung mit Deutschlands innerer Lage während des Weltkrieges möglich, weil ja diese Art von Staatlichkeit wesentlich auf der Legende beruhte, die es also zu konservieren galt. Es ist also nicht zu viel gesagt, daß vor dem Zweiten Weltkrieg eine ernsthafte wissenschaftliche Beschäftigung mit der Zeit des Ersten Weltkrieges kaum nachzuweisen ist; ist doch auch die eben besprochene Reihe nicht so sehr aus wissenschaftlichem Interesse denn aus der Notwendigkeit des Nachweises der Existenzberechtigung, ja Notwendigkeit der Republik entstanden, der nur durch den Beweis erbracht werden konnte, daß die Revolution nicht gemacht wurde, sondern vom Volk selbst ausging.

Außerhalb dieser Reihe soll neben den Arbeiten zur bayerischen Geschichte, die bereits genannt sind, aus der Vorkriegsliteratur nur noch das Werk von Hans Thimme über die alliierte Propaganda, "Weltkrieg ohne Waffen", erwähnt werden, das schon durch seine Themenstellung seine Absicht kennzeichnet, dabei aber reiches Material ausbreitet.

Von den diversen Parteigeschichten, die in jener Zeit entstanden sind, wollen wir hier als einzige jene von Karl Wortmann über die deutsche Vaterlandspartei erwähnen, weil der behandelte Gegenstand erst während des Krieges entstand und auch nur in dieser Zeit wirklich reale Bedeutung als Stimmungsstimulans erhielt.

Der deutsche Annexionismus wurde nach dem Zweiten Weltkrieg zum Hauptthema des wissenschaftlichen Interesses, wohl deshalb, weil hierfür in den Arbeiten von Volkmann und Wortmann genügend Ansatzpunkte vorlagen und zugleich in der Personen- und Gedankenkontinuität eine der Hauptursachen des Scheiterns der Weimarer Republik und dann des Machtwahns des Hitlerreichs zu liegen schien, ohne daß dieser Gedanke unbedingt auch ausgesprochen sein muß.

Wir wollen hier nur etwa die Dissertation von Karl Heinz Janssen über die Kriegszielpolitik der deutschen Bundesstaaten und den Aufsatz von Klaus Schwabe über die deutschen Professoren und den alldeutschen Annexionismus, vor allem aber Fritz Fischers Buch über den Griff nach der Weltmacht erwähnen, das, eben weil es exponierte Standpunkte in äußerst apodiktischer Weise vorträgt, zum neuen Ansatzpunkt wissenschaftlicher Auseinandersetzung wurde; leider geht aber diese Diskussion nur um die im Gesamtrahmen des Buches nicht allein wesentliche Kriegsschuldfrage und die Person Bethmann Hollwegs und läßt den Annexionismus als Bildungsproblem weitgehend außer acht. Dabei wäre es gewiß der Beachtung wert, die Verknüpfung des Annexionismus mit der im inneren reaktionären Haltung der meisten Annexionisten und die nicht zu unterschätzenden Gegenkräfte gegen den Annexionismus und wohl auch die geographische Verbreitung dieses Gedankens zu zeigen.

Es ist hier nicht der Ort, die allmählich umfangreich werdende neuere Literatur zum Ersten Weltkrieg Revue passieren zu lassen; festzuhalten bleibt, daß der Annexionismus das einzige Teilproblem dieser Zeit ist, mit dem sich die Wissenschaft bisher intensiv auseinandersetzte.

Gewichtige Darstellungen etwa über die wirtschaftliche Geschichte des Weltkrieges oder über den deutschen Pazifismus fehlen ebenso, wie eingehende Untersuchungen über die Frühgeschichte der USPD. Selbst Kurt Eisner hat seinen Biographen noch nicht gefunden, wenn man von Franz Schades Arbeit über Eisner und die SPD absieht, die ebenso nur ein gelungener Anfang sein kann, wie etwa die ältere Arbeit von August Skalweit über die deutsche Kriegsernährungswirtschaft.

Über den Pazifismus in Bayern fehlt meines Wissens noch immer fast jede Kenntnis, und dabei scheint mir insbesondere München die Vorstadt dieser Bewegung in Deutschland zu sein. Friedebert Taubes Dissertation über den neben Foerster und Schücking wohl wichtigsten deutschen Pazifisten, Ludwig Quidde, bricht mit Kriegsausbruch ab, der Aufsatz von Heinrich Lutz über Friedrich Wilhelm Foerster behandelt den Pazifismus weniger als ideen- und sozialgeschichtliches denn als politisches Problem in der Auseinandersetzung der bayerischen Behörden, insbesondere Falkners von Sonnenburg, mit der einzelnen Person. Die Arbeit zeigt uns mehr von der Zensurpraxis und den Politikern Sonnenburg und Foerster, als von der geistigen Auseinandersetzung eines Pazifisten mit den Problemen Krieg und Völkerhaß.

Als einziger bayerischer Politiker hat bisher der Kriegsminister bis 1916, von Kreß, einen wissenschaftlichen Betrachter gefunden; 1933 verfaßte Karl Demeter einen Aufsatz über seine Ministerzeit. Selbst eine so gewichtige Persönlichkeit wie der bayerische Ministerpräsident und nachmalige Reichskanzler Georg von Hertling wartet noch auf seinen Biographen. Das Wichtigste über ihn muß man sich aus seiner Autobiographie und den Aufzeichnungen seines Sohnes Karl von Hertling sowie in allgemein gängigen Handbüchern und Nachschlagewerken zusammensuchen.

Die erste wirklich tiefgreifende Darstellung Bayerns im Ersten Weltkrieg ist die Dissertation Willy Albrechts über die bayerische Regierung und den bayerischen Landtag im Ersten Weltkrieg, die inhaltlich weit über das gestellte Thema hinausgreift und für längere Zeit gültig bleiben dürfte.

Selbst die Revolution in Bayern, die nachträglich als Umwälzung aller Dinge empfunden wurde, verschwindet bald nach Doeberls Arbeit aus der wissenschaftlichen Diskussion, obgleich die Zahl der Bücher, die sich mit ihr beschäftigen, recht hoch ist. Aber der Eindruck der Rätezeit verdrängte die Vorgänge des Novembers 1918 vom ersten Platz des Interesses. An der Rätezeit knüpft die Verteufelung der Revolution eher an, als am eigentlichen Umsturz. Es sei hier nur an das Buch „Rotmord über München" von Rudolf Schricker erinnert.

Die Hitlerzeit, der dieses Buch entstammt, verdrängte das Thema bayerische Revolution gründlich aus der deutschen wissenschaftlichen Diskussion. Die Nachkriegszeit nahm es erst wieder auf, nachdem sich zwei Amerikaner recht erfolgreich daran versucht hatten. 1965 erschien Allan Mitchells Buch, „Revolution in Bavaria. The Eisner Regime and the Soviet Republic"; ihm war 1952 John Raatjes mit einer maschinenschriftlichen Studie vorangegangen, von der ein Exemplar im Geheimen Staatsarchiv in München liegt, mit dem Thema „The Role of Communism during the Munich Revolutionary Period, November 1918 — May 1919". Beide Arbeiten gehen, wenn auch mit Archivkenntnis, recht pauschal mit der Zeit vor der Revolution um; eindringend behandeln sie erst die Zeit seit der Frühjahrsoffensive. Es entspricht ihren Themen, wenn sie die innere Situation Bayerns nur als Hintergrund der eigentlichen Thematik, Kommunismus und Revolution, sehen. Zu dem uns gestellten Thema sind sie erst für die letzten Wochen vor Ausbruch der Revolution wirklich relevant. Wir werden in unserer Arbeit auf die Vorgänge dieser Periode nur am Rande eingehen. Das Wesentliche hierüber findet sich bei Mitchell und bei Albrecht. Immerhin ist es bezeichnend für die deutsche Forschungssituation, daß zur Aufnahme eines so gewichtigen Gegenstandes der Anstoß aus dem nichteuropäischen Ausland kommen muß, nicht weniger bezeichnend ist es, daß die Tübinger Dissertation von Theo Eberle von 1951 über die großen politischen Parteien und die Münchner Revolution von 1918 so unbeachtet blieb, daß die erste bekanntere deutsche wissenschaftliche Auseinandersetzung mit unserem Gegenstand von einem Marxisten, Hans Beyer, ausgehen mußte, dessen Buch „Von der Novemberrevolution zur Räterepublik in Bayern“ 1957 als Leipziger Dissertation in Ostberlin erschien. Dieses Buch ist nach unseren Maßstäben in so einseitiger Sicht abgefaßt, daß es nur als — sehr interessante — Materialiensammlung verwendbar ist.

Immerhin, es bedurfte heftiger äußerer Anstöße, um die bayerische, die deutsche Forschung wiederum auf die Geschichte der Revolution von 1918 zu stoßen.

Die Zahl der Autobiographien und Quellensammlungen zum behandelten Thema ist sehr groß. Wir wollen hier nicht näher auf sie eingehen. Ein Teil der Arbeiten findet sich im Literaturverzeichnis. Sie sind dem Verfasser dieser Arbeit bekannt, ihre Benützung hat er nach Möglichkeit vermieden, um die Unmittelbarkeit des aus den Akten geschöpften Bildes und die Tatsache, daß fast alle Ergebnisse, zu denen er findet, nicht nur in den Akten vorgeprägt, sondern sogar formuliert sind, nicht durch die nachträgliche Beschreibung aus der Erinnerung Beteiligter abzuschwächen. Es sollte, wo immer möglich, vermieden werden, den Maßstab des aus der zeitlichen Ferne Einsichtigeren dort anzulegen, wo der Zeitgenosse im Augenblick des Geschehens selbst das dem Bearbeiter nach seiner Quellenkenntnis richtig erscheinende Urteil abgab.

Ein wesentlicher Aufsatz soll noch erwähnt werden. 1965 veröffentlichte mein sehr verehrter Lehrer Karl Bosl, unter dessen fürsorglicher und überaus sachkundiger Anleitung vorliegende Arbeit als Münchner Dissertation entstand, einen Aufsatz über „Gesellschaft und Politik in Bayern vor dem Ende der Monarchie, Beiträge zu einer sozialen und politischen Strukturanalyse“, deren Methodik ganz besonders anregend auf diese Arbeit gewirkt hat. Außer ihm verdanke ich wesentliche Anregungen Willy Albrechts Dissertation, die inhaltlich die vorliegende Arbeit nach der Seite der staatlichen Institutionen hin ergänzt und methodisch den Arbeiten Albert Sobouls über die französische Revolution.

An Quellen liegen der Arbeit die Materialien des bayerischen Hauptstaatsarchivs, Abteilungen I, II und IV zugrunde; es ist darin eingeschlossen das Aktenmaterial des bayerischen Außen-, Innen-, Kultus- und Kriegsministeriums sowie des I. stellvertretenden bayerischen Generalkommandos. Bei diesen Stellen floß alles irgend interessante Material der beteiligten Unterbehörden zusammen, sodaß eine nähere Durchforschung der Kreis- und Stadtarchive vermutlich nur eine weitere Anschwemmung von Detailmaterial ohne Bereicherung der Aspekte gebracht hätte.

An dieser Stelle sei den Archivaren Dr. Schottenloher und Dr. Weiß vom Geheimen Staatsarchiv (= Bayerisches Hauptstaatsarchiv, Abt. II), Dr. Jäger vom Kriegsarchiv (= Bayerisches Hauptstaatsarchiv, Abt. IV) und Dr. Busley vom Allgemeinen Staatsarchiv (= Bayerisches Hauptstaatsarchiv, Abt. I) noch besonders herzlich für ihre sachkundige und freundliche Beratung und Unterstützung gedankt.

Der Krieg ist immer Krisis im Leben eines Volkes; je länger er dauert, desto deutlicher treten die Spannungen und Konflikte zwischen der Verfassung des Volkes und der des Staates, zwischen Verfassungswirklichkeit und Verfassungsrecht, hervor. Er ist die äußerste Belastungsprobe, an der sich zeigt, ob das alte Verfassungskleid noch paßt, ob der Staat noch geglaubt wird, oder ob sich das Volk eine neue Form des organisierten Zusammenlebens wählt. Dieses Auseinandergehen von Volk und Staat, besser, die mangelnde Selbstidentifizierung des Volkes mit seinem Staat, reicht aber wohl immer weit vor sein Offenbarwerden zurück. Die Revolution ist Frucht der Krisis; die Notwendigkeit der Änderung der Staatsverfassung ist Ergebnis früherer Vorgänge und wird in der Krisis offenbar. Die innere Geschichte Bayerns vor dem ersten Weltkrieg ist noch nicht geschrieben, sie wird manches erst verständlich machen von dem, was in dieser Arbeit steht.

Es liegt in der Natur unseres weitgesteckten Themas, daß die Darstellung nur Aspekte geben kann, Mosaiksteinchen zu einem Riesenbild. Es erfordert im Grunde willkürliche Beschränkung nicht nur der Einzelthemen, sondern auch des zugrunde gelegten Quellenmaterials, handelt es sich doch um einen kurzen, aber sehr komplexen Zeitraum. Um den Umfang einer Arbeit, die um der Überschaubarkeit willen nur thematisch — nicht chronologisch — gegliedert sein kann, in Grenzen zu halten, ist es nicht möglich, jedes Kapitel in sich völlig schlüssig zu gestalten. Erst die Kenntnis eines größeren Teils der Arbeit und damit der äußerst vielfältigen Fragestellungen kann die erhoffte Richtigkeit der in den einzelnen Kapiteln vielleicht ungenügend unterbauten Schlußfolgerungen zeigen, denn es ist um der Begrenzung des Umfanges willen nicht möglich, jeweils mehr als eine knappe Auswahl aus einem umfangreichen Quellenmaterial zu bieten. Vielmehr muß sich der Leser um Verständnis für die scheinbare Zusammenhanglosigkeit der einzelnen Abschnitte bitten lassen, denn es handelte sich bei der Arbeit um nicht weniger als darum, ein Filzknäuel in seine einzelnen Fäden aufzulösen; die Komplexität der Zusammenhänge mußte zerrissen werden, sie kann sich erst wieder zeigen, wenn die ganze Arbeit gelesen wurde. Es war die Absicht des Verfassers, wo immer möglich, die Quellen sprechen zu lassen, in der Hoffnung, sie so in den Text einzubauen, daß das Zitat nur mehr äußerlich, an den Anführungszeichen, erkennbar ist, um einmal höchstmögliche Authentizität der Gedankenführung zu erreichen, andererseits aber die Lesbarkeit des Textes durch die Überfrachtung mit Zitaten nicht zu beeinträchtigen. Weiter wurde beabsichtigt, statt des bekannten Namens den unbekannten sprechen zulassen; dem liegt die Meinung zugrunde, daß es bei diesem Thema besser sei, zu zeigen, wie unbekannte Menschen denken, denn aus ihnen setzt sich das Volk zusammen und nicht aus den großen Namen. Es kam ja nicht auf die Geschichte der Gedanken bedeutender Männer an, sondern auf den Versuch einer Darstellung der Grundüberzeugungen der einzelnen sozialen Schichten.

Während der Vorarbeiten in den Archiven wurde dabei erst ganz bewußt, wieso dieser Aspekt in der Geschichtsschreibung nicht allzu sehr beachtet wurde, denn die Akten verweisen fast von selbst auf die Haupt- und Staatsaktionen, auf diplomatischen Verkehr und interministerielle Querelen; das Selbstverständliche taucht kaum darin auf, man beschäftigt sich hauptsächlich mit dem Normabweichenden, nicht mit dem Normalen, dem Alltag.

Es bedurfte der äußerst intensiven Befragung von Materialien, die gar nicht über unser Thema handeln, um aus den, man ist versucht zu sagen, Nebensächlichkeiten Aussagen über die Alltagsprobleme zu gewinnen. In den Bergen von Akten, die durchgesehen werden mußten, finden sich nur vereinzelt Stücke, die unser Thema, den einfachen Menschen, zum Gegenstand haben. Er taucht fast nur auf darin, wenn er sich in seinen Nöten an die Ministerien wendet, und diese Bittschriften sind uns, obwohl erkennbar von den beteiligten Beamten oft keines Blickes gewürdigt, nur erhalten geblieben, weil die Amtsregistraturen kein Blatt Papier vernichten. Aber die Registraturbeamten finden dann meist keinen Akt, dessen Betreff zum Inhalt dieser Stücke paßt und stecken sie so in den nächstliegenden Ordner. Für den nachfolgenden Historiker wird es so zum reinen Zufall, ob er Material findet oder nicht, und diesem Zufall kann er nur nachhelfen, indem er zahllose Akten mit den abseitigsten Überschriften durcharbeitet.

Erst im Jahre 1917, zur gleichen Zeit, in der mit einer planmäßigen Propagandaarbeit zur Verbesserung der Volksstimmung begonnen wird, die Alltagsnöte mit ihrer Stimmungswirksamkeit also erkannt werden, setzt eine planvolle Sammlung dieser und ähnlicher Stücke ein. Im Ergebnis kommen so mittelbare Quellen wie Ministerialerlasse oder die Volksstimmungsberichte Sonnenburgs zustande, die aber nach Möglichkeit nur verwendet wurden, wo unmittelbare Zeugnisse, also Bittschriften und Niederschriften von Ohren- oder Augenzeugen, nicht auffindbar waren. Immer wurden die Schriftstücke herangezogen, die dem besprochenen Gegenstand erkennbar am Nächsten standen.

Die Presse wurde als Quelle nur herangezogen, wenn sie in den Akten auftaucht und so als relevant gleichsam legitimiert ist. Die Durchsicht vieler Zeitungen hatte nämlich ergeben, daß sie aus mehreren Gründen für die Behandlung unseres Themas, das ja keine Ereignis- sondern eine Zustandsgeschichte sein soll, nur unter größten methodischen Schwierigkeiten verwertbar ist. Es läßt sich nämlich in den seltensten Fällen bei einem Presseartikel, der in einer Zeit politischen Hochdruckes entstanden ist, zweifelsfrei feststellen, inwieweit er nur Ausdruck der Meinung des Schreibers — in Summa ein Panorama der Ansichten der dünnen Schicht geistig regsamer Journalisten — ist, ob er weitverbreitete Ansichten wiedergibt oder Einzelmeinungen verbreiten will, ob er Stimmungsausdruck oder Propaganda oder das Ergebnis eines Kompromisses zwischen Zensor und Schreiber ist. Von allen zeitgenössischen Zeitzeugnissen ist die Presse also das am wenigsten unmittelbare und deshalb nur sehr schwer verwertbar.

So erwies sich doch der Weg in die Archive als der wohl allein zweckmäßige, trotz aller damit verbundenen methodischen Schwierigkeiten, denn nur dort war wirklich unmittelbares Quellenmaterial zu finden, das dann doch zu einer reichen Ausbeute führte.

Es wurde angestrebt, ein Panorama Bayerns von 1914 bis 1918 zu zeichnen, in dem die Wechselwirkung der verschiedensten Elemente, wie Krieg, Hunger, Propaganda in ihrer Einwirkung auf die einzelnen Bevölkerungsschichten und die daraus resultierenden Spannungen innerhalb des Volkskörpers gezeigt werden. Sie äußerten sich in einem rapiden Autoritätsverlust des Staates, also in einer revolutionären Situation, die der Revolutionäre fast nicht mehr bedarf, um zur Revolution zu führen. So ergibt sich denn die Situation, daß der bewußte Revolutionär im Konsensus mit der Staatsbevölkerung lebt und so zum gleichsam unwesentlichen Element mit höchstens katalytischer Wirkung wird.

A. Der innere Staatszerfall

I. Gegebenheiten des Bismarckreiches

Drei der vordringlichsten Ursachen der Revolution liegen in der Struktur des Bismarckreiches. Trotz der bundesstaatlichen Verfassung hat es einfach durch das Übergewicht Preußens einen deutlich erkennbaren Hang zum Unitarismus, der den weitgehenden Verlust der Eigenständigkeit Bayerns im Weltkrieg stärker denn je ins Bewußtsein drängte, als man sich in der nun gehandhabten Zentralisierung nur mehr als Appendix Preußens im Reiche empfand.

Daneben steht die Frage der Emanzipation des Arbeiters, der, wie Otto Voßler[1] zeigt, die Konstruktion des Reiches als Vertragsgründung gegenübersteht, in die nur jene Schichten aufgenommen sind, die bei Vertragsabschluß wesentlich existieren; daß also wegen der Kompliziertheit des Reichsbaues, der um seines Bestandes willen keine neuen Kräfte verträgt, die Alternative besteht: Reichsbestand oder Arbeiteremanzipation. Erst die Belastung des Krieges gleichzeitig für den Bau und die Sozialstruktur des Reiches legte sie bloß und erzwang die Entscheidung — zuungunsten des Reiches, aber auch nicht zu Gunsten der Arbeiterschaft, sondern letztlich zu Gunsten der Zentralisierung durch Hitler und damit der Zerstörung des Reiches selbst.

Ein Grund noch, neben dem Zug zum Unitarismus und der ungelösten Arbeiterfrage, liegt in der Konzentration der Wirtschaftsmacht des Reiches in Preußen, der relativen Abwärtsbewegung der bayerischen Wirtschaftskraft durch die Sperrung der südosteuropäischen Absatzmärkte in der Zollgesetzgebung Caprivis ohne gleichwertigen Ersatz im Reich; eine Tatsache, die die Bauern in der äußersten Anspannung des Krieges, als Bayern plötzlich nicht genug an Agrargütern nach dem Norden liefern konnte, während das Agrarland Bayern Hunger litt, gegen die alles beherrschende Prädominanz Preußens auf die Barrikaden trieb, eine Tatsache, die die bayerische Regierung in den Augen des Volkes zum Handlanger Preußens degradierte und so der Verachtung preisgab.

Es versteht sich von selbst, daß zwei dieser drei Gründe für den überwiegenden Teil des Reiches kein Problem darstellten, denn der

---

[1] O. *Voßler*, Bismarcks Sozialpolitik.

hieß: Preußen. Zentralisierung ist für den Zentralisierer höchstens ein technisches Problem, den Zentralisierten aber geht es an den Lebensnerv, denn sie verlieren dabei, also die deutschen Mittelstaaten und vor allem deren Vormacht, Bayern.

Nur für Bayern wirklich gewichtig war die Verlagerung des wirtschaftlichen Schwergewichtes nach Norden und die eigene Rückständigkeit als Agrarland, das sich vom Norden ausgebeutet fühlte.

Der Punkt aber, der für das Reich die größte Bedeutung besaß, die Arbeiterfrage, war für Bayern, dank der besonderen Wirtschaftsstruktur, von untergeordneter Bedeutung. Daher die Legende von der Revolutionssicherheit Bayerns, weil man sich Revolution trotz etwa Rosenstock-Huessy kaum anders denn als Stationen des Klassenkampfes vorstellen kann.

II. Meinungsbildende Faktoren im Krieg

1. Kriegsverlauf

Die Euphorie, die der Kriegsausbruch mit sich brachte, ist an verschiedenen Stellen ausführlich dargestellt[1]. Sie spiegelt sich darin, daß so viele Beamte ihren Dienst verlassen, um zu den Fahnen zu eilen, daß die innere Staatsverwaltung von der Arbeitsunfähigkeit bedroht ist. Am 11. August weist das Innenministerium in einem Erlaß darauf hin, daß die Heeresverwaltung keine Freiwilligen mehr brauche, und daß die Beamten auch auf ihren Posten „in dieser schweren Kriegszeit durch Erfüllung ihrer Aufgaben dem Vaterlande dienen"[2].

Im ganzen hat der Kriegsverlauf, das Geschehen an der Front, nur geringe nachweisbare Auswirkungen auf die Stimmung. Außeramtliche Schriftstücke, die Näheres darüber aussagen, sind außerordentlich selten im Vergleich zu der großen Zahl von Aussagen über andere Vorgänge, und die amtlichen Berichte äußern sich nur sehr pauschal über die Wirkung selbst wichtiger Ereignisse, ohne daß die Grundlage ihrer Erkenntnisse immer erkennbar ist. Selbst so wichtige Geschehnisse wie der Kriegseintritt Amerikas oder der unbeschränkte U-Bootkrieg tauchen nur am Rande auf. Das Volk nimmt kaum erkennbar teil an den einzelnen Erfolgen des deutschen Heeres, eher an seinen Verlusten. Gute Nachrichten von der Front können höchstens die Hoffnung auf einen baldigen glücklichen Kriegsausgang heben, ohne aber auf Dauer von tieferem Einfluß zu sein.

Der Kriegsverlauf wird nur unter dem Aspekt gesehen: beschleunigt er das Kriegsende oder verzögert er es. Das wird ganz deutlich in einem Bericht des Büros für Sozialpolitik für September 1916[3]: „Noch in die freudige Stimmung, die das ganze Volk bewegte (über die Rückkehr des Handelstauchbootes „Deutschland"), hinein traf die Kunde von Italiens Kriegserklärung und Rumäniens Eintritt in den Krieg... Die Stimmung wurde sehr düster, teils wegen der als stark vermehrt empfundenen Gefahr der Kriegslage, teils weil die Massen den Frieden in immer weitere Ferne entschwinden sahen..." Und im Monatsbericht

---

[1] Vgl. als Beispiel nur das Erinnerungsbuch Ernst *Tollers:* Eine Jugend in Deutschland; und *Albrecht,* II. 1. c.

[2] Erlaß *Sodens* an die Bezirksämter, 11. 8. 14, MKr 12786.

[3] In: MKr 14029, Stück 30.

für Oktober 1916 meldet dann der stellvertretende kommandierende General in Nürnberg[4]: „Die Stimmung ist im allgemeinen ruhig und zuversichtlicher wie (sic!) im Vormonat, was auf die Erfolge besonders auf dem rumänischen Kriegsschauplatz zurückzuführen ist."

Nur Erfolge gegen Italien rufen wegen der maßlosen moralischen Entrüstung über die Haltung dieses Landes Genugtuung hervor. Eine Eierhändlerin vom Münchner Viktualienmarkt spricht in einer Eingabe mehr als ein Jahr vor der italienischen Kriegserklärung an Deutschland vom „Italiener Madzena (bayerisches Schimpfwort, etwa unlauterer, schleimiger Geselle), wo so deutschfeindlich ist..."[5]. Die militärischen Erfolge gegen dieses Land im Herbst 1917 schlagen sich dann auch in einem Bericht des überaus klugen Beobachters Hauptmanns Falkner von Sonnenburg, des Pressereferenten des bayerischen Kriegsministeriums, in den Worten nieder: „Freilich haben die Ereignisse auf dem italienischen Kriegsschauplatz auch in der Masse des Volkes ein Gefühl großer Genugtuung und Freude ausgelöst und eine große Anteilnahme hervorgerufen, doch bedeutet diese Anteilnahme nur ein kurzes Aufflackern, das mit den Stimmungshöhepunkten in den ersten Kriegsjahren nicht zu vergleichen ist[6]."

1918 endlich sind die Probleme der Heimat derart übermächtig, daß die Frühjahrsoffensive nur noch während der Zeit ihrer Erfolge die drängenden inneren Probleme überdecken kann. „In weit höherem Maße als je ein Ereignis der letzten Monate beeinflußte sie die allgemeine Stimmungslage und ließ vorübergehend die drückenden Gefühle der Unbequemlichkeiten und Widerwärtigkeiten des täglichen Lebens zurücktreten vor den stolzen Erwartungen in die deutsche Siegerkraft[7]." Diese Zuversicht Sonnenburgs, deren Berechtigung, wie spätere Kapitel zeigen werden, anzuzweifeln ist, hält an bis zum militärischen Zusammenbruch, um dann jäh in völlige Verzweiflung umzuschlagen: „... ein kurzer Aufenthalt unter der Bevölkerung, auf der Bahn, usw. genügt, um einen tiefen Einblick in das zu bekommen, was ist. Und mit größtem Bedauern muß festgestellt werden, daß sich nirgends ein Anzeichen dafür bietet, daß man geneigt oder fähig ist, ... dem wuchernden Pessimismus entgegenzutreten und dem Volke die Blickpunkte zu geben, die es in diesen Tagen nationaler Prüfung bedarf"[8], schreibt Sonnenburg in seinem Bericht für August 1918, und das Büro für Sozialpolitik urteilt in seinem Bericht vom 21. August 1918: „Die

[4] Monatsbericht des st. G. K. III. b. AK. an MKr., 2. 11. 16, MKr 12842.
[5] Fräulein *Stauber*, „Viktualin", an MKr., 11. 6. 15, MKr 12821.
[6] Volksstimmungsbericht für Nov. 17, S. 1 f., MK 12289.
[7] Volksstimmungsbericht *Sonnenburgs* für März 18, S. 3, MK 12290.
[8] Übersandt MKr. an MK. am 9. 9. 1918, S. 4, MK 12290.

Stimmung der arbeitenden Masse ist andauernd außerordentlich gedrückt. Allen wilden Gerüchten ein gläubiges Ohr leihend, erliegen sie noch gänzlich dem Glauben, daß wir eine schwere, unwiederbringliche Niederlage erlitten haben. Der Glaube an den Endsieg ist in den weitesten Kreisen geschwunden. Vor allem aber fehlt das Vertrauen zur Reichsregierung, daß sie überhaupt eine klare politische Richtlinie verfolge und daß sie im Stande sein werde, dem Krieg zu einem baldigen Ende zu verhelfen[9]."

2. Fronturlauber, Invalide, Frontbriefe

Die Front wirkte in vielfältiger Weise auf die Heimat zurück. All die zahlreichen Eingaben von Parlamentariern und anderen Persönlichkeiten über die Kümmernisse der Soldaten beruhen überwiegend auf schriftlichen Mitteilungen, sind Extrakt manchmal tausender von Briefen. Im August 1917 berichtet der Nachfolger Georg von Vollmars als Führer der bayerischen Sozialdemokratie, der Abgeordnete Erhard Auer, er erhalte wöchentlich etwa 2000 bis 2500 Briefe von der Front[10]. Zweifellos war der Austausch der Soldaten mit ihren Angehörigen noch wesentlich intensiver, sei es nun brieflich oder persönlich bei den spärlichen Heimaturlauben.

Schon 1915 wird der unheilvolle Einfluß der oft „recht bedenklichen Erzählungen" der Urlauber auf die Beurteilung der Kriegslage und damit auf die Kriegsanleihezeichnung aktenkundig[11].

Im Frühjahr 1916 stellt Sebastian Schlittenbauer, der Führer des Bayerischen christlichen Bauernvereins, bei seinen Besuchen auf dem Lande fest, „daß die Leute in den Wirtshäusern von Urlaubern direkt verhetzt werden". Ungeheure Verluste werden behauptet, die amtlichen Verlustlisten angezweifelt und „der ganze Krieg als Kampf für die Großkapitalisten hingestellt"[12].

Sie finden bei allem, „was den Krieg betrifft, in der Heimat unbedingten Glauben ..., und zwar gerade in den nicht organisierten führerlosen Schichten der Bevölkerung", wie das bayerische Kriegsministerium 1917 auf Grund „vielfacher Beweise" urteilt. Es stellt fest, „daß eine große Anzahl von Mannschaften diese ihnen von der Heimat eingeräumte Autorität — zum größten Teil wohl aus Gedankenlosig-

---

[9] Bericht Büro f. Soz. Pol., 21. 8. 1918, MKr 14029.

[10] Niederschrift üb. d. 30. Sitzung des Ernährungsbeirats am 22. 8. 17, S. 42, MInn 66328.

[11] Wochenbericht BA. Traunstein v. 18. 9. 15, MInn 66326.

[12] *Schlittenbauer* an MKr., 5. 6. 16, MInn 66327.

keit und falsch verstandenem Heldentum, zum Teil auch bewußt — dazu mißbraucht, der Heimat die törichsten Erzählungen über den Kaiser, die Verpflegung, das Leben der Offiziere an und hinter der Front, über Verluste, eigene Leistungen und überstandene Gefahren aufzutischen und hierdurch dem Mißvergnügen mit den Verhältnissen in der Heimat noch ein weitgehendes Mißtrauen über das Leben in der Front und den Etappen hinzuzufügen“[13]. Dadurch aber wurde die staatliche Propaganda neutralisiert.

Im Sommer 1917 stellt die Postüberwachungsstelle Straßburg fest, daß zahlreiche Soldaten ihre ländlichen Verwandten auffordern, den Fruchtanbau einzuschränken, um die Reichsleitung zum Frieden zu zwingen[14].

1918 ist es dann schon fast üblich, daß Urlauber für die bevorstehende Revolution Schußwaffen und große Mengen feindlichen Propagandamaterials nach Hause schmuggeln[15].

Je länger der Krieg dauerte, desto zahlreicher traten die Kriegsinvaliden in Erscheinung; sie sind das unerträglichste Symbol des Krieges, ständige Erinnerung an ihn auf der Straße, dauernde Erinnerung an den gefallenen Vater, Bruder, Sohn, Ehemann, Bräutigam oder Freund. Gegen Ende des Krieges beteiligen sie sich an fast allen den zahlreichen Krawallen, sei es als Stimulans, sei es aktiv hetzend oder selbst mit Tätlichkeiten. Es ist ein förmlicher Notschrei des Innenministers von Brettreich, wenn er am 18. August 1918 an den Kriegsminister schreibt[16]: „Es ist wohl ohne weiteres klar, daß schon die bloße Anwesenheit Verwundeter das Einschreiten der Polizei (bei Aufläufen) erschwert und unter Umständen hindert. Ich brauche nur an den Fall zu denken, welche Folgen es haben könnte, wenn etwa ein Verwundeter überritten oder eine Beschädigung erleiden würde ...“

3. Wirtschaftliche Not[17]

Nichts hat die Stimmung während des Krieges stärker beeinflußt als die wirtschaftliche Not mit allen ihren Begleiterscheinungen. Aber das Volk suchte die Schuld daran nicht bei der Blockade durch Eng-

---

[13] *Hellingrath* an die Kommandeure aller mobilen Formationen, 11. 8. 17, MInn 66328.

[14] St. G. K. XV. AK. Straßburg, an Berl. Kr., 5. 9. 17, MInn 66329.

[15] MKr. an st. G. Ks., 20. 7. 18, und *Brettreich* an Regierungen, 18. 9. 18, MInn 66284.

[16] *Brettreich* an *Hellingrath*, 18. 8. 18, MInn 66284.

[17] Vgl. u. a. *Albrecht* II. 2., II. 3., III. 8., V. 1., V. 6. b. und *Skalweit*, Die deutsche Kriegsernährungswirtschaft.

land, sondern bei der eigenen Regierung, bei deren tatsächlicher Unfähigkeit einer sinnvollen Ernährungsorganisation.

1917 wird es auch „unter den Gebildeten ... gedankenlos nachgeredet und weitergetragen, daß die Ernährung unserers Volkes nicht so fast (sic!) durch wirklichen Mangel an Nahrungsmitteln, als durch Torheiten einer verständnislosen Bureaukratie und den staatlich geduldeten und geförderten Wucher der Kriegsgesellschaften gefährdet wird“[18].

In den Jahren vor dem Krieg arbeitete das Reichsamt des Innern immer wieder Pläne zur Ernährungssicherung im Kriegsfalle aus, die vielfältigsten Widerstände verhinderten ihre jeweilige Durchführung[19].

Bei Kriegsbeginn ist so gut wie nichts vorbereitet. Die Hoffnung auf einen kurzen Krieg, die Überzeugung vom siegreichen Frieden verhindert jede reichseinheitliche Versorgungsregelung. Der Krieg soll in das Leben des Einzelnen so wenig wie möglich eingreifen, die Wirtschaft in den Bahnen des Friedens weiterarbeiten.

Bereits am 4. August beklagt sich das Berliner Kriegsministerium über Lebensmittelwucher im ganzen Reich[20]. Am 4. August 1914 beschließt der Reichstag ein „Gesetz betreffend Höchstpreise“[21], nach dem „für die Dauer des gegenwärtigen Krieges ... für Gegenstände des täglichen Bedarfs ... Höchstpreise festgesetzt werden“ können; die Durchführung des Gesetzes wird dem Belieben der Regierungen der Bundesstaaten überlassen. Die bayerischen Ausführungsvorschriften vom 10. August delegieren die Befugnisse aus diesem Gesetz „in kreisunmittelbaren Städten (an) ... die Regierungen, Kammern des Innern, nach Anhören des Stadtmagistrats; in den übrigen Gemeinden ... (an) die Bezirksämter nach Anhören der Gemeindebehörde ... die Behörde kann ihre Befugnisse auf die Ortspolizeibehörde übertragen“. Dieses Gesetz samt seiner bayerischen Interpretation hat die Zersplitterung nicht nur des Reiches, sondern gerade Bayerns in eine unübersehbare Vielzahl kleiner und kleinster Wirtschaftsräume mit jeweils eigenen Versorgungsregelungen zur Folge. Im Grunde ist es reiner Zufall, wenn sich die Versorgung auch nur zweier Nachbargemeinden gleicht. Der bayerische Innenminister von Soden-Fraunhofen schränkt in der Bekanntmachung

---

[18] Nicht abgeschicktes Rundschreiben *Brettreichs* an seine Ministerkollegen vom März 1917, MInn 66445.

[19] Vgl. Clemens *v. Delbrück*, Wirtsch. Mobilmachg.

[20] Berl. Kr. an MKr. Telegr., 3. 8. 1914, MKr 12819.

[21] Unter anderem abgedruckt im Kgl. bayer. Staatsanzeiger Nr. 188, zweites Blatt, 12. 8. 1914, samt den bayerischen Ausführungsbestimmungen, MKr 12819, Stück 2.

zu den Ausführungsbestimmungen dieses Gesetzes die Festsetzung von Höchstpreisen dann noch auf den Zweck ein, „übertrieben hohen Preissteigerungen entgegenzuwirken, die nicht in der Natur der Verhältnisse begründet sind, sondern auf spekulative oder unlautere Machenschaften einzelner oder bestimmter Gruppen zurückgehen". Damit wird das Gesetz zur reinen Defensivvorschrift gegen Auswüchse der als naturnotwendig anerkannten Preissteigerungen, gegen die im ganzen vorzugehen eher als schädlich betrachtet wird, denn nur sie versprechen über den Verdienstanreiz genügende Lebensmittellieferungen in die Städte. Preissteigerungen sind die natürliche Folge. In den zehn Kriegsmonaten bis Mai 1915 verteuerte sich die Lebenshaltung einer Arbeiterfamilie um rund 20 Prozent, die Ausgaben für Lebensmittel alleine um 31 Prozent[22], bis Dezember sogar 39—40 Prozent[23], ohne daß dem auch nur annähernd entsprechende Lohnerhöhungen entgegengestanden hätten, brachte doch der Kriegsausbruch verbreitet Arbeitslosigkeit mit sich, weil die Konsumgüterindustrie, — besonders die Textilindustrie — von den ausländischen Rohstoffmärkten abgeschnitten war[24] und der bayerische Innenminister am 5. August 1914 alle laufenden öffentlichen Arbeiten soweit einschränken ließ, „als dadurch kein dringendes Bedürfnis verletzt, keine erhebliche Gefahr für die Staatsverwaltung oder für die Öffentlichkeit und keine größere Arbeitslosigkeit herbeigeführt wird"[25]. Zwar ordnet er drei Tage später die Fortführung der öffentlichen Arbeiten an, doch im Industriezentrum Bayerns, Nürnberg und Fürth, gibt es schon im September 27 000 Arbeitslose; für den Winter werden Notstandsarbeiten nötig[26]. 1916/17 ist durch den außerordentlichen Umfang der Rüstungsindustrie die Arbeitslosigkeit endgültig gebannt, statt dessen hat sich die Ernährungslage ungeheuer verschlechtert.

Die Festsetzung von Höchstpreisen auf Bezirks- und Ortsebene scheitert nach kurzer Zeit. Im Juni 1915 bekennt Innenminister Soden[27], sie hätten „sich vielfach nicht nur als wirkungslos, sondern sogar als schädlich erwiesen... Denn sobald sie unter die Marktpreise des Nachbarbezirks herunterging, führte sie zu einer Abwanderung der Ware". Jetzt fordert Soden Festsetzung von Höchstpreisen für das ganze Reich, um nicht zu der Alternative der wirtschaftlichen Ab-

---

[22] Siehe die Ausarbeitung des Statist. Amtes der Stadt München über Preissteigerungen vom Sommer 1915; MKr 12822, Stück 155.

[23] Ausarbeitung des Statist. Amtes der Stadt München vom Januar 1916, in MKr 12823.

[24] Vgl. Wochenbericht Reg. Schw. und Neuburg, 25. 10. 15, MInn 66326.

[25] *Soden* an Unterbehörden, 5. 8. 14, MKr 12786 u. *Albrecht* II. 2.

[26] MInn. an MA. u. MFinanz., 3. 10. 14, MKr 12786.

[27] MInn. an MKr., 28. 6. 15, MKr 12821.

sperrung Bayerns vom Reiche greifen zu müssen, weil anders der Abzug bayerischer Erzeugnisse und damit die Unterversorgung der Städte nicht verhindert werden könne. Eine Reichsversorgungsregelung wird nie kommen, Bayern sperrt sich bis 1917 in der Lebensmittelversorgung vom übrigen Reich ab. Einheitliche Höchstpreise waren nur für Getreide, Futtermittel und Fett eingeführt, aber zu niedrig angesetzt, so daß eine Vielzahl Bauern zu diesen Preisen nicht verkauften und im Frühjahr 1916 eine Anhebung der Höchstpreise notwendig wurde, um die gehorteten Bestände auf den Markt zu bekommen. Der Effekt war eine tiefgehende Verstimmung jener Landwirte, die schon im Herbst abgeliefert hatten, denn sie betrachteten die Preisanhebung als Bestrafung „der Gutwilligen", als Belohnung der „minder Gutwilligen", wie sich der Bauernfunktionär Georg Heim ausdrückte[28].

In tiefster Verbitterung schreibt der „Landwirtschaftliche Bezirksverein für An- und Verkauf" in Straubing an die Intendantur des III. stellv. Generalkommandos in Nürnberg[29]: „Ja wenn die Persönlichkeiten, welche sich derartige Mißgriffe leisten, nur einmal hören könnten, was in Stadt und Land gedacht wird, darüber, daß zielbewußt der ehrliche, rechtzeitig und uneigennützig abliefernde Landwirt zum Gespötte der Kriegswucherer gemacht wird."

Nach einem halben Jahr Krieg ist das Brot knapp. „Arme Leute wären froh, wenn sie für ihre Kinder genug Brot hätten", begründet ein Arbeiter Karl Maier aus Ingolstadt seine Beschwerde gegen die Verfütterung von Abfallbrot aus den Lazaretten als Viehfutter[30]. Am 10. Oktober 1914 ersucht das Innenministerium den Kriegsminister, die Abgabe von Weißbrot in Gasthäusern zu verbieten, weil Deutschland nach der Ernteübersicht dieses Jahres über 2 Millionen Tonnen weniger Weizen verfüge als in den Vorjahren[31], im Dezember wird der Semmelverkauf an den Schulen verboten[32]. Schon im Winter 1914/15 wankt die öffentliche Lebensmittelversorgung bedenklich. Es spricht für den blinden Optimismus der bayerischen Regierung in diesen Dingen, wenn der Verkehrsminister von Seidlein zwei Monate nach Kriegsbeginn in einem Geheimschreiben an das Reichseisenbahnamt bekanntgibt, „daß zur Zeit in Bayern keine Veranlassung besteht,

---

[28] Georg *Heim* an die Landesvermittlungsstelle beim Statist. Amt, 14. 2. 1916, MInn 66327.

[29] Am 14. 2. 16, MKr 12823.

[30] Aktenvermerk MKr. vom 5. 2. 15, MKr 12819.

[31] MInn. an MKr., 10. 10. 14, MKr 12819.

[32] Ministerialblatt f. Kirchen- und Schulangelegenheiten im Kg.-reich Bayern, Nr. 33, 2. 12. 14, MKr 12819.

den Bedarf an Nahrungsmitteln für die Zivilbevölkerung durch staatliche Ankäufe sicherzustellen“[33].

Die dann ergriffenen Maßnahmen kamen jeweils zu spät. Die Höchstpreise sollten die Preise drücken und unterbanden und behinderten die Produktion, den legalen Handelsverkehr, sie lagen unter dem jeweiligen Preisniveau. „Von einzelnen Landwirten wurde die Kartoffelernte absichtlich nicht durchgeführt.“ Ein reicher Gutsbesitzer erklärte, „wenn der Höchstpreis der Kartoffeln nur 4 M betrage, lasse er (sie) ... lieber im Acker liegen. Überhaupt wurde von mehreren Amtsvorständen geklagt, daß die Zurückhaltung von Kartoffeln durch die Landwirte einen bedauerlichen Umfang annehme“[34]. Der kommende Winter wurde jener kartoffellose Kohlrübenwinter 1916/17. Die Höchstpreise konnten die Preise nicht festhalten, sondern liefen hinter ihnen her. Der Staat selbst nahm sie nicht für voll. Der Regierungspräsident von Oberfranken beklagte sich im Februar 1916, „daß die Organe der Heeresverwaltung von Anfang an ohne Rücksicht auf die allgemeinen wirtschaftlichen Verhältnisse die für das Heer benötigten Bedarfsartikel kauften, sich auch jetzt nicht an die Höchstpreise halten und ohne gegenseitige Fühlung untereinander und mit den Zivilstellen und Behörden kaufen und aufkaufen lassen“[35]. Dieses Verfahren, das die öffentliche Versorgung empfindlich störte, wurde nachträglich und für die Zukunft durch die Ermächtigung des Reichskanzlers für die Heeresverwaltung von Januar 1916 sanktioniert, „zur schleunigen Deckung ihres Kartoffelbedarfs Speisekartoffeln ohne Bindung an die gesetzlichen Höchstpreise, jedoch zu keinem höheren Betrage als 1,25 M für den Zentner über die Höchstpreise hinaus, zu kaufen“[36]. Die Folgen, die der oberfränkische Regierungspräsident kommen sah[37], sind eindeutig: „Es ist sehr begreiflich, daß bei solchen Wahrnehmungen die Landwirte jetzt ihre Erzeugnisse zurückhalten, um sie zu Preisen zu verkaufen, die über die jetzigen Höchstpreise hinausgehen. Die Kartoffelbeschaffung macht infolgedessen den größeren Städten Bamberg und Hof große Schwierigkeit.“ Wer sollte sich an staatliche Vorschriften halten, wenn nicht der Staat selbst; ein solcher Staat hatte seine moralische Qualifikation in den Augen des Volkes verspielt.

Um dem Ernst der Zeit zu entsprechen, hatte sich der stellvertretende kommandierende General des I. bayerischen Generalkommandos von der Tann für ein allgemeines Vergnügungsverbot ausgesprochen. Ein

---

[33] MVerkehr. geheim an Reichseisenbahnamt Berlin 29. 9. 14, MKr 12819.

[34] Vgl. A. II. 4, Anm. 53.

[35] Auszug aus d. Wochenbericht Reg. Ofr. v. 14. 2. 16, MKr 12823.

[36] Berl. Kr., 22. 1. 16, gedruckter Runderlaß, MKr 12823.

[37] siehe A. II. 3., Anm. 35.

Max Perlberg aus München beschwerte sich: „Auch das strengste Verbot der Vergnügungen (ruft) die Gefallenen nicht mehr ins Leben zurück ... Bei den vielen Entbehrungen des Krieges ist es wahrlich kein Verbrechen, sich abends manchmal zu amisieren (!) um den Saustall des Krieges auf einige Stunden zu vergessen, denn die Zeit des Zusammenbruches alles wirtschaftlichen und gesellschaftlichen Lebens kommt noch früh genug ... auch wird eine derartige Hungersnot kommen, daß wir vielleicht noch unsere eigenen Spermatozone (sic!) auffressen müssen, dann kommt der Ernst sowieso noch ...[38]." Das wurde im Januar 1915 geschrieben und sollte sich als prophetisch erweisen. Der Schreiber wurde am 3. Mai 1915 „wegen gemeingefährlicher Geistesstörung in die Heil- und Pflegeanstalt Haar eingewiesen ..."[39].

Es ist hier nicht der Ort, eine Wirtschaftsgeschichte des Ersten Weltkrieges zu schreiben[40]. Als die Ernährungsorganisation endlich vollständig verstaatlicht ist, entzieht der alles umgreifende Schwarzhandel einen großen Teil der Nahrungsmittel der Öffentlichkeit. Im Ernährungszeitraum 1917/18 standen einem „Selbstversorger" täglich 260 Gramm Getreide zu, „Versorgungsberechtigte" erhielten je nach Tätigkeit 200—350 Gramm am Tag[41]. Im Februar 1917 erhielt der Münchener Bürger täglich — soferne die Verteilung funktionierte — 45,04 Gramm Eiweiß, 28,82 Gramm Fett, 223,41 Gramm Kohlehydrate, was 1380,4 Kalorien Nährwert entspricht.

Der ärztliche Beirat der Stadt München für Lebensmittelangelegenheiten urteilte darüber[42]: „Es ist nach den Lehren der Wissenschaft *vollständig ausgeschlossen*[43], daß ein gesunder Mensch bei diesen knappen Ernährungsmengen arbeitsfähig bleibt und dabei für die große Masse auf die Dauer eine Schädigung der Gesundheit vermieden wird." Während des Krieges verhungerte fast eine dreiviertel Million Menschen in Deutschland.

4. Ungeschicklichkeiten der Behörden, Bürokratismus

Der Geist des Bürokratismus, der lebensfremden Paragraphenreiterei, zeigt sich nur in Einzelfällen; der Beamte oder das Gesetz ist Inbegriff

[38] Max *Perlberg* an MKr., 9. 1. 15, MKr 13347.

[39] Marginal Pol. Dir. Mch., 25. 7. 15, MKr 13347.

[40] Bibl. Angaben hierüber in K. D. *Erdmann*, Die Zeit der Weltkriege; = B. *Gebhard*, Handbuch der deutschen Geschichte, Bd. IV, S. 49—52, [8]1959, 3. Nachdruck 1963.

[41] Merkblatt: Unser Ernährungsstand, Die Ernte 1917 — „Vorsicht streng vertraulich", MInn 66330.

[42] D. ärztl. Beirat d. Stadt Mch. f. Lebensmittelangelegenheiten an *Brettreich*, 7. 3. 17, MInn 66445.

[43] Hervorhebung im Original.

der Staatsmacht; seine Wirkung, sein Verhalten steht für das Verhalten des Staates zum Bürger, seine Zweckmäßigkeit oder Tüchtigkeit wird als selbstverständlich nicht wahrgenommen. Im Gesetz und im Beamten bewährt sich oder versagt der Staat vor seinem Bürger.

Es fällt auf den Staat zurück, wenn im Oktober 1915 in Selbitz eine Zwirnerei schließen muß, „weil der Betriebsleiter trotz Reklamation einberufen worden ist“[44]. Auf die Einberufungen wurde überhaupt sehr viel Ungeschick verwandt. Zwei Wochen nach Kriegsbeginn muß Kriegsminister Kreß die Aufstellung ziviler „Bürgerwehren“ anregen, weil sich „durch die Einstellung zahlreicher Polizisten und Gendarmen in das Heer sowie durch das Fehlen der Garnison“ „ein Mangel an Sicherheitsorganen fühlbar machen“ könnte[45]. Diese Bürgerwehren treten dann während des Krieges nirgends auf.

Eine wirksame Bekämpfung des die Existenz des Staates gefährdenden Hamsterwesens wird nicht zuletzt durch den Polizistenmangel, dessen Ursache der Heeresdienst ist, unmöglich. Die Freigabe von Polizisten aus dem Heer, um die Innenminister Brettreich im August 1918 angesichts der allgemeinen Gefahr von Unruhen, „die unter Umständen unsere ganze Lage ernstlich bedrohen können“, fast mit Engelszungen im Kriegsministerium nachsucht[46], wird zwar auch von Kreß' Nachfolger Hellingrath befürwortet, aber in der Weise unmöglich gemacht, daß er unübersteigbare Verfahrensschwierigkeiten auftürmt, indem er von den Zivilbehörden die namentliche Anforderung jedes einzelnen Polizisten „unter Angabe der derzeitigen Verwendung“ fordert[47], einem Verlangen, das die Zivilbehörden nicht erfüllen können.

Wie akut der Schritt Brettreichs war, zeigt eine Eingabe des Augsburger Magistrats vom 3. 8. 1918[48]; die Stadt verfügt gegenüber 189 Schutzleuten vor dem Krieg nur noch über 84 Mann, und bittet um Abhilfe.

Es gibt zahllose Klagen darüber, daß einerseits zu alte Leute an die Front geschickt werden, andererseits zahlreiche junge Menschen in der Heimat bleiben können. „In der hiesigen Bürgerschaft und den Soldatenkreisen besteht eine Unzufriedenheit und Mißstimmung, weil auffallend viele junge militärpflichtige und gediente Leute, insbesondere viele Israeliten noch immer in den Garnisonen sind ...“[49], berichten

---

44 Wochenbericht Reg. Präs. Oberfranken, 18. 10. 15, MInn 66326.

45 *Kreß* an st. G. Ks., 14. 4. 14, MKr 12786.

46 *Brettreich* an *Hellingrath*, 18. 8. 18, MInn 66284.

47 *Hellingrath* an *Brettreich*, 7. 9. 18, MInn 66284.

48 Magistrat Agbg. an MInn., 3. 8. 18, MInn 66449.

49 Karl *Schmidt*, Jos. *Hessel*, Rudolf *Vogel* an *Falkenhayn*, 9. 2. 15, MKr 13346, Stück 95.

drei Nürnberger Bürger an Falkenhayn. Der hier angedeutete Antisemitismus bedient sich insbesondere des Arguments der Drückebergerei.

„Überall grinst ihr Gesicht
Nur im Schützengraben nicht“

ist der Refrain eines anonymen „Gedichtes“, das im Herbst 1917 zirkulierte[50].

Im September 1918, als die letzte Hoffnung für den Staatsbestand an der Propaganda hing, geschah es dann, daß einer der wichtigsten Propagandisten Bayerns, der katholische Geistliche Dr. Meßmer, zum Heeresdienst geholt wurde und wohl nur durch persönlichen Einsatz Brettreichs wieder frei kam, um seine Tätigkeit weiter auszuüben[51]. So wie hier stellt sich die Staatsverwaltung insbesondere im Propagandawesen häufig selbst ein Bein durch Maßnahmen, die aus irgendwelchen anderen Gründen erfolgen. Gegen die Erhöhung der Schnellzugzuschläge im Herbst 1917 „werden in Bayern fortgesetzt außerordentlich zahlreiche Klagen insbesondere aus den Kreisen des Handels namentlich aber auch aus den Kreisen der im Dienste der öffentlichen Lebensmittelversorgung und der im Interesse des Durchhaltens durch Volksaufklärung, Abhaltung von Versammlungen usw. tätigen Organisationen erhoben“. Der Verkehrsminister von Seidlein regt deshalb die Behandlung dieses Themas bei der Konferenz der Eisenbahnverwaltungen am 31. Oktober 1917 in Berlin an[52]. Es liegt auf der Hand, daß die Erhöhung der Verkehrskosten der Mitglieder der meist privaten Propagandaorganisationen deren Arbeitsfreude ungünstig beeinflußte und damit ihre Wirksamkeit einschränkte.

Die Ernährungsmisere des Krieges ist wenigstens teilweise auf beamtete Unfähigkeit zurückzuführen, auf die Unfähigkeit, rechtzeitig und energisch die öffentliche Ernährungswirtschaft so auszubauen, daß Schleichhandel und Hamsterei gar nicht erst einen großen Teil der landwirtschaftlichen Produktion an sich bringen und so der öffentlichen Versorgung entziehen können. Zu Beginn des Kohlrübenwinters 1916/17, als der allgemeinen Hungerkatastrophe durch Massenschlachtungen von Schweinen vorgebeugt werden sollte, konnten die Metzger in manchen Bezirken das Fleisch nicht absetzen, weil die festgesetzten Fleischrationen zu niedrig waren. „Diese Verhältnisse verbittern die Bevölkerung, die sieht, daß Fleisch vorhanden ist, aber bei dem Mangel an Fleischkarten nicht bezogen werden kann“; die ungeheuer ver-

---

[50] „Der Jude im Weltkrieg“, in MA 97668.

[51] *Meßmer* an MInn., 26. 9. 18, *Brettreich* an *Hellingrath*, 28. 9. 18, MKr. an MInn., 8. 10. 18, MInn 66332.

[52] *Seidlein* an *Breitenbach*, preuß. Min. d. öfftl. Arbeiten, 27. 10. 17, MInn 66329.

wickelte bürokratische Regelung der Versorgung brachte es mit sich, daß Lebensmittel oft tagelang kreuz und quer durchs Land gefahren wurden, „wodurch dieselben Lebensmittel ganz oder teilweise verdarben“[53]. Die niederbayerischen Bauern wurden — wie überall — verstimmt „durch die vielen Kriegsvorschriften, die sie in ihrer gewohnten selbständigen Betriebsführung einengen, durch manchen Fehler in der Preisfestsetzung für ihre Erzeugnisse, wie jetzt durch die unvermittelte Herabsetzung der Viehpreise, durch die häufigen Vorratserhebungen und die Nachschau aller Art, Beschlagnahme und Enteignung usw.“[54]. Der Staat mußte um des Überlebens willen den Bauern zur Ablieferung zwingen, aber dieser Zwang, der noch dazu ungeschickt ausgeübt wurde — Polizisten sind keine Seelenkundler — mußte verbittern. In einem Brief an seinen Landtagsabgeordneten Ökonomierat Gebhard beklagt sich ein Bauer aus Waldmohr in der Pfalz, daß die Polizisten bei einer Durchsuchung seines Anwesens nach versteckten Lebensmitteln selbst noch das Bett seiner kranken Tochter, die sich nicht erheben konnte, durchwühlten[55].

Daß die Hamster- und Schleichhandelsbekämpfung unendlichen Zündstoff in sich barg, wird an anderer Stelle noch gezeigt werden; es war dem Dorfpolizisten nicht möglich, im Geiste Brettreichs zu handeln, der „kleinliches Vorgehen gegen Einzelne, die nur für ihren eigenen, nächsten Haushaltsbedarf sich, namentlich von Verwandten und Bekannten, geringe Lebensmittelzuschüsse erholen, ausdrücklich ausgeschlossen“ wissen wollte[56]; denn es war nicht möglich, immer zwischen Hamsterern und Großaufkäufern zu unterscheiden.

Um die Abwanderung ländlicher Arbeiter zur Industrie zu verhindern, erließen im März 1916 die drei stellvertretenden Generalkommandos nach einem Antrag Sodens an das Kriegsministerium ein generelles Kündigungsverbot für Landarbeiter, Knechte und Mägde für die Zeit der landwirtschaftlichen Hauptarbeit[57], das immer wieder erneuert und verschärft wurde. Wer seinen Arbeitsplatz wechseln wollte, brauchte eine Einverständniserklärung seines Dienstherren und eine Bescheinigung der Distriktpolizeibehörde; die meisten Stellungssuchenden aber besaßen nur den Abkömmlichkeitsnachweis der Ortspolizei, so daß die zuständigen Arbeitsvermittlungsstellen ihnen keinen neuen

---

[53] Gekürzte Abschrift eines Briefes des Wirtschaftsoffiziers *Rasp* an die Inspektion der Gefangenenlager I AK., Mch., 24. 10. 16, MInn 66327, vgl. auch S. 30.

[54] Reg. Präs. Nb. an MInn., 6. 7. 17, MInn 66328.

[55] Anlage zu einer handschriftl. Notiz *Brettreichs* über ein Gespräch mit *Gebhard* vom 9. 3. 1917, MInn 66445.

[56] Nicht versandtes Rundschreiben an die Verwaltungsbehörden, Konzept von Bezirksamtmann *Hamm* vom März 17, MInn 66445.

[57] *Kreß* an die stellv. G. Ks., 17. 3. 1915, MKr 12819.

landwirtschaftlichen Arbeitsplatz vermitteln durften, obwohl Arbeit „in Hülle und Fülle vorhanden war“[58]. Der Erfolg war, daß diese Leute in die Industrie abwanderten, der Landwirtschaft, die dringend auf sie angewiesen war, verloren gingen; die Absicht des Erlasses war ins Gegenteil verkehrt.

Es ist die Zeit des großen Schweineschlachtens im Herbst und Winter 1916, als das stellvertretende I. Generalkommando berichtet[59]: „Die bestehende Lebensmittelknappheit beeinflußt wesentlich die Stimmung der Bevölkerung, trotzdem bildete den Gradmesser hiefür in der Hauptsache lediglich die behördlichen Maßnahmen in der Lebensmittelversorgung. Mit der Tatsache, daß die Lebensmittel knapp geworden sind, hat sich die Allgemeinheit im wesentlichen abgefunden, nur verlangt sie eine planvolle Verteilung der vorhandenen und anfallenden Vorräte sowie die Begrenzung jedes Einzelnen“; letzteres bezieht sich auf die vielfältigen Möglichkeiten illegaler Versorgung, ersteres auf die Verteilungsmodalitäten. Hier tun sich besonders große Schwierigkeiten auf, denn es war nicht möglich, das Entstehen von Kundenschlangen vor den Geschäften ganz zu verhindern und so den Gefahren vorzubeugen, die in der Ansammlung größerer Menschenmassen liegen[60]. Es war wohl behördlicher Leichtsinn die Ursache der ungeheuren Menschenschlangen, die vier Monate nach diesem Brief tagelang einzelne Münchner Geschäfte belagerten, in denen Hunderte von Zentnern Zucker verkauft wurden.

Am 6. Februar standen 500 bis 600 Menschen vor dem Kolonialwarengeschäft Theodor Ruess in der Schillerstraße, am Tag darauf fanden sich nachmittags vor dem Geschäft Bronberger im Tal gegen 2000 Menschen ein[61]; kein Wunder, daß es zu krawallartigen Szenen kam, denn es war nicht zu verstehen, wieso so wenige Geschäfte mit riesigen Zuckermengen versorgt wurden und der Zucker nicht auf viele Geschäfte verteilt wurde. In der Hauptsache stellten sich Frauen und Kinder an, ein Polizist berichtet den Tenor der Gespräche[62]: „Das ist eine Gemeinheit, warum bekommen die kleinen Geschäfte keinen Zucker? Dann brauchten wir nicht anzustehen; der Oberbürgermeister soll her, damit er sieht, wie miserabel die Verteilung ist ... Das ist ein Saustall; *wir Frauen können allein nichts machen und unsere*

---

[58] Verband der bayerischen Arbeitsnachweise an MKr., 16. 2. 16, MKr 12823.

[59] St. I. b. AK. an MKr., 8. 10. 16, MKr 12842, Stück 16.

[60] Bez. Kommissar *Stiegler* an Pol. Dir. Mch., 6. 2. 17, Best. Krieg 1914/18, st. I. G. K., Fasz. 204.

[61] Pol. bez. Kommissar an Pol. Dir., 7. 2. 17, selbe Stelle wie hier Anm. 60.

[62] wie hier Anm. 61.

Männer trauen sich nicht[63]." Im November 1918 trauten sich die Männer und die Frauen konnten etwas machen.

Die Behörden erkannten die Gefahren, die in den Beamtenstuben für die Volksstimmung lagen. In einem Erlaß Hellingraths an die stellv. Generalkommandos, der eine Erweiterung eines entsprechenden preußischen Erlasses vom 10. 11. 1917 war, ruft er ausdrücklich zu Höflichkeit und Hilfsbereitschaft gegenüber dem Publikum auf[64]: „Niemand soll die Last (des Krieges) unnötig vergrößern. Das geschieht aber, wenn die Dienststellen im Verkehr mit dem Publikum dem Gesuchsteller nicht in schneller, höflicher Art helfen, sondern den Verkehr zu einer Quelle von Mißhelligkeiten und Mißstimmungen machen."

„Hierher gehört auch die Gewohnheit, Gesuchsteller von Tür zu Tür zu weisen, statt ihnen behilflich zu sein, die zuständige Stelle zu finden." Dann droht er allen Beamten, die weiterhin unhöflich sind, ernste Konsequenzen an. Aber gegen Gesetze und Vorschriften ist Hilfsbereitschaft alleine machtlos; der Erlaß konnte nur einen Teil der Mißstände ausschließen, solange als ungerecht empfundene Regelungen weiterbestanden.

Ein bezeichnendes und abschließendes Beispiel gibt eine Eingabe des Stadtmagistrats Rothenburg ob der Tauber an die Regierung von Mittelfranken wieder, die die Umstände schildert, unter denen ein Soldat Urlaubsverlängerung beantragen kann: Er muß bei der Zivilbehörde den Antrag stellen, die ihn auf seine Kosten telegraphisch zur zuständigen Militärbehörde weiterleitet. Die Antwort kommt meist telegraphisch zurück. Ist sie ablehnend, muß er die Postgebühren auch dafür tragen. Die Auslagen gehen dabei bis zur Höhe von zwei Tageslöhnungen. Der Rothenburger Magistrat bittet darum, diese Übung abzustellen; denn daß sie „ungeheuer verbitternd wirkt, (und) ihm und der Familie die an und für sich schwere Abreise noch mehr erschwert, ... liegt auf der Hand. Es ist aber allmählich so, daß aber auch alles vermieden werden sollte, was stimmungsverderbend wirkt und vermieden werden kann ..."[65]. Das Reichspostamt hielt trotzdem an dem eingeführten Verfahren fest; denn seiner Ansicht nach „liegt den Urlaubs- und Nachurlaubsgesuchen stets ein gewisses Privatinteresse zugrunde; deshalb sind Telegramme in derartigen Urlaubsangelegenheiten, selbst wenn sie von militärischen Dienststellen ausgehen, gebührenpflichtig"[66]. Es gab gewiß nicht viele Soldaten, die diese Begründung hätten verstehen können.

---

[63] Hervorherbung im Original.
[64] *Hellingrath* an st. G. Ks. und andere milit. Behörden, 28. 11. 17, MInn 66329.
[65] Stadtmagistrat Rothenburg o. T. an Reg. Ufr., 15. 7. 18, MInn 66331.
[66] MKr. an MInn., 23. 8. 18, MInn 66331.

III. Propaganda

1. Feindlich

Es gehört zum Wesen der Propaganda, daß sie im Untergrund arbeitet, daß sie sich und ihre Herkunft verleugnet; der Zweck heiligt die Mittel. Nur diejenige Propaganda läßt sich exakt verfolgen, die von der Stelle ausgeht, deren Akten greifbar sind, und das ist die staatliche. Alle andere Untergrundtätigkeit scheint nur auf, wenn sie tatsächlich aufgedeckt wurde. Die Archive des ehemals feindlichen Auslands sind zu diesem Thema noch unzugänglich. Deshalb läßt sich die feindliche und staatsfeindliche Propaganda nur soweit verfolgen, als sie deutschen Stellen exakt bekannt wurde. Daß das nur selten der Fall war, ist der Grund dafür, daß ihre Wirksamkeit, die man spürte, aber nicht greifen konnte, von vielen Stellen als ungeheuer wirksam eingeschätzt wurde, während sie in den amtlichen Stimmungsberichten und jenen Quellen, die über die Volksstimmung wirklichen Aufschluß geben, überhaupt nicht auftaucht.

Die Wirkung der feindlichen Propaganda auf die Stimmung der unteren Schichten des deutschen Volkes ist nicht greifbar. Ihre Themen treffen sich häufig mit denen der linksradikalen Gruppen, eine Herkunftsbestimmung ist aber gerade bei der revolutionären Agitation nur in Einzelfällen möglich; denn wesentliche Aspekte der feindlichen Propaganda berühren sich mit den Bestrebungen der deutschen Linksgruppen und der Pazifisten. Sie sollen dort mit behandelt werden, ist doch beim anonymen Charakter der Propaganda nur das Thema und dessen Behandlung für die Wirkung von Bedeutung, nicht aber deren Herkunft.

Es soll also nur der Versuch gemacht werden, einiges über die Propagandamethoden des feindlichen Auslandes auszusagen, ohne daß deren Wirkung gewürdigt werden kann. Sie dürfte nicht allzu groß gewesen sein, denn während des ganzen Krieges war den Deutschen die feindliche Presse zugänglich, ihre Einfuhr war nur unwesentlich beschränkt. Die deutsche Presse informierte gleichzeitig recht genau über alle bedeutsamen Meinungsäußerungen im feindlichen Lager. Kenntnis der Gedankengänge des Feindes aber immunisiert gegen seine Propaganda. Gerüchte entstanden denn auch nur über deutsche Vorgänge, denn die deutsche Presse unterlag hierin strenger Inhaltszensur.

Man glaubte, sich über die Ziele der Feinde im klaren zu sein, die der eigenen Regierung aber waren unbekannt.

Unter Ausschluß der feindlichen Revolutionierungsarbeit lassen sich drei Propagandaansätze nachweisen: Propaganda an der Front, aufbauende Propaganda in den eigenen und neutralen Ländern und Beeinflussung deutscher Bürger in Deutschland und im Ausland.

Die Propaganda an der Front wird wohl seit Kriegsbeginn angestrebt, bedarf jedoch längerer organisatorischer Vorbereitung der technischen Verbreitungshilfsmittel. Ende 1915 sind nach dem Wochenbericht des Regierungspräsidenten der Pfalz vom 6. Dezember[1] „an verschiedenen Stellen (der Pfalz) französische Papierballons ... niedergegangen, an denen ... eine Anzahl Flugblätter befestigt war. Die Flugblätter, welche offenbar bestimmt waren, Unruhe in die deutsche Bevölkerung zu tragen, hatten folgende Titel:

1. Offener Brief eines deutschen Kriegsgefangenen an seine Kameraden

2. Zwei Nummern (Nr. 2 und 3) einer angeblichen Zeitung „Die Feldpost" mit den Leitartikeln
   a) „Was euch der Zensor verheimlicht"
   b) „Deutsches Volk! Man hintergeht Dich."

3. „La voix du Pays"

„Die Flugschriften weissagen den endgültigen Sieg unserer Gegner und weisen in sehr geschickter Form auf die Teuerungsverhältnisse hin ..."

Die dritte Nummer der Zeitschrift Feldpost war im westlichen Deutschland weit verbreitet[2]. Der „offene Brief eines Deutschen Kriegsgefangenen an seine Kameraden" wurde vermutlich von Flugzeugen abgeworfen oder sogar in Deutschland gedruckt. Er schildert die französische Gefangenschaft als ein Paradies voller Freuden und Liebe und versucht aus angeblichen Dokumenten Deutschlands Kriegsschuld zu beweisen[3]. Die Kriegsschuld war ein Hauptthema der Propaganda beider Seiten, denn aus ihr wird die Berechtigung und Notwendigkeit der Kriegsführung hergeleitet. Im Sommer 1918 endlich bricht eine wahre Papierflut über die Front herein. Die Soldaten schleppen dieses Material in großen Mengen nach Hause[4]. Ein weit verbreitetes Flug-

[1] Wochenbericht Reg. Präs. Speyer, 6. 12. 15, MInn 65715.
[2] Rundschreiben MKr., 5. 1. 16, MInn 65715.
[3] Wochenbericht Reg. Präs. Speyer, 24. 12. 15, MInn 65715.
[4] *Brettreich* an Reg. Präs., 18. 9. 18, MInn 66284.

blatt „Deutsche Zitate“, das das Aussehen von Reclam-Heften besitzt und Auszüge aus Reden von Vertretern der USPD enthält, fordert dazu auf, die Offiziere zu erschießen und nach Frankreich zu desertieren; es stellt die Behauptung auf: „Wir haben bewirkt, daß an der französischen Front der Befehl ausgegeben wurde, deutsche Überläufer, die das Wort Republik ausrufen, gut zu behandeln[5].“ Am 7. September, einen Monat nachdem die „Deutschen Zitate“ bekannt wurden, meldet die Zentralpolizeistelle Bayern[6], ihr sei zwar von dieser Broschüre nichts bekannt, beschreibt jedoch ein anderes Flugblatt ähnlichen Inhalts, das von Flugzeugen oder Ballons aus verbreitet wurde. Es trägt den Titel: „Republik bedeutet Frieden und Freiheit“, fordert zur Desertion auf, das Wort „Republik“ wird zur Schlüsselparole. Wer es ausspricht, „wird nicht mehr als kriegsgefangener Feind behandelt. Wenn er will, kann er mit uns, mit gleichgesinnten Landsleuten an der Befreiung Deutschlands arbeiten!“

Hauptbasen der feindlichen Arbeit im deutschen Hinterland sind die neutralen Staaten Skandinaviens, die Niederlande und die Schweiz; für Süddeutschland hat naturgemäß die Schweiz die größte Bedeutung.

Kennzeichnend für deren Bedeutung ist die Beobachtung eines Münchners, daß Gerüchte, die in München im Juli 1918 „von einem Streit zwischen dem Deutschen Kronprinzen und Hindenburg, von der Ermordung Hindenburgs, von einer großen Niederlage im Westen, wo wir 120 000 Gefangene verloren hätten, usw. aufgetaucht“ seien, von Konstanz nach Meersburg gekommen“ und vermutlich „durch Agenten der Entente von der Schweiz aus in Deutschland verbreitet würden, um die Stimmung zu drücken. Insbesondere werde der derzeitige starke Verkehr in Konstanz anläßlich des Gefangenenaustausches den Zwecken der Entente dienstbar gemacht“[7].

Im Mai 1917 teilt die deutsche Gesandtschaft in Bern mit, „der mit der Organisierung (der Revolutionspropaganda) betraute höhere englische Offizier ist vermutlich der englische Oberst Sawyer, der ... ausdrücklich mit der Bearbeitung der Entente-Gefangenen in Deutschland zu Sabotagezwecken und mit der Erregung revolutionärer Stimmungen im deutschen Volke betraut ist. Er benutzt dazu angeblich Mittelsleute, die er nach Deutschland reisen läßt und die sich dort als überzeugt deutsch-freundlich hinstellen, aber dabei die Haltung der augenblicklichen Regierung einer bedenklichen Kritik unterziehen“[8].

---

[5] BA. Weißenburg an Reg. Mfr., 7. 8. 18, MInn 66284.

[6] ZPSt. an MInn., 7. 9. 18, MInn 66284.

[7] MInn. (i. A. Knözinger) an das Badische Innenministerium, Mch., 1. 8. 18, MInn 66331.

[8] Ksl. dte. Gesandtschaft Bern, gez. *v. Bethmann Hollweg* an *Bethmann*

Diese Aussage wird durch eine Mitteilung Brettreichs vom Juli 1917 gestützt[9]; danach wurde „eine Flugschrift ‚an die Süddeutschen' abgefangen, die ein in der Schweiz internierter Kriegsgefangener seiner Frau, die ihn besucht hatte, mitgegeben hatte ... Der Ehemann hatte das Flugblatt während seiner Gefangenschaft in Frankreich erhalten ... Hienach ist damit zu rechnen, daß sich unsere Feinde zur Einschmuggelung von Hetzschriften auch der im neutralen Ausland internierten deutschen Gefangenen und ihrer Angehörigen zu bedienen trachten ...".

Am 30.11.1917 übermittelt dann der deutsche Militärattaché in Bern, Bismarck, sogar die Gehaltsrichtlinien der feindlichen Agentenbesoldung in Deutschland[10] und schildert das Zusammenspiel zwischen der englischen und französischen Gesandtschaft. Ziel ist der Sturz aller deutschen Dynastien, die Planungsarbeiten dafür laufen seit September 1917. In Stuttgart wurden bei Privatpersonen Büros der Agitationszentrale eingerichtet, die die Arbeit der Agenten koordinieren sollte. Diese Agenten kommen auf Schleichwegen oder mit gefälschten Pässen aus der Schweiz. Die Bezahlung beträgt für

Vertreter der schreibenden Berufe	monatlich	4000 Frs
Architekten, Sprachlehrer	monatlich	3000 Frs
Techniker, Ingenieure	monatlich	2000 Frs
Bankangestellte, kaufm. Ressortchefs	monatlich	1500 Frs
Kaufleute, Büroangestellte etc.	monatlich	1000 Frs
Kellner, Köche, Portiers	monatlich	800 Frs
Fabrik- und Landarbeiter	monatlich	500 Frs

„Gehen Leute der drei ersten (Gruppen) als gewöhnliche Arbeiter, so erhalten sie doch das Gehalt, das für ihre Gruppe angesetzt ist mit einem weiteren Zuschlag." Weiter wendet sich diese Tätigkeit an die deutschen Internierten in der Schweiz. Man versorgt sie mit Broschüren, hält ihnen Vorträge und versucht, bei ihnen Adressen von Personen in Deutschland zu sammeln, die den Monarchien kritisch gegenüberstehen oder Empfehlungsschreiben für Agenten zu erhalten, die in Deutschland arbeiten sollen.

Die Schweiz nahm erholungsbedürftige deutsche Kinder auf. Im Frühjahr 1918 zeigte sich bei ihnen die Wirkung entente-freundlicher Einflußnahme; weil sie häufig ohne deutsche Aufsicht blieben, kümmer-

---

H., Abschriftlich AA. an Berl. Kr., 11.6.1917, Abschriftliches Berl. Kr. Rundschreiben an sämtl. dte. Militärbehörden, 25.6.17, MInn 71700.

[9] *Brettreich* an Reg. Präs., 25.7.17, MInn 66328.

[10] Militärattaché Ksl. dte. Gesandtschaft Bern *v. Bismarck*, Geheimbericht, 30.11.17, MInn 71700.

ten sich Schweizerinnen um sie und erklärten ihnen den Lauf der Welt aus ihrer Sicht. „Zurückgekehrte Ferienkinder sollen bereits in Konstanz geäußert haben, daß der Krieg wohl schon längst zu Ende wäre, wenn der Deutsche Kaiser nicht mehr auf dem Thron säße[11]." Neben der Schweiz waren die Niederlande als Stützpunkt der feindlichen Propaganda von großer Bedeutung. Im Sommer 1918 sagt ein wegen Fahnenflucht und Landesverrat in Haft befindlicher Matrose bei seiner Vernehmung u. a. folgendes aus: „... Bei meinen Besuchen im feindlichen Spionagebureau in Groningen, Nebenstelle vom französischen Konsulat, habe ich Kenntnis erlangt von dem umfangreichen Propagandawesen gegen Deutschland. Es bestehen 9 Sektionen in Holland ... Von diesen Stellen aus werden die Propagandaschriften nach Deutschland ausgeführt. In Anspruch genommen werden zunächst die Hafenarbeiter in Delfzijl, die die Schriften auf ... abgehenden Schiffen zu verstecken haben. Ferner werden die Schriften durch Schmuggler und durch holländische Arbeiter, die in deutschen Fabriken arbeiten, über die Grenze gebracht. Die Fabrikarbeiter pflegen die Schriften unbemerkt auf den Toiletten liegen zu lassen, wo sie dann ... gelesen werden." Propagandaschriften dienten als Verpackungsmaterial für Obst und Gemüse beim Eisenbahntransport. Für die Beförderung eines Kilos solcher Schriften wurden bis zu dreißig Gulden bezahlt[12].

Norweger stopften Kisten mit Fischkonserven mit Flugblättern aus, die Titel trugen wie „Zum 4. Jahrestag der Blutdiktatur"[13] und zur Revolution aufriefen.

Diese offensive feindliche Propaganda, die sich direkt in die deutschen Zustände einmischt, läßt sich erst ab 1917 wirklich nachweisen, im November 1916 noch führt ein Referent des bayerischen Kriegsministeriums, Oberstleutnant Hörnle, in einer Sitzung des Beirats für Ernährungswesen aus, daß „die Vermutung, daß Agenten des Auslandes im Reiche tätig sind, um den Mißmut in Stadt und Land zu schüren, ... sicher nicht unbegründet" sei[14], Belege für seine Vermutung aber hat er nicht.

Allein der Zeitpunkt, von dem ab sich eine aktive feindliche Propaganda in Deutschland nachweisen läßt, zeigt ihre untergeordnete Bedeutung für den Fortgang der Dinge, denn der eigentliche Stimmungsumschlag in der Heimat findet 1915 bis 1916 statt; die Kriegsgegner

---

[11] Rundschreiben des Chefs des stellv. Genstabes der Armee, i. A. *Brose*, Berl., 4. 4. 18, MKr 12290.

[12] ZPSt. an MInn., 6. 9. 18, MInn 66284.

[13] MInn. an Reg. Präs., 5. 1. 18, MInn 66283, A. III. 2. a. γ.

[14] Niederschrift über die 13. Sitzg. des Beirats f. d. Ernährungswesen vom 6. November 1916, MInn 66327.

besteigen nurmehr ein Pferd, das sie nicht gesattelt haben und das in einer Richtung läuft, die sie nicht bestimmen; sie versuchen nur, die Geschwindigkeit der Entwicklung zu beeinflussen.

Ganz deutlich macht das ein Geheimschreiben Ludendorffs an die Reichsleitung und die Kriegsministerien in Berlin, München, Dresden und Stuttgart vom 15. November 1917[15]. Neben Versuchen, die deutsche Kriegswirtschaft durch Sabotageakte zu stören, setze „der Feind seine Hoffnungen auf politische Unruhen in Deutschland ... Die nötigen Handhaben für seine Tätigkeit findet der Feind vor. Die Ernährungsschwierigkeiten und die sonstigen Entbehrungen und Opfer, die der Krieg allen Klassen des Volkes auferlegt, haben im Volke Friedenssehnsucht und in ziemlich breiten Schichten auch eine Mißstimmung gegen die bestehenden Gewalten erzeugt. Gewisse Bestrebungen internationalen Charakters, wie die radikale Sozialdemokratie und der Pazifismus sind bemüht, die bestehende Gärung für ihre politischen Ideen und Sonderziele auf Kosten vaterländischer Interessen auszunutzen.

„Diese Stimmungen und Bestrebungen sucht der Feind zu unterstützen, zu stärken und seinen Zielen dienstbar zu machen. Die Friedenssehnsucht soll gesteigert, der Glaube an die Gerechtigkeit unserer Sache, das Vertrauen auf den Sieg und die Kraft zum wirtschaftlichen Durchhalten erschüttert werden." All das ist zu jenem Zeitpunkt aber schon ohne feindliche Propaganda erreicht. Dann skizziert Ludendorff die Praktiken der Feinde. In ihren Flugschriften „wird die deutsche Regierung beschuldigt, den Krieg angezettelt zu haben und ihn verwerflicher Gründe halber unnötig zu verlängern. Die Arbeiterbevölkerung wird zum Massenstreik und das Volk zu gewaltsamer Auflehnung gegen die herrschende Ordnung, zur Vertreibung der Regierenden aufgefordert, die Soldaten zum Ungehorsam und zur Dienstverweigerung aufgestachelt". Weiter schreibt Ludendorff, die Entente halte Fühlung mit einzelnen radikalen Sozialisten und Pazifisten und unterstütze sie, bearbeite die Internierten im Ausland und deutschfeindliche Personen aus neutralen Staaten und den Mittelmächten.

Ludendorff kennt die Fakten, aber er spielt die Bedeutung der inneren Zustände des Reiches herunter, um dafür die Einflüsse der Feinde und der ideologiegebundenen Gruppen innerhalb Deutschlands hochspielen zu können. Es scheint, als sehe er den wahren Feind des Staates draußen und das Volk als sein verhetztes Opfer. Nicht die inneren Zustände also seien zu ändern, sondern die feindlichen Einflüsse müssen unterbunden werden.

---

15 D. Chef d. Gen.stabes des Feldheeres, Geheim, Gr. H. Qu. 15. II. 17, MA 97639.

Die feindliche Propaganda in Deutschland ist also nur dazu angetan, innere Entwicklungen zu beschleunigen. Ganz andere Bedeutung erlangen die feindlichen Bemühungen im Ausland um die Ausländer.

Den Filmen, die die französische Firma Pathé über die Welt verbreitete, wurde vorgeworfen, „daß sie Verachtung, Mißtrauen und Übelwollen gegen Deutschland zu erregen suchten, es als auf einer sehr niedrigen Kulturstufe stehend zeigten und alles das bereits im Filme vorausnahmen, was die Entente nach Beginn des Krieges mit ebensoviel Eifer als Erfolg an Verleumdungen und Verdrehungen gegen Deutschland in die Welt setzte. Es handelte sich dabei vielfach um Darstellungen aus dem Deutsch-Französischen Kriege 1870/71, in denen natürlich die Franzosen als Helden und ritterliche Streiter gezeigt wurden, während die Deutschen bereits als die Hunnen und Barbaren auftraten, als die sie eine fieberhaft arbeitende Literatur seit Beginn des Weltkrieges hinzustellen bemüht ist". So begründet die deutsche Lichtbildgesellschaft im Oktober 1917 ihre Tätigkeit, indem sie sich eben diese Propaganda als Vorbild für die eigene Arbeit im Ausland wählt[16].

Diese Verleumdung als Barbaren, der sich die Träger der deutschen Kultur durch die Feinde ausgesetzt glaubten, brachte Lujo Brentano 1914 bei einem Aufenthalt in Italien dazu, bei Gustav Schmoller eine Erklärung anzuregen, die diesen Verleumdungen entgegentreten sollte. Dafür wurde er auf die Unterzeichnerliste der „Erklärung der 93" gesetzt. Brentano legte dies in einem offenen Brief vom 24. Oktober 1918 an Eisner klar[17], den er mit den Worten schloß: „Es ist schlimm genug, wenn uns das Ausland verleumdet. Unverantwortlich ist es, wenn dies von Volksgenossen geschieht. Oder soll der große Tag, dessen

---

16 Gedruckte Denkschrift „Der Film im Dienste der nationalen und wirtschaftlichen Werbearbeit", S. 7. Anlage zu einem gedruckten, eingesetzt adressierten Werbeschreiben an *Hertling* v. 25. 10. 17 gez. W. Ludwig *Klitzsch;* der Gründung waren die führenden deutschen Wirtschaftsverbände beigetreten, MInn 66329. (In dieser Gesellschaft wirkten mit: der Allgemeine Deutsche Bäderverband, die Ausland GmbH, der Bund der Industriellen, der Bund der Landwirte, der Bund deutscher Verkehrsvereine, der Centralverband des deutschen Bank- und Bankiers-Gewerbes, der Centralverband deutscher Industrieller, der Deutsche Handelstag, der Deutsche Landwirtschaftsrat, der Deutsche Städtetag, die Deutsche Überseedienst GmbH, das Internationale öffentliche Verkehrsbüro, das Meßamt für die Mustermesse Leipzig, der Reichsverband deutscher Städte, der Verein für das Deutschtum im Auslande. Diese Zusammenstellung zeigt übrigens, daß es hier nicht so sehr um die Verteufelung der Feinde als vielmehr um Sympathiewerbung für Deutschland ging: man bereitet propagandistisch den Ausbau der Wirtschaftsbeziehungen und den Fremdenverkehr für die Zeit nach dem Kriege vor, abgesehen von den stark annexionistischen Akzenten, die die Vereinigung durch die Teilnahme der Industriellen- und Landwirtsbünde erhält.)

17 MNN. Nr. 542 vom 26. 10. 1918 B. 1914/18 st. G. K. I. b. AK., Fasz. 203.

Anbruch Sie in Ihrer Rede verkündet haben, die Herabsetzung des deutschen Volkes zugunsten aller übrigen Völker bringen?" Die Liebe des großen Gelehrten zu seinem Volk, besser, zu dem Bilde, das er von seinem Volke hat, ist die Ursache der Auflehnung gegen die Verleumdung dieses Volkes. Sie ist es, die ihn Mitglied werden läßt im „Kulturbund deutscher Gelehrter und Künstler", der den Zweck hatte, „für die Vertreter von Kunst und Wissenschaft des neutralen Auslandes unwahre Berichte über das Verhalten Deutschlands richtigzustellen und die von unseren Kriegs-Gegnern begangenen Verletzungen des Völkerrechts und der Menschlichkeit zu beleuchten"[18]. Der Schmerz über das Deutschland zugefügte moralische Unrecht brach durch in einer Rede, die Ernst Hardt im Mai 1918 vor dem Kulturbund hielt[19], wo er auf die Ohnmacht des Gelehrten im öffentlichen Leben und auf die traditionelle Unorganisierbarkeit deutscher Künstler und Gelehrter hinwies und darstellte, welch ungeheurer Druck nötig war, sie in einem Bund zusammenzuschließen: „Als im Beginn des Krieges die Feinde Deutschlands eine organisierte Verleumdung unserer deutschen Kultur unter ihre Angriffswaffen reihten, da empfand der Träger und Schaffer dieser Kultur ..., da empfand der deutsche Gelehrte und Künstler die Notwendigkeit, sich zu organisieren. Dieser Zwang, diese Not, schuf den Bund, für den ich spreche. Seine ersten Handlungen waren Abwehrhandlungen gegen etwas, das zunächst ungeheuerlich erschien, gegen die systematisch organisierte Verleumdung des deutschen Geistes." So empfanden denn viele als Reaktion auf die ausländische Propaganda diesen Krieg als einen Kampf gegen den deutschen Geist, dem doch viele eine „führende Stellung im Reich des Geistes" zubilligten[20], wie sich Otto Crusius 1916 ausdrückte: „Die geistige Einkreisungspoiltik hat uns gegenüber keine Aussicht auf Erfolg. Das große Unternehmen des thesaurus linguae latinae kettet die romanischen Völker fest an das wissenschaftliche Schaffen der ‚Barbaren' ..."

Unter diesem kulturellen Druck des Krieges schlossen sich die Vertreter des deutschen Geistes und wer sich so verstand zusammen. 1914 zählte der Kulturbund 192 Mitglieder[21], davon 24 Mitglieder in Bayern. 1918 hatte der Bund alleine in Bayern 99 Mitglieder[22], darunter sind Namen wie Waldemar Bonsels, Otto Crusius, Franz von Defregger,

---

18 Satzung und Mitgliederlisten sind der Anhang eines Werbeschreibens dieses Bundes an *Hertling* vom 10. 12. 14, MA 97547.

19 Bund deutscher Gelehrter und Künstler, Drei Reden, gehalten auf der Ersten Mitgliederversammlung im Sitzungssaal des Herrenhauses in Berlin, 10. Mai 1918, MInn 66331.

20 Ansprache des Präs. d. b. Akad. d. Wiss. bei d. öffentl. Sitzg. der Akademie am 18. 3. 1916, Jb. d. b. Akad. d. Wiss. 1916, S. 66.

21 Vgl. hier Anm. 18.

22 siehe A. IV. 1. a. β, Anm. 24.

Ludwig Ganghofer, Max Halbe, Fritz August von Kaulbach, Arthur Kutscher, Carl von Linde, Thomas Mann, Erich Marcks, Emanuel von Seidl, Franz von Stuck, Richard Willstätter und Heinrich Wölfflin. Es ist gewiß kein Zufall, daß einige Mitglieder dieses Bundes auf der Unterzeichnerliste der großen annexionistischen Professorendenkschrift von 1915 stehen[23], und die Industriellendenkschrift vom 10. 3. 1915[24] stellt fest, daß dieser Krieg nur dann zu einem Frieden gelange, „der den gebrachten Opfern entspricht und die Gewähr seiner Dauer in sich trägt", wenn Deutschland seine Macht, seine Grenzen und Industrien ausdehne, weil „unsere Feinde fortgesetzt verkünden, Deutschland solle vernichtet und aus der Reihe der Großmächte gestrichen werden"; denn Verträge gelten nichts mehr, „im passenden Augenblick (tritt) man sie wiederum mit Füßen ...".

Die deutsche Ehre schien verletzt, deutsche Wissenschaftler machten noch im Sommer 1918 die Rückgabe von „Kostbarkeiten, die uns in älteren Kriegen entfremdet wurden" zu einer Notwendigkeit „aus Gründen der Selbstachtung"[25]. Gewiß rührt diese Haltung nicht nur von der feindlichen antideutschen Agitation her, aber sie wurde stark davon beeinflußt und trug so zu dem fast unüberbrückbaren Gegensatz zwischen dem breiten Volk und dem Bildungsbürgertum bei, der sich während des Krieges auftat.

2. Staatsfeindlich

a) Von links

α) Pazifistisch

Sehr früh schon im Krieg werden die Behörden auf den Pazifismus aufmerksam; die ersten Aktenstücke tauchen im Frühjahr 1915 auf. Seine Propaganda geht wesentlich von den Niederlanden und von der Schweiz aus. Ende April versendet der „Internationale Frauenkongreß" in Haag eine Sammlung von Resolutionen[26], welche „gegen den Wahnsinn und die Greuel des Krieges, der nutzlos Menschenopfer fordert und zerstört, was viel hundertjährige Kulturarbeit aufgebaut hat", protestieren und in denen, „da die Volksgesamtheit in allen im Kriege

---

[23] Vgl. Anhang zu dem gedruckten Rundschreiben an „Euer Exzellenz", Abs. D. Dr. *Seeberg*, 21. 7. 15, MA 97537.

[24] Vgl. A. III. 2. b., Anm. 72.

[25] „Eingabe der philos.-philol. u. d. hist. Klasse d. K. Bayer. Akad. d. Wiss. an d. Reichskanzler v. 22. 1. 1918, in: Jb: d. b. Akad. d. Wiss. 1918, S. 161.

[26] Anlage 8 zur Denkschrift des Kriegsministeriums über die Friedensbewegung vom 2. 11. 15, MKr 13366, Stück 9.

befindlichen Ländern überzeugt ist, keinen Angriffskrieg zu führen, sondern zur Selbstverteidigung und um ihre nationale Existenz zu kämpfen", dringend von allen Regierungen gefordert wird, „dem Blutvergießen ein Ende zu machen und Friedensverhandlungen anzuknüpfen". Der künftige Friede aber soll aufgebaut werden auf dem Selbstbestimmungsrecht der Bevölkerung in bezug auf die Zugehörigkeit zu diesem oder jenem Staat, auf demokratischer Selbstregierung der Völker, internationaler Schiedsgerichtsbarkeit, parlamentarischer Kontrolle der äußeren Politik sowie Gleichberechtigung der Frau. Diesem Programm gleichen modifiziert alle pazifistischen Forderungen der Kriegszeit. Die Ähnlichkeit mit Wilsons Programmen ist unverkennbar. Die Forderung nach einem Völkerbund begegnet um dieselbe Zeit in einer als Flugblatt verschickten Programmschrift des „Nationalen Frauenausschusses für dauernden Frieden"[27]. Es sind die Grundforderungen pazifistischen Denkens: rasche Beendigung des Krieges, Demokratisierung der Staatsform und der internationalen Beziehungen, Schiedsgerichtsbarkeit bei Streitigkeiten zwischen den Staaten sowie Rüstungsbeschränkungen und Freiheit der Meere. Dem entspricht genau das „Mindestprogramm, beraten und angenommen von Vertretern parlamentarischer, politischer, wissenschaftlicher und pazifistischer Organisationen aus zehn Ländern, vereinigt im Haag vom 7. bis 12. April 1915"[28]. Die weitgehende Übereinstimmung mit den Forderungen der Feinde nach einer Demokratisierung Deutschlands und dem Verzicht auf Annexionen, soweit sie nicht von der Bevölkerung des entsprechenden Gebietes durch Abstimmung gebilligt werden, ist unverkennbar. Die Verbreitung dieser Programme geschah einmal vom Ausland her durch Organisationen wie dem „Anti-Oorlog-Raad" im Haag; das „Bureau International de la Paix", die „Internationale Zentralorganisation für einen dauerhaften Frieden" in Bern und s'Gravenhage (Niederlande), dem „Österreichischen Verband für allgemeine Verständigung", dem „Schweizerischen Kommitte (sic!) zum Studium der Grundlagen eines dauernden Friedens". Zu ihnen kommen deutsche pazifistische Vereine mit engen Verbindungen zu diesen übernationalen Organisationen, wie „Deutsche Friedensgesellschaft" oder „Nationaler Frauenausschuß für dauernden Frieden", denen zahlreiche andere Verbände auf Reichs-, Landes- und kommunaler Ebene entsprechen. Dazu kommen noch zahlreiche Frauenstimmrechtsvereine, die fast ausnahmslos pazifistisch gestimmt sind; doch die große Zahl der Vereine darf nicht

---

[27] Anlage 10 zu obiger Denkschrift.

[28] Anlage zu einem Rundschreiben der „Internationalen Zentralorganisation für einen dauerhaften Frieden" von „Ende September" 1915, das führende Vertreter des internationalen Rechts zu einem „internationalen Studienkongreß" für Dezember nach Bern einlud. MKr 13366, Stück 8.

darüber hinwegtäuschen, daß ihre Anhängerschaft zahlenmäßig sehr begrenzt ist; die Wirkung ihrer Propaganda fand ihre Grenzen darin, daß sie sich in erster Linie an geistig führende Personen des öffentlichen Lebens wandten, die mit Ausnahme eines Teils der Volksschullehrerschaft und des katholischen Klerus ganz prononciert anderen Idealen huldigten. Die neunzehn Einladungen zur Teilnahme am „Internationalen Studienkongreß“[29], die die Militärische Überwachungsstelle beim Bahnpostamt 1 in München bis zum 6. Dezember 1915 abfangen konnte[30], waren zwar einerseits an so prononcierte Pazifisten adressiert wie Ludwig Quidde, Anita Augspurg und Lida Gustava Heymann in München, den geheimen Justizrat Dr. Adolf Heilberg und Marie A. Wegner in Breslau, — genauso aber auch an Unterzeichner der annexionistischen Professorendenkschrift[31] vom Sommer 1915 wie den geh. Justizrat Prof. Dr. Otto Fischer in Breslau, den ehemaligen Unterstaatssekretär und Universitätsprofessor Georg von Mayr in München, den geheimen Hofrat Prof. Dr. Friedrich Oetker in Würzburg oder den Psychiater Wilhelm Wundt in Leipzig. Andere, wie Karl von Amira in München, verwahrten sich nachsichtig, wenn auch energisch gegen derartige Zumutungen[32].

Zentrale Figur des organisierten deutschen Pazifismus war neben Walter Schücking Ludwig Quidde. Er stammte aus Bremen, lebte in München, war fortschrittlicher Abgeordneter im bayerischen Landtag, a. o. Mitglied der bayerischen Akademie der Wissenschaften, 1. Vorsitzender der deutschen Friedensgesellschaft und der Friedensvereinigung München und gehörte zum pazifistischen Bund Neues Vaterland. Seine Tätigkeit vollzog sich unter den Augen der Zensur, die er hin und wieder mit simplen Tricks übertölpelte. So verschickte er an die 14 000 Exemplare einer Schrift „Reale Garantien für einen dauernden Frieden“, die er „als Manuskript gedruckt“ deklarierte und damit der Zensur entzog. Dieses Verfahren trug ihm die militärische Postkontrolle ein[33]. Kennzeichnend für die Art der Adressatenauswahl der Agitation Quiddes ist, daß er seine Schrift nur auf Bestellung versandte; er wandte sich nur an ohnehin Interessierte. „Mit Gegnern uns auseinanderzusetzen ist jetzt während des Krieges nicht die Zeit.“ „Alle Kreise der Bevölkerung, hohe Beamte, Dozenten, Fabrikanten, Kaufleute, Schriftsteller, Lehrer und Lehrerinnen, Soldaten, Arbeiter, Hand-

---

[29] Vgl. hier Anm. 28.

[30] Milit. Überwachungsstelle I. b. AK. beim Bahnpostamt 1, Mch., an I. b. st. AK. 6. 12. 15, MKr 13366, Stück 59/60.

[31] Vgl. A. III. 1, Anm. 23.

[32] Offener Brief *Amiras* in den MNN. Nr. 572, v. 9. 11. 15, MKr 13366, Stück 16.

[33] St. G. K. I. b. AK. an MKr., 28. 9. 15, MKr 13366, Stück 13.

werker usw. sollten im Sinne der Schrift bearbeitet werden. Einzelne Entgegnungen ... verschwinden neben der großen Zahl eifriger Pazifisten, die sich die Verbreitung der Schrift über ganz Deutschland angelegen sein ließen", urteilte das erste bayerische stellvertretende Generalkommando, nachdem es an die 5000 Bestellungen abgefangen hatte[34]. Andere Pazifisten, wie etwa Frau Dr. Hoesch-Ernst, ließen ihre Texte in der Schweiz drucken und unters Publikum bringen. Eine Schrift dieser Frau trug den Titel „Patriotismus und Patriotitis", sie forderte die Gründung geheimer Druckereien nach russischem[35] und die Anzettelung von Frauenkrawallen nach Berliner Vorbild, konnte sich aber gegen ihre Gesinnungsgenossen nicht durchsetzen, weil nach deren Meinung „die süddeutsche Bevölkerung nicht so gewalttätig veranlagt sei"[36]. Hauptadressat der Propaganda war die Lehrerschaft, in einigen Fällen ergab sich eine rege Zusammenarbeit. Eine Lehrerin Pfaff in Gräfendorf bei Gemünden wandte sich an Quidde und erhielt von ihm eine Anzahl Flugblätter, wie z. B. Schriften von Ellen Key und Berta von Suttner[37], die sie an Bekannte verteilte[38]. Eine Lehramtskandidatin Maria Zehetmaier in München schließlich versuchte im Oktober 1916 beim Berliner Lokalanzeiger einen Aufruf zu veröffentlichen, der mit den Worten begann: „Frauen Europas, wie lange könnt Ihr dieses Wehegeschrei, das von allen Schlachtfeldern in Eure Seele dringt, noch hören[39]?" Das Kultusministerium enthob sie postwendend von ihrem Posten an der Luisenschule in München wegen der Verbreitung „pazifistischer Kundgebungen"[40].

Die Pazifisten schlugen scharf sozialistische, ja revolutionäre Töne an in den Flugblättern und Plakaten, die 1915 erschienen, obwohl ihnen bürgerlicher Dünkel keineswegs fremd war. Als Lida Gustava Heymann Anfang Dezember 1915 trotz gültigen Passes nicht über die Grenze nach Holland durfte, beschwerte sie sich weniger darüber, daß man ihr das erst an der Grenze mitteilte, als über den „Bildungsgrad" der Grenzbeamten, sie beschwerte sich über die Behandlung, die ihr widerfuhr, beim „kaiserlichen Generalkommando" und nicht bei den Beamten selbst: „Als gebildete Frau widerstrebte es mir, mich in der

---

34 Vgl. hier Anm. 33 und den Rundbrief *Quiddes* an die Mitgl. d. Friedensvereinigung Mch. s. d. Herbst 15, MKr 13366, Stück 13.

35 Aktenvermerk *Sonnenburgs*, 18. 1. 16, MKr 13366, Stück 108/109.

36 Pol. Dir. Mch., *Grundherr*, an St. G. K. I. b. AK., 17. 12. 15, MKr 13366, Stück 108.

37 Aktenvermerk *Sonnenburg* vom 11. 9. 15, MKr 13366, Stück 2.

38 Vgl. hier Anm. 33.

39 Presseabt. Okdo. i. d. Marken an MKr., 28. 10. 16, MKr 13370, Stück 9.

40 *Knilling* an Reg. v. Obb., 27. 10. 16, MKr 13370, Stück 19.

Kriegszeit mit ungebildeten Beamten in Auseinandersetzungen einzulassen[41]."

Aber in einem Flugblatt an die „Frauen Europas", in dem sie im Februar 1915 die Leiden des Krieges beschwört, fragt sie: „Frauen Europas, wo bleibt Eure Stimme? Seid ihr nur groß im Dulden und Leiden? Kann die von Menschenblut rauchende Erde, können die Millionen von zerschundenen Leibern und Seelen Euerer Gatten, Verlobten und Söhne, können die Greuel, die Eurem eigenen Geschlecht widerfahren, Euch nicht zu flammendem Protest erheben[42]?" Und im April 1915 kursiert bereits ein anonymer Text an die „Frauen des arbeitenden Volkes"[43]: „Man hat Euch geredet von der einen großen Brüder- und Schwesternschaft zwischen Hoch und Niedrig, von dem Burgfrieden zwischen Arm und Reich. Nun, der Burgfrieden zeigt sich darin, daß der Unternehmer eure Löhne drückt, der Händler und gewissenlose Spekulant die Preise steigert, der Hauswirt euch auf die Straße zu setzen droht. Der Staat hat für euch karge Hand, die bürgerliche Wohltätigkeit kocht Bettelsuppen und empfiehlt euch zu sparen." Und der Text fragt weiter: „Wer gefährdet das Wohl des Vaterlandes? ... Gefährdet ist das Vaterland durch alle, die aus der Not der breiten Massen Reichtum schöpfen und ihre Herrschaft auf der Unterdrückung aufbauen." Dann die Konsequenz: *„Das Volk der Arbeit aller Länder ist ein Volk von Brüdern.* Nur der einige Wille dieses Volkes kann dem Morden Einhalt gebieten. *Der Sozialismus allein ist der künftige Menschheitsfriede!* Nieder mit dem Kapitalismus, der dem Reichtum und der Macht der Besitzenden Hekatomben von Menschen opfert!

Nieder mit dem Kriege! Durch zum Sozialismus!"

Dieser scharfe Ton ist zweifellos eher eine Ausnahmeleistung, denn die Regel. Und sie beschnitten ihre Wirksamkeit durch ihre bewußte und prononcierte Zugehörigkeit zum gesitteten Bürgertum. Erst in den letzten Monaten des Jahres 1915 blieb die „Agitation zur Herbeiführung eines Friedens um jeden Preis ... nicht mehr auf den schriftlichen Gedankenaustausch und geschlossene Versammlungen kleiner Gruppen von Phantasten und vaterlandslosen Personen beschränkt"[44], wie Kreß Anfang Februar 1916 zu berichten weiß; die Propaganda aber, die Ende 1915 einsetzte, läßt sich unter den Begriff „pazifistisch" nicht mehr einwandfrei fassen.

---

41 Abschrift L. G. *Heymann* an ksl. Genkdo. Berl., 7. 12. 15, MKr 13366, Stück 68.

42 Anlage 7 zu dem Schreiben von hier, Anm. 26.

43 Anlage 9 zu dem Schreiben von hier, Anm. 26.

44 MKr. *(Kreß)* Denkschrift, 1. 2. 16 — streng geheim — über staatsfeindl. Bestrebgen., MInn 66327.

Man muß wohl annehmen, daß es in den beiden ersten Kriegsjahren in München noch keine aktiv revolutionären sozialistischen Gruppen gab. Die Flugblattwelle um Weihnachten 1915 bis Neujahr 1916 ist ihren Urhebern nach ungeklärt, es spricht manches für eine Urheberschaft radikaler Pazifisten wie Frau Hoesch-Ernst, einfach gänzlich unzufriedener Einzelgänger vom Schlage eines Max Perlberg; es können Anarchisten sein oder Sozialisten. Auf jeden Fall ruhen sie in der Unzufriedenheit der Zeit. Wirkende Symptome — Ausdruck der Sehnsucht nach Frieden und gleichzeitig sie befördernd wie später die Gerüchteflut.

Anfang Januar 1916 legt die Polizeidirektion München dem Kriegsministerium einen Handakt „Verteilung von Flugblättern gegen den Krieg" vor, dessen Inhalt Sonnenburg zusammenfaßt[45]. In den ärmsten Gegenden der Stadt, in der Au und in Giesing[46] wurden zu Weihnachten mit Schreibmaschine verfaßte Flugblätter in die Wohnungen und Briefkästen geworfen: „Von Frauen an die Frauen! Wir wollen nicht mehr länger zusehen, wie man unsere Männer und Söhne hinschlachtet! Und wir wollen auch nicht mehr länger dulden, daß sich die Väter unserer Kinder die Hände mit dem Blute ihrer Menschenbrüder beflecken müssen! Wir fordern Frieden! Frieden für Alle!" Am gleichen Tag wurden am Unteranger und zwei Tage später am städtischen Asyl in der Thalkirchnerstraße[47] Flugzettel verteilt und Plakate angeschlagen: „Weckruf! Frauen und Mädchen! Weint nicht zuhause! ‚Wir wollen Frieden!' Dann wird Euch ein Echo der Frauen aller an dem großen Menschenschlachten beteiligten Länder antworten: Wir wollen Frieden!" In demselben Handakt finden sich Beispiele revolutionär-klassenkämpferischer Agitation: „Wir kämpfen nicht fürs Vaterland, Wir kämpfen nicht fürs Brot, Wir kämpfen für die Großen, die Kleinen schlägt man tot."

Am 4. Januar tauchen im Hauptbahnhof Flugzettel auf: „Der Krieg ist ein Schwindel, nieder mit den Großkopfeten, auf zur Revolution ..."

Schließlich wird gegen das Dienstmädchen der in der staatlichen Aufklärungs- und Propagandaarbeit tätigen Baronin Pranckh polizeilich ermittelt, weil sie erfahren und dann weitererzählt hatte, an der Residenz sei das Plakat angeschlagen: „König Ludwig II, stehe auf und regiere, König Ludwig III krepiere[48]." Dieser böse Text war

---

[45] Aktenvermerk *Sonnenburg*, 10. 1. 16, MKr 13366, Stück 97.

[46] Dreimühlenstr., Tegernseerlandstr., Entenbachstr., Wirthstr.

[47] Schutzmannschaft für den 24. Bezirk, Nebst. II an Pol. Dir. Mch., 28. 12. 15, MInn 65715.

[48] Sicherheitskommissär für d. 1. Bezirk an Pol. Präs., 11. 1. 16, MInn 71519.

schon in der Weihnachtszeit bekannt als: „Ludwig II, steh auf und regier! Ludwig III leg di nieder und krepier[49]!"

Die Sprache dieser Texte weist uns auf einfache Leute als Schreiber hin. Der Inhalt zeigt eine enge Nachbarschaft zu den Pazifisten, jedoch lassen sich auch anarchistische oder sozialistische Grüppchen als Urheber nicht ausschließen. Für eine organisierte Aktion spricht das gleichzeitige Auftreten der Texte. Die Orte ihrer Verbreitung lassen die unteren Volksschichten als Adressaten erscheinen, und hier sind derartige Tendenzen um diese Zeit nichts Neues mehr. Sie sind Ausdruck der Stimmung und beeinflussen sie zugleich weiter.

Die staatlichen Stellen differenzieren hier nicht weiter. In den ersten Jahren des Krieges werden diese Erscheinungen vorwiegend als pazifistisch rubriziert, später als „revolutionäre Umtriebe".

Im Laufe des Jahres 1916 gelingt es den Militärbehörden, die Pazifisten zum Schweigen zu bringen. Erst im Herbst 1918 werden sie aus ihren Rede-, Schreib- und Versammlungsverboten entlassen, die Postsperren aufgehoben und eine gewisse, verschämte Förderung an deren Stelle gesetzt, denn nun braucht man sie als mäßigendes Element gegen den revolutionären Sozialismus.

Im Juli 1918 hält Sonnenburg[50] einen Aufruf der deutschen Friedensgesellschaft, die verschiedenen Zeitschriften beigelegt werden soll und alte pazifistische Forderungen erhebt, nämlich „Schiedsgericht, Vermittlungsamt, Abrüstung und einen Völkerbund, der die gemeinsamen Kulturgüter pflegt, jedem Friedensbrecher aber mit überwältigender Macht entgegentritt", für so maßvoll, daß er nichts gegen eine Druckerlaubnis einzuwenden hat; außerdem bringe er sachlich nichts anderes, „als was in links stehenden Blättern schon *viel schärfer* ausgeführt wurde"; schließlich konzediert er der Friedensgesellschaft sogar: „Sie *will* keinen *Frieden um jeden Preis,* sondern einen Frieden der *Verständigung,* wie ihn auch die *Reichstags*mehrheit in *ihrer Resolution* vom 19. Juli 1917 verlangt hat. Die sonstigen Forderungen (s. o.) ... sind wohl ganz unbedenklich."

Eine kleine Auswahl von Titeln pazifistischer Flugschriften soll den Themenkreis pazifistischer Propaganda abschließend noch einmal umreißen: „Belgiens Recht und Deutschlands Pflicht", „Die deutschen Professoren und der Weltkrieg", „Deutschland und die Schiedsgerichtsbarkeit", „Deutschlands Zukunft", „Frauen Europas, wann erschallt Euer

---

49 Vgl. hier Anm. 45.

50 Aktennotiz *Sonnenburg,* 26. 7. 18, MKr 13374, Stück 87.

Ruf?", „Krieg dem Kriege", „Das Papsttum und der Weltfriede", „Reale Garantien für einen dauernden Frieden".

β) *Frauenemanzipation*

Die Werbung für die politische Gleichberechtigung der Frau ist eng verbunden mit der pazifistischen Propaganda; die führenden Pazifistinnen stehen gleichzeitig an der Spitze der Frauenstimmrechtsbewegung. Anita Augspurg, die Freundin von L. G. Heymann sitzt im Vorstand des Nationalen Frauenausschusses für dauernden Frieden und ist Vorsitzende des Bayerischen Vereins für Frauenstimmrecht, Lida Gustava Heymann gehört ebenfalls zum Vorstand des Nationalen Frauenausschusses und steht der Ortsgruppe München des bayerischen Vereins für Frauenstimmrecht vor, die radikale Pazifistin Hoesch-Ernst ist Mitglied in diesem Stimmrechtsverein und die Suffragette Stora Max ist Vorsitzende der Ortsgruppe München des Frauenbundes der Deutschen Friedensgesellschaft.

Ihre Propaganda ist im wesentlichen pazifistisch und hebt den Aspekt von der Kultur-, der Friedensaufgabe der Frau hervor, die zu erfüllen die Möglichkeit politischer Wirksamkeit, also das Stimmrecht, die gleichberechtigte Teilnahme am Staat nötig ist. Von Bedeutung als Stimmungsfaktor ist sie nur unter ihrem pazifistischen Aspekt des Versuchs der politischen Aktivierung der Frau, ihrer tatsächlichen Gleichberechtigung innerhalb der pazifistischen Bewegung. Eine eigentliche Propaganda hat sie nicht entfaltet, aber ihre Stellung brachte es mit sich, daß der Pazifismus sich wesentlich stärker an die Frauen wandte als an die Männer, wie die Beispiele des letzten Kapitels zeigen, und es spricht für die relative Wirksamkeit dieser Tätigkeit, daß insgesamt wohl mehr Frauen an den Unruhen der Kriegsjahre aktiv beteiligt waren als Männer.

γ) *Sozialistisch*

Die Aktivität der revolutionär-marxistischen Bewegung nimmt in eben dem Maße zu, in dem die deutsche pazifistische Agitation abgewürgt wird. Unabhängig von den vielfältigen Gruppierungen, die ideologisch zerrissen links außerhalb der SPD stehen, ist es völlig gleichgültig, woher ein Text stammt. Solange der Absender nicht erkennbar ist, zählt nur der Inhalt. Aus diesem Grunde ist es legitim, den revolutionären und klassenkämpferischen Teil der pazifistischen Propaganda zugleich der sozialistischen Agitation zuzurechnen, während umgekehrt in der Frühzeit des Krieges die Sozialisten sich überwiegend pazifistischer Gedankengänge bedienen. Die erste Zimmerwalder Sozialistenkonferenz vom September 1915, deren Ziel es war, „das Proletariat aller Länder gegen den Krieg aufzuhetzen und zur Wiederaufnahme des Klassenkampfes aufzustacheln", verfaßte ein Manifest und einen Aufruf „an die Proletarier Europas", in denen „offen zum Kampfe gegen die Regierungen der kriegführenden Staaten und gegen jede Annexionsbestrebung oder wirtschaftliche Angleichung eroberter Gebietsteile aufgefordert wird. Manifest und Aufruf sind in Schweizer sozialistischen Zeitungen veröffentlicht worden und sollen heimlich in Massen im Heere und unter der Bevölkerung Verbreitung finden"[51]. So berichtet das Nürnberger stellvertretende Generalkommando und rückt das Ausmaß der Verbreitung dieser Flugschrift sogleich ins rechte Licht: „In einem Einzelfall (') ist bereits bekannt geworden, daß der erwähnte Aufruf seinen Weg in die Reihen der Armee gefunden hat." Über die Wechselwirkung zwischen dieser Propaganda und der allgemeinen Stimmungslage gibt eine Note des preußischen Kriegsministers an Bethmann Hollweg Auskunft[52] „(Ich habe) sowohl aus zahlreichen Zeitungsmeldungen als auch aus dienstlichen Eingängen ersehen, daß die Erbitterung der Bevölkerung (wegen der schlechten Ernährung) sich täglich steigert. Dies kann zu den schwersten Folgen führen und gibt insbesondere einerseits Nährboden für die von einem Teil der Sozialdemokratie betriebene Propaganda für einen ‚Frieden um jeden Preis'[53] ab, andererseits werden die umfangreichen Erörterungen in der deutschen Presse über den Lebensmittelwucher im Auslande zu unserem Nachteile ausgebeutet." Die linke Propaganda setzte, das wird so bleiben, fast immer bei Punkten an, über die ohnehin Mißstimmung bestand oder die die Linksgruppen direkt betrafen. Sie schuf die Verbitterung nicht, sondern nützte sie aus, versuchte sie zu steigern. Das wird an der Auswertung der gerichtlichen Verurteilungen Liebknechts 1916 zu einer Propagandakampagne deutlich. Ein in Berlin verbreitetes Flugblatt bezeichnete den Spruch von eineinhalb Jahren Festungshaft als „Schand- und Bluturteil", nannte es einen „Faustschlag ins Gesicht der deutschen Arbeiterklasse" und forderte mit den Worten: „Hoch Liebknecht! Nieder mit dem Völkermord! Friede, Freiheit, Brot! Von Donnerstag den 31. August an die Arbeit einstellen!" zum Massenstreik auf[54]. Mit einigen Tricks verhinderten die Gewerkschaften alle Unruhen.

So wie hier von intellektuell geschulten Köpfen differenziertere politische Haltungen und Vorstellungen formuliert werden, akzentu-

---

[51] Erlaß st. G. K. III. b. AK., 9. 12. 15, MInn 65715.

[52] Kriegsmin. Berlin an Reichskanzler, 16. 8. 15, MKr 12822.

[53] So wurde gemeinhin der Verständigungsfrieden bezeichnet.

[54] Bericht Büro für Sozialpolitik vom Sept. 1916, S. 6, MKr 14029, Stück 30.

ieren sich im Herbst dieses Jahres radikale Unmutsgefühle ähnlich gerichteter, aber schlichterer Köpfe in kräftigeren Ausdrücken vor allem auf der Eisenbahn. So las ein „den besseren Ständen angehöriger Herr" in einem Abteil III. Klasse auf der Strecke von Passau nach München eine Aufschrift: „Nieder mit der bayerischen Regierung, die nur Preußen hilft, hoch die Anarchie", und der bayer. Staatsrat v. Kahr entfernte eigenhändig in Aborten der dritten Wagenklasse Texte wie: „Der Bauer muß den Narren machen, die Offiziere tun anschaffen", „Es gibt rechte Hammeln, die an dem scheußlichen Krieg ein Wohlgefallen haben." Oder: „Der Krieg geht nicht zu Ende, bis die Bayern die Gewehre wegwerfen, die Preußen sind gleich kaputt[55]." Diese Texte sind gewiß nicht planmäßig verbreitet worden, vielmehr Formulierung von im Volke virulenten Vorstellungen. Die Eisenbahn, nächst ihr das Wirtshaus, war der bevorzugteste Vermittler solcher Formeln, die durch die Artikulation derartigen geistigen Gemeingutes es bewußt machten und so zur Wirkung brachten, ohne es hervorzubringen.

Ein Hochschulprofessor Dr. Alois Ries aus Bamberg weiß dann im April 1917 zu berichten[56], daß in Wartesälen und Eisenbahnwagen III. Klasse sowie während der Wochenmärkte in den Gasthäusern in Schwaben, Franken und Oberbayern „Mannspersonen im Alter von etwa 55—65 Jahren — regelmäßig Münchner Dialekt — immer nach dem gleichen Schema Gespräche politischen Charakters unter dem Publikum (inszenieren). Der Stoff ist immer der gleiche, mit dem ceterum censeo: ‚Die Vordern gehören weg' und ‚Wozu Kriegsanleihe zeichnen?' ... Dabei benehmen sich dieselben gar nicht ungeschickt, sie entfesseln das Gespräch, leiten es, werfen geschickt boshafte Zwischenbemerkungen ein z. B. ‚ja das russische Volk, das ist gescheiter ...', beherrschen dabei das ganze Coupé, oder mehrere Wirtstische." Ries vermutet mit guten Gründen, daß es „Emissäre oder Agitatoren im Dienste revolutionärer Ideen seien". Dem kommt entgegen, daß sich wenige Wochen, nachdem dieser Brief geschrieben wurde, am 16. Mai 1917 unter dem Namen „Unabhängige Sozialdemokratische Partei München Stadt und Land" in München eine Ortsgruppe der USPD konstituierte[57], deren Mitglieder gewiß nicht erst an diesem Tag zu politischer Aktivität fanden.

Andererseits berichtet der Aschaffenburger Oberbürgermeister Dr. Matt, nachdem er selbst etwa vier Wochen lang systematisch Bahnfahrten unternommen, Wirtshäuser besucht und auch durch Dritte

---

[55] Aktennotiz *Kahr*, 14. 2. 1917, MInn 66327.

[56] Hochschulprof. Dr. Alois *Ries* an *Brettreich*, 16. 4. 17, MInn 66328.

[57] Abschrift: Pol. Dir. Mch. an st. G. K. I. b. AK., 26. 5. 17, Anlage zu dem Schreiben: Pol. Dir. Mch. an Reg. Obb. vom 28. 6. 18, MInn 66284.

Untersuchungen hatte anstellen lassen, daß die „betr. Schwätzer keineswegs verkleidete Agenten, sondern waschechte Feldgraue sind, die in Bahnzügen und Wirtschaften derartiges unverantwortliches Zeug verbreiten“[58].

Man wird wohl annehmen können, daß die Situation derart war, daß für viele Menschen ein leichter Anstoß genügte, um sie dazu zu bringen, ihren Zorn und ihre Meinungen bei jeder Gelegenheit an den Mann zu bringen, so daß im allgemeinen die Frage, ob geplante oder spontane Agitation, sich dahin erledigt, daß in dem einzelnen „Hetzer“ sowohl Anregung von außen als auch Spontaneität wirkte, daß ein äußerer Anstoß die Schleusen öffnete.

Die Wirkung der sozialistischen Tätigkeit beschreibt der Syndikus der Münchner Universität Einhauser[59], wenn er berichtet, was er auf seinen täglichen Bahnfahrten von Icking nach München in den Gesprächen einfachster Leute hört: „die andächtige Hoffnung ... auf die am 15. Mai beginnende Stockholmer Konferenz, daß nur noch die Sozialdemokraten den Frieden bringen können, daß ‚Annexionen und Kriegsentschädigungen ein Unsinn‘ seien.“ Diese Gedankengänge sind zwar eher sozialdemokratisch als sozialrevolutionär, aber es will einiges besagen, daß sie von Leuten aus kleinen Orten des Isartals geäußert werden, die „zwar nicht mehr selbst Bauern — von Bauern stammen und unter Bauern wohnen“. Es stammt sicher nicht aus ihren Gehirnen, wenn „ihnen der Krieg Mache des Kapitals, gegen die sich endlich die Völker zur Wehr setzen müssen, nicht mehr Kampf um unsere Selbstbehauptung“ ist.

Es gibt eine gewisse Identität von pazifistischer, sozialistischer und feindlicher Agitation in Einzelfällen.

Im Juni 1917 gelingt es der Zusammenarbeit zwischen dem Militärattaché bei der deutschen Gesandtschaft in Bern, der Abwehrstelle Süd in Freiburg und der Zentralpolizeistelle Bayern, einen Ring von Propagandaschmugglern in der Schweiz auszuschalten[60]. Der Militärattaché teilt der Abwehrstelle Süd am 11. Juni mit, seine Vertrauensdame habe erzählt, die sozialdemokratische Partei der Westschweiz stelle Clischés für revolutionäre Propagandaschriften her, die die Entente nach Deutschland bringen wolle. Vier Tage später berichtet er, er habe erfahren, jetzt sollten die auf Seidenpapier gedruckten Propagandaschriften selbst über die Grenze gebracht werden. Am 13. Juni vermutet die Abwehrstelle Süd in einem Schreiben an die Zentral-

---

58 an Reg. Ufr., 20. 6. 1917, MInn 66328.

59 Dr. R. *Einhauser* an *Brettreich,* 26. 4. 17, MInn 66328.

60 Das Folgende alles im Akt MInn 71700.

polizeistelle Bayern, es handle sich um Schriften Hermann Rösemeyers[61], „durch die Bayern gegen Preußen aufgehetzt werden soll". Am 19. Juni legt die Zentralpolizeistelle Bayern dann einen Bericht ihres Agenten vor, der als Postbote getarnt den Transport des Propagandamaterials nach Bayern hätte übernehmen sollen. In der Schweiz habe er die Gedankengänge der Kontaktperson der Entente erfahren: „Ein Friede könne nur durch die Soldaten an der Front erzwungen werden, d. h. durch eine Revolution." Sie herbeizuführen gebe es in der Schweiz eine reiche Organisation, die in allen kriegführenden Ländern die gleichen Ziele verfolge. „Es handle sich um Propagandaschriften mit der Aufforderung zur Revolution." Sie sollten in die Schützengraben gelangen, „ohne daß die Mitglieder der internationalen Friedensgesellschaft mit den Soldaten oder deren Frauen in direkte Verbindung zu treten brauchten". Dieses Material sollte der Agent über die Grenze schmuggeln, um es in Lindau zur Post zu geben. Am 19. Juli 1917 berichtet die Zentralpolizeistelle Bayern dem Außen-, Innen- und Kriegsministerium, die Vertrauensperson in der Schweiz habe der deutschen Gesandschaft in Bern fünf Briefe zugestellt, die von diesem Kreis herrühren und unter anderem an drei radikal linke Blätter „Leipziger Volkszeitung"[62], „Arbeiterpolitik"[63] in Bremen und „Hallesches Volksblatt" gerichtet waren. Sie enthielten sieben- bis zehnmal einen Aufruf: „Kameraden von der Front! Genossen in Uniform." Der Titel sagt genug über den Inhalt. Die Adressaten der Sendungen waren über den Inhalt und Zweck der Sendung genau instruiert.

Die revolutionäre Linkspropaganda griff schon 1917 zu so unwahrscheinlich anmutenden Mitteln, wie dem, Geldscheine mit Tintenstiftaufschriften zu versehen, wie „Kein Friede ohne Revolution"! Diese Agitation kannte keine Staatsgrenze; dieser selbe Text, der im Juli in Bayern zu kursieren begann, war einige Monate vorher in Italien tausendfach auf Papiergeld verbreitet[64].

Wie radikal gerade das Material war, das aus dem Ausland eingeschmuggelt wurde, illustriert jenes Flugblatt, das seiner Diktion nach aus russischer Feder stammen dürfte und während der Verhandlungen von Brest-Litowsk verbreitet wurde. Das Flugblatt „Zum vierten Jah-

---

[61] *Rösemeyer* war vor dem Krieg Redakteur der „Berliner Morgenpost", verfaßte jetzt Texte für die Entente, schrieb in der „Freien Zeitung" und führte die „Deutsche revolutionäre Partei" in der Schweiz.

[62] Offizielles Organ der USPD.

[63] Gegründet von Johann Heinrich *Knief*, dem Führer der Bremer Linksradikalen, der u. a. eng mit Karl *Radek* und Julian *Borchardt* zusammenarbeitete.

[64] Pol. Präs. *Beckh* an MInn., 12. 7. 17, MInn 71700.

restag der Blutdiktatur"[65] bezeichnet es als „verbrecherische Lüge, daß der Kaiser, daß Hindenburg, der Kronprinz usw. die übrigen Völker besiegen können". Diese „feigen Mörder in glänzender Uniform und friedlicher Sicherheit werden nur ein Volk besiegen: Euch, deutsche Klassenbrüder, werden sie niederringen". Dann fordert das Flugblatt, nach dem Vorbild der russischen Revolution, „die verfluchte Festung ihrer Henkerschurken" zu vernichten: „Eure Henkergeneräle, Euere Skorpionsprinze (sic!), Euere blutfressenden Kapitalisten müßt Ihr überwältigen." Im Spätsommer wurde das Flugblatt „An das deutsche Volk" angeblich in Millionenzahlen über Deutschland verbreitet „um zu verhindern, daß es totgeschwiegen wird"[66], wurde aber doch in weiten Gegenden Bayerns nicht bekannt[67]. Es bespricht die Rede Kaiser Wilhelms zu Beginn des fünften Kriegsjahres. Der gegen früher gemäßigte Ton der Kaiserrede erhalte seine Erklärung dadurch, daß man im Großen Hauptquartier sehr deutlich merke, „daß der Rutsch Deutschlands in den Abgrund mit jedem Tag schneller geht, und sucht nach einem Ausweg, um wenigstens sich zu retten". Wenn die Revolution nicht kommt, wenn Deutschland „Wilhelm mit seinen Raubgesellen nicht zum Teufel jagt und unschädlich macht, so wird es selber mit Schande und Schmach untergehen". Deutschland ist am Verhungern; „Die Lebensmittel ... reichen gerade noch für die Fürsten mit ihrem Hofgeschmeiße, für die Leiter des Massenmordes und für die Kriegsgewinnler hin". Als Folge des Zusammenbruchs der Frühjahrsoffensive ist nicht das Vaterland in Gefahr, „sondern die verbrecherische Zollerndynastie mit dem Heer von Junkern, Kapitalisten, Vampieren, die dem Volk daheim den letzten Blutstropfen aussaugen. Die einzige Gefahr für das Volk ist ein Sieg Wilhelms und seiner Kreaturen ..." Die Folgerung ist klar: „Beseitigung der Monarchien und ihres Anhanges, der Bundesstaatsregierungen und ihrer Werkzeuge, die das Volk knebeln, Beseitigung der Justizstrolche, die im Namen der Monarchen sogenanntes Recht sprechen und doch nur alltäglich ein Verbrechen auf das andere häufen, Beseitigung der Heerführer, die mit dem Gewaltsystem die Soldaten in die Feuerlinie der Feinde treiben."

Eine kleine Auswahl von Flugblattiteln soll noch einmal den Themen- und Adressatenkreis dieser Propaganda umreißen: „Am Montag, den 28. Januar, beginnt der Massenstreik", „An die deutschen Soldaten! Soldaten, Brüder!", „an die Proletarier Europas", „Bauern, Arbeiter, Soldaten", „Du armes Deutschland", „Weniger Brot, keine Rechte, neue Steuern!", „Zum 4. Jahrestag der Blutdiktatur."

---

[65] Anlage zum Erlaß *Brettreich* an Reg.-Präs., 5. 1. 18, MInn 66283.

[66] MKr. Erlaß an st. G. Ks., 17. 8. 18, MInn 66284.

[67] Reg. v. Mfr. an MInn. — geheim — 31. 8. 18, samt Anlagen in MInn 66284.

b) Von rechts, annexionistisch

Die annexionistische Propaganda trug ihrer Erscheinungsform nach gänzlich andere Züge als die den Staatsbestand bewußt angreifende Tätigkeit der Linksgruppen. Ihre Träger gehörten den Eliteschichten an, waren Glieder des wirtschaftlichen und geistigen Großbürgertums. Ihre Forderungen waren Forderungen nicht an den Staat, sondern für ihn. Sie identifizierten sich mit ihm und seiner Verfassung und wurden von der breiten Bevölkerung mit diesem Staat identifiziert. Wie schon die pazifistische Propaganda — soweit sie sich ihrer Herkunft nach identifizieren läßt — ist sie vornehm, fast zurückhaltend. Sie geht nicht auf den Markt. Ihre Flugblätter sind Vervielfältigungen von Denkschriften und Eingaben, sie schreiben Broschüren über Deutschlands Wohl und die Gerechtigkeit der deutschen Sache; Anonymität ist vom Übel, Unterzeichnerlisten sind häufiger als das Fehlen des Verfassernamens.

Das Flugblatt ist nicht das Charakteristikum ihrer Tätigkeit, sondern das Wirken in der Presse, die Verbreitung von Broschüren und Büchern und öffentliche Versammlungen. Es ist nicht eigentlich Agitation, was sie betreiben, sondern Kundgebung von Meinungen. Ihre Forderungen haben nicht einen Umschwung der Dinge zum Ziel, sondern Konsolidierung und Sicherung; Sicherung des Staatsbestandes nach außen gegen alle Feinde, für die absehbare Zukunft Sicherung der Weltstellung Deutschlands, und Sicherung nach innen, Sicherung der Krone, der bestehenden Verfassung, der Stellung der elitären Schichten gegen die Ansprüche der immer noch als neu und bedrohlich empfundenen Massen, die eben diesem Staat ihren anderen, ihren demokratischen Stempel aufdrücken wollen. Volk, das ist der alte historische Staatsorganismus mit seiner Spitze in der etablierten Oberschicht, die stellvertretend dieses Volk vertritt; Masse aber ist das Element außerhalb dieses Volkes, Masse, das ist die Mehrzahl der Einwohnerschaft dieses Staates, die den Bestand des Volkes gefährdet. So kommt es, daß die elitäre Schicht des Volkes im Namen des Volkes Forderungen erhebt, die die Massen auf die Barrikaden treiben. So wie die elitären Schichten von der feindlichen „Lügenpropaganda" in ihrem Selbstbehauptungswillen, in ihrem Weltmachtstreben eher gefestigt wurden, ebenso treibt nun die Tätigkeit dieser Schichten die Massen auf der Bahn der Auflehnung gegen diesen so repräsentierten Staat voran.

Wie sehr der Gegensatz zwischen der Mehrzahl des deutschen Volkes und seiner geistigen Elite bereits zu Kriegsbeginn zu erkennen ist, zeigt eine Gegenüberstellung jenes Feldpostbriefes vom Oktober 1914[68]

---

[68] Vgl. A. IV. 3. a.

mit dem Titel einer Denkschrift von Adolf Bartels: „Der Siegespreis (Westrußland Deutsch)[69], eine politische Denkschrift[70].“ Knapp zwei Wochen nach Kriegsbeginn verbreitet ein Dr. jur. W. Bethke in München eine Gratisnummer seiner Zeitschrift „Die Bürgerwehr“ unter dem Motto „Frei leben oder sterben“, in der er unter der Überschrift „Unser Vaterland muß größer sein“ Kriegsziele ausspricht, die im wesentlichen mit dem Inhalt der späteren großen Denkschriften des Industriellenverbandes und der Professoren identisch sind: „Frankreich (muß) dauernd bis zur völligen Widerstandslosigkeit niedergerungen und gedemütigt werden (...). Auch das verlogene Belgiervolk von der Feigheit und Grausamkeit der Hyäne samt seinem hinterhaltigen (sic!) König hat sich die deutsche Nachsicht verscherzt und darf nicht länger als Freistaat existieren. Holland mit seiner vorwiegend niederdeutschen Bevölkerung muß uns ewig dienstbar sein, sei es als *abhängiger*, oder mit uns *verbündeter* Staat. In Russisch-Polen teilen sich brüderlich Österreich-Ungarn und Deutschland. Die unter dem schandbefleckten Zarenjoch seufzenden baltischen Provinzen werden bis vor St. Petersburg deutsche Reichslande nach dem Vorbild von Elsaß-Lothringen.“ Dann wird noch die Ostsee zwischen Deutschland und Schweden aufgeteilt. Das ganze steht unter der Erwartung, daß das Reich „mit seinen Bundesstaaten, Provinzen und Einflußsphären sich künftig vom Englischen Kanal bis zum Finnischen Meerbusen erstreckt“[71].

Die Industriellendenkschrift an Bethmann Hollweg vom 10. 3. 1915[72] forderte in differenzierter Diktion im Grund dasselbe, eher noch mehr, und die „Professorendenkschrift“ vom Juli 1915[73] schließt sich deren Forderungen an. Der Krieg ist Ergebnis eines „Überfalls von allen Seiten, wir wollen gegen eine ganze Kette von Kriegen wider etwa von neuem erstarkende Feinde mit allen Kräften uns schützen. Und wir wollen uns so fest und so breit auf gesicherten und vergrößerten Heimatboden stellen, daß unsere unabhängige Existenz auf Geschlechter hinaus gewährleistet ist. *Das Volk ist einmütig entschlossen in diesen Grundzielen.*“ Das Volk, so wie die Elite es sich vorstellte, war

---

[69] Klammer im Original.

[70] Weimar 1914. Sie wurde im Oktober 1914 für Bayern verboten. St. G. K. III. b. AK. an Bezirksregierungen, 26. 10. 18, MKr 13857, Stück 308.

[71] „Die Bürgerwehr, Wochenschrift für geistigen, politischen und sozialen Fortschritt“, Mch., 13. 8. 14, Sondernummer b). Ein Exemplar liegt als Stück 40 in MKr 13857.

[72] Unterzeichnet vom Bund der Landwirte, dem deutschen Bauernbund, dem Zentralverband deutscher Industrieller, dem Bund der Industriellen und dem Reichsdeutschen Mittelstandsverband: Ein Exemplar wurde *Hertling* von *Gebsattel* überreicht. MA 97537, vgl. auch *Fischer*, S. 193 ff.

[73] Anlage zu einem gedruckten Schreiben des Prof. D. Dr. *Seeberg* an *Bethmann Hollweg*, 21. 7. 15, MA 97537, vgl. *Fischer*, S. 198 ff. und *Schwabe*, Die deutschen Professoren ...

sicher einmütig, aber dieses Volk gab es nicht. Die Masse dachte anders und wurde in ihrem Andersdenken eher noch bestärkt durch solche Behauptungen.

Die Kanzlerkrise von 1916 bringt die latenten Gegensätze zwischen Bethmann Hollweg und den auch innerhalb der Großbürgerschicht noch rechts stehenden Gruppen ans Licht. Sie entzündet sich an der U-Boot-Frage, der Kriegszieldiskussion, an der Ernährungsnot und der Einhaltung des Burgfriedens.

Zu Pfingsten 1916 verbreiteten „Drei Deutsche" anonym, angeblich ohne Wissen und Willen des Verfassers, die Denkschrift „Die nationalen Kreise und der Reichskanzler" des Generallandschaftsdirektors Wolfgang Kapp in Königsberg[74]. Kapp ging davon aus, daß trotz der langen Dauer des Krieges die „Einigkeit gegenüber dem Feinde, Opfermut und Vertrauen in den Ausgang" durchaus nicht erschüttert seien.

„Nur geringe Bruchteile radikaler Fanatiker oder gesinnungsloser Schwächlinge stehen beiseite", und bagatellisierte die ihm als Verwaltungsbeamten bekannte „tiefe Friedenssehnsucht im Volke", die Klagen über „wirtschaftliche Mißgriffe"; denn „so gut wie einstimmig ist die Überzeugung, daß unverdrossen weitergekämpft werden muß, bis ein lohnender Friede erreicht ist, ja ... daß für alle gebrachten Opfer und erlittenen Verluste unbedingt ein zweifelloser Erfolg erkämpft werden muß"; wer aber diesen Forderungen widersprach oder sie nicht teilte, wer für den Frieden einen Interessenausgleich mit den Feinden anstrebte, schlimmer noch, wer um des Friedens willen bereit war, den Krieg verloren zu geben, mußte sich zu jenen geringen Bruchteilen „radikaler Fanatiker und gesinnungsloser Schwächlinge" zählen, gewiß keine Bezeichnung, die sich jedermann gerne gefallen ließ.

Kapp läßt die ihm bekannte Mißstimmung nicht gelten als existentielles Ruhebedürfnis, als elementare Sehnsucht nach Frieden; er sieht genau das Falsche der Behauptung, „daß der im Volke herrschende Mangel an Vertrauen zu der politischen Leitung eine plötzliche, ja, gar eine künstliche Erregung darstelle, daß sie wesentlich nur von einigen lauten Schreiern und einer verführten Gefolgschaft vertreten werde" — kurz, daß diese Mißstimmung 1916 Ergebnis einer wie immer gearteten Propaganda sei, und hält sie entweder für einen Ausdruck der Ahnungslosigkeit „über die Gemütsverfassung der weitesten, treuesten Volksschichten", oder für eine bewußte Entstellung der Wahrheit. In Wahrheit rührt seiner Meinung nach die allgemeine Mißstimmung daher, daß die politische Leitung in den Augen des Volkes „bei allem guten Willen ... es an Entschlossenheit und Klarheit des Willens

---

[74] Flugblatt auf Zeitungspapier, Zeitungsdruck und -Format, MInn 66327.

fehlen läßt", daß sie „nicht der Entschlossenheit entspreche, von der das deutsche Volk erfüllt ist". Das Volk also ist verstimmt, weil die Kriegsziele des Kanzlers zu niedrig gesteckt seien, sein halber Verzicht auf Belgien für die Zeit nach dem Krieg gebe eine der „politischen Garantien für unsere zukünftige Entwicklung als Weltmacht" aus der Hand. Die Befreiung der Völker in den russischen Westgebieten „von der russischen Reaktion", die der Kanzler anstrebt, könne nicht Deutschlands Kriegsziel sein: „Wir kämpfen nicht für die Polen und andere Fremdstämmige. Wir kämpfen nicht gegen die russische Reaktion. Wir kämpfen gegen die russische Gefahr, für unser Land und für die Sicherung der Zukunft unseres Volkstums ... Die territorialen Veränderungen, die wir im Osten erreichen wollen, haben sich allein nach unseren Interessen zu richten, und in der Skizzierung des Kanzlers vermögen wir nichts weniger als die Wahrung dieses Interesses zu erblicken." Es ist nichts von Idealen zu finden in diesem Programm, nur Interessen und Macht.

Es ist das nur eine aus einer großen Zahl von annexionistischen Schriften. Sie wirkten in der Folge ruinös auf die Stimmung, denn sie sahen nicht, daß das Volk meinte, der Krieg sei Verteidigungskrieg; der prononcierte Annexionswille machte die Regierungspropaganda, die den Gesichtspunkt des Verteidigungskrieges aufrecht erhielt, unglaubwürdig, er steigerte die sozialen Gegensätze, denn das Volk sah bei solchen Programmen keine moralische Berechtigung mehr für den Krieg, betrachtete sich vielmehr als Werkzeug zur Durchsetzung von Zielen, die nicht die seinen waren, besonders nachdem sich der größere Teil der großbürgerlich-elitären Schichten unter Kapp, Tirpitz und anderen in der Deutschen Vaterlandspartei verbunden hatten, die eben diese annexionistischen Gedanken pflegte[75].

Es dauerte seine Zeit, bis die Tätigkeit und die Bestrebungen der Annexionisten ihre Wirkung auf die Volksmoral ausüben konnten, einmal, weil eine ziemlich rigorose Zensur die legale Verbreitung aller extremen Programme und Forderungen von rechts und links unterband und andererseits, weil die Vertreter bürgerlicher Ehrenhaftigkeit keine Tätigkeit im Untergrund vertreten konnten; nachdem der Annexionismus sich jedoch in der Vaterlandsparteil institutionalisiert hatte, war es so weit, daß die Sozialdemokraten fürchten mußten, die Massen könnten ihnen nach links davonlaufen, „wenn sie nicht den Verteidigungscharakter des Krieges tagtäglich aufs allerschärfste beweisen können"[76]. Die Regierung bezog keine eindeutige Stellung gegen

---

[75] Niederschrift der Sitzung des Beirats für Aufklärungsfragen im Innenministerium, 3. 11. 17, S. 7 f., Ausführungen Timms, MInn 66329.

[76] Bericht Büro für Soz. Pol., 24. 10. 1917, MKr 14024, Stück 72.

die Vaterlandspartei und ließ es damit geschehen, daß der Gedanke des Krieges als Verteidigungskrieg kompromittiert wurde und damit der Kriegsmoral des Volkes der Boden völlig entzogen wurde.

Der große Streik vom Januar 1918 ist nach dem fast einhelligen Urteil aller Beobachter wesentlich auf das Wirken der Vaterlandspartei zurückzuführen. Bereits am 1. Februar 1918 schreibt das Büro für Sozialpolitik in Berlin[77] die Schuld am Streik dem zögernden Gang der Verhandlungen von Brest-Litowsk zu. Durch die Ernährungsnot „und das sich nunmehr erst in ihren ganzen Folgen zeigende lärmvolle, den Willen der Volksmehrheit usurpierende Auftreten ausschweifender Eroberungspolitiker maßlos gereizt" gaben sich die Massen ihrer tiefen Enttäuschung über die entschwindenden Friedensaussichten hin und streikten gegen den Krieg.

Die Verwechslung von Volk und Masse, beziehungsweise die Ausklammerung der Masse aus dem Volk, die in diesem Zitat als Usurpation des Willens der Volksmehrheit charakterisiert wird, wird schließlich Mitte Dezember 1918, nach Kapitulation und Monarchensturz sogar „für den unglücklichen Ausgang des Krieges durch Niederhaltung und *planmäßige Fälschung der öffentlichen Meinung*" verantwortlich gemacht[78].

3. Staatliche Propaganda[79]

Die staatliche Propaganda hat von vornherein feste Ziele und Absichten. Wesentliche Aufgaben der Aufklärung — das Wort Propaganda wird durchgängig vermieden, sind: Stärkung des Bewußtseins der „Deutschheit", des Durchhaltewillens trotz aller Friedenssehnsucht, Ernährungssicherung, Gerüchtebekämpfung, Kriegsanleihezeichnung, Bewahrung von Ruhe und Ordnung und Bewahrung der Volkseinheit.

Sie setzt recht zögernd erst während des Jahres 1916 ein. Ein „streng geheimes" Rundschreiben des bayerischen Kriegsministers von Kreß vom 1. Februar 1916 ist die früheste offizielle Initiative zur Errichtung einer Propagandaorganisation neben der Kriegsanleihewerbung[80].

---

[77] Bericht Büro für Soz. Pol., 1. 2. 18, MInn 66283.

[78] „Schematische Analyse der Entwicklung der Parteien in Deutschland", erste Auflage Dez. 18, gegenwärtige Neuauflage: Mitte Januar 1919, Exemplar 36, MInn 66338. Diese hochinteressante Analyse, die vermutlich im Innenministerium in München entstanden ist, übersteigert hier den ruinösen Einfluß der Vaterlandspartei auf die Stimmung; daß eine solche Wertung möglich war, genügt jedoch, um das Ausmaß der Verheerungen zu kennzeichnen, die diese Partei auch für die spätere Entwicklung zu verantworten hat.

[79] Vgl. hierzu *Albrecht*, V. 4.

[80] *Kreß* Rundschreiben streng geheim vom 1. 2. 16, MInn 66327.

Allein schon die Begründung der Notwendigkeit staatlichen Vorgehens macht deutlich, wie fortgeschritten der Stimmungsverfall an der Jahreswende 1915/16 ist: Es „muß leider zugegeben werden, daß in den letzten Monaten mehrfach in größeren Städten Straßenkundgebungen unter dem Rufe nach Frieden und Brot stattgefunden haben. Auch auf Bayern, das bisher von solchen öffentlichen Kundgebungen verschont blieb, scheint die Bewegung neuerdings übergreifen zu wollen". Kreß weiß, „daß die Einheit und Geschlossenheit der Bevölkerung in der Heimat, welche das Rückgrat für die Erfolge unserer Kampftruppen bildet, nicht ungefährdet ist, daß die lange Zeit herrschende *allgemeine* Zuversicht einer immer mehr um sich greifenden Mißstimmung Platz zu machen beginnt" und spricht von der „zur Zeit bestehenden schlechten Stimmung in der Heimat"; er sieht, daß „in einzelnen Schichten der Bevölkerung Unzufriedenheit und Niedergeschlagenheit eingezogen sind", und nennt als Gründe dafür „die lange Dauer des Krieges, die großen Opfer an Gut und Blut, ... (den) durch die Einberufungen zum Militärdienst eingetretene(n) Mangel an männlichen Arbeitskräften und nicht zuletzt die unterirdischen Umtriebe gewissenloser und vaterlandsloser Hetzer", vor allem der Pazifisten. Zweck und Thema der staatlichen Aufklärungsarbeit soll dementsprechend sein, „daß es ein Krieg ist nicht nur um den Bestand des Vaterlandes, sondern auch um Haus und Hof und daß er nur gewonnen werden kann, wenn Heer und Volk bereit sind, jedes Opfer auf sich zu nehmen, daß aber alle großen bisherigen Opfer *umsonst* gebracht sind, wenn das deutsche Volk am Enderfolg verzweifelt"; der Staat muß also ankämpfen gegen die Aufgabe des Ideals vom einen Vaterland und gegen die Vorstellung vom verlorenen Krieg. „Es muß ihnen vorgestellt werden, wie gering ihre kleinen Sorgen und Entbehrungen sind im Vergleich zu den Nöten und Gefahren unserer tapferen Soldaten", aber das Volk kannte diese Nöte und Gefahren von den Erzählungen der Verwandten und Freunde an der Front gut genug, und das Bedürfnis war weit verbreitet, neben deren Leiden die eigenen Entbehrungen zu einem Ende zu bringen.

Kreß sucht Möglichkeiten zur „dringend notwendigen Stärkung des Volksgewissens" und zeigt damit, daß es für eine nachhaltig wirksame Propaganda zu spät ist, denn das „Volksgewissen" ist fast schon am Ende; als einziges Stärkungsmittel sieht er die „Mobilmachung der gesamten geistigen und moralischen Heimatkräfte" und weist dabei besonders auf Geistliche, Beamte, Lehrer und Lehrerinnen hin, „Personen, die in guten und schlechten Zeiten die Vertrauten und Berater des Volkes sind", sowie auf die „vaterländisch gesinnten" Vertreter aller Arten von Verbänden und Vereinen. Damit ist das gesamte Aufklärungsprogramm umrissen, der Staat tritt nicht in Erscheinung.

Seine Ministerkollegen stimmen einer Referentenbesprechung über die Begründung einer staatlichen Propagandaorganisation zu, einen Monat später legt das preußische Kriegsministerium unter Berufung auf die bayerische Initiative ein ähnliches Programm vor[81].

Ende März fordert der bayerische Kultusminister Knilling[82] in persönlichen Schreiben den katholischen Episkopat und die protestantischen Konsistorien auf, auf den Klerus einzuwirken, „besonders den Versuchen, Unzufriedenheit in der Bevölkerung zu erregen, wirksam entgegenzutreten", sowie die Behörden bei der „Aufrechterhaltung der öffentlichen Ordnung" zu unterstützen, und ersucht gleichzeitig, mit Rücksicht auf das Ausland, von „öffentlichen Kundgebungen" abzusehen und mit den Bezirksregierungen zusammenzuarbeiten. Die Aktion ist notwendig, weil es Anzeichen gebe, „daß in der Bevölkerung ein gewisser Mißmut um sich greift, der in Kritiksucht Äußerungen der Unzufriedenheit über die bestehenden Zustände sowie des Mißtrauens gegenüber behördlichen Anordnungen an den Tag tritt". Der Staat leidet bereits an Glaubwürdigkeitsschwund, er leitet die Propaganda, aber „nach außen hin wird indes ein zu starkes Hervortreten der amtlichen Stellen sorgfältig vermieden"[83].

Die Propaganda für die Zivilbevölkerung unterstand dem bayerischen Innenministerium. Im Herbst 1916 bringt es den Zusammenschluß des Volksvereins für das katholische Deutschland mit der Inneren Mission unter den Pfarrern Dr. Meßmer und Dr. Schaudig in der „vaterländischen Volkshilfe" zuwege, die sich über den Klerus besonders an die Landbevölkerung wandte, um höhere Ablieferungen und Verständnis für die Not der Städte zu erreichen, daneben für die Kriegsanleihe warb, und sich um „politische Aufklärungsarbeit und die staatsbürgerliche Erziehung unseres Volkes" bemühte. Sie hielt Versammlungen und Besprechungen ab, organisierte Vortragsreisen von Pfarrern und anderen Vertrauenspersonen und verbreitete Druckschriften und eine eigene Zeitung, „Die Bayerische Heimatparole". Zur gleichen Zeit wurde der Bayerische Landesverein für Heimat-

---

81 Berl. Kr. an Reichsamt d. Inn., 2. 3. 1916 und Berl. Kr. an MKr., 4. 3. 16, MInn 66327.

82 *Knilling* an pers. Adressen der Bischöfe und Erzbischöfe sowie an die prot. Konsistorien, 24. 3. 16. MInn 66327.

83 Hierfür u. f. d. folgende: *Brettreich* an *Dandl*, 14. 6. 1918, MInn 66331 — Es handelt sich um eine der zahlreichen Ausarbeitungen, mit denen bayerische Politiker, indem sie ihre bisherigen Bemühungen um die Propaganda darstellen, Berliner Versuche abwehren, die Propaganda in Bayern an sich zu ziehen.

schutz, ursprünglich eine Vereinigung zur Pflege von Brauchtum und Kulturdenkmälern, gewonnen, der sich unter seinem Vorsitzenden, Regierungsbaumeister Rattinger, bald zum eigentlichen Koordinator der bayerischen Propaganda entwickelte.

Es wurde ein unendlicher Aufwand an Geld und Mühe getrieben. Es gab beachtliche Einzelerfolge. Feldgeistliche wurden von der Front geholt und auf Vortragsreisen geschickt. In der Diözese Passau zieht im Winter 1917/18 der Feldgeistliche Siglmüller durch die Dörfer. Wo er hinkommt, sind die Vortragslokale übervoll. Oft war mehr als die Hälfte der Einwohnerschaft der Dörfer anwesend, seine Reden „wurden mit Aufmerksamkeit und größtem Beifall aufgenommen“[84].

Aber im Grunde waren alle Anstrengungen fruchtlos. Der Film wurde als Propagandawaffe entdeckt. Im Dezember 1917 gründete das preußische Kriegsministerium die Universum-Film-A.G., die Ufa[85]. Aber das war zu spät, es sollte sich nichts mehr ändern an der Qualität der Filme, die ein verzweifelter Münchner Kinobesitzer im Herbst 1917 beklagte[86], weil „das Publikum diesen Kriegsbildern immer weniger Interesse entgegenbrachte ... es ist von dem Besucher zuviel verlangt, wenn derselbe 3/4 Stunden lang und oft noch länger einschlagende Granaten, Schützengräben, ausgestorbenes Gelände, Gefangene etc. ansehen soll; außerdem sah sich das Publikum getäuscht, da die Titel ... nicht das hielten, was sie versprachen“. „Stolz weht die Flagge“ oder ein U-Boots-Film waren für ihn „ein geschäftliches Fiasko“, unter anderem deshalb, weil staatliche Behörden sie torpedierten. Auf seine Bitten, Schülervorstellungen für solche Filme zu genehmigen, bekam er die Auskunft, „die Zeit sei zu ernst, als daß die Kinder ihr Geld in die Kinos tragen“. Hier stellt sich der Staat selbst ein Bein.

Unter dem 2. April 1917 regt das Münchener Kriegsministerium beim Kriegspresseamt in Berlin, der zentralen Propagandastelle des Reichs, an[87], doch das Plakat in den Dienst der Kriegspropaganda zu stellen, und verweist dabei auf die Erfahrungen und Erfolge der Alliierten. Eine in Deutschland neue Anregung: Das künstlerische Plakat im Dienste der politischen Propaganda; bis dahin wurde es nur zur Kriegsanleihewerbung verwendet. Im Grunde hofft man noch immer auf die Fortdauer der politischen Hochstimmung des August 1914.

---

[84] MKr. an MInn., 26. 3. 1918, MInn 66330.

[85] Erlaß Berl. Kr. v. 28. 2. 1918, MK 19289.

[86] Lichtspielhaus und Kammerlichtspiele an die „Münchner Kunstfilm“ Peter *Ostermayr*, 12. 9. 17, MInn 66336.

[87] MKr. an Kr. Pr. A., 2. 4. 17, MInn 66336.

Einige gelungene Handzettel, die sich an die Instinkte, an Furcht und Haß wenden, sind die Ausnahme. Im April 1918 etwa verbreitete das Kriegspresseamt in Berlin den Text:

„Die englische Arbeiterschaft über die Deutschen, in einer englischen Arbeiterversammlung in Nottingham am 12. September 1917 schloß der Politiker Wells unter dem Beifall seiner Zuhörer seine Rede mit den Worten: ‚Der einzige gute Deutsche, den ich kenne, ist ein toter Deutscher‘[88].“

In der Hauptsache handelt es sich um langatmige Hindenburg- und Kaiserreden, die ohnehin nur liest, wer keine moralische Rückenstütze braucht, um lange Auseinandersetzungen über die Notwendigkeit durchzuhalten, Kriegsschuld oder Schuld an der Dauer des Krieges, deren Stil schon die Titel anzeigen „Deutscher Kalender“, Deutschland und seine Feinde“, „Die Blutschuld der Entente“, „Die deutsche Niederlage oder wohin kommen wir, wenn wir nicht durchhalten“, „Die diplomatischen Verhandlungen vor Ausbruch des Weltkrieges auf Grund der Farbbücher“, „Die Entstehung des Weltkrieges“, „Die Verwüstungen des pfälzischen Weinbaugebietes durch die Franzosen in früheren Kriegen“, „Katechismus des Weltkriegs“, „Russische Bekenntnisse zur Schuld am Ausbruch des Krieges“, „Sechs Monate Seesperre gegen England“, „Siegeskraft und Siegeswille“, „Unsere Feinde und wir“, „Warum und wofür wir Krieg führen“[89], „Wer trägt die Schuld an der Verlängerung des Krieges?“, „Wer trägt die Schuld am Ausbruch des Krieges?“, „Wer trägt die Schuld am Krieg?“, „Wie es zum Weltkrieg kam.“ Daneben stehen ähnlich unattraktive Titel, die die Landwirtschaft zu höherer Produktion auffordern, das gegenseitige Verständnis zwischen Norden und Süden oder Stadt und Land fördern wollen, aber insgesamt viel zu akademisch — trocken oder absichtlich volkstümelnd gehalten waren, als daß sie hätten wirken können. Die Betrachtung eines beliebigen Textes soll das im Einzelnen zeigen. Am 12. 9. 1917 schickt der bayerische Landesausschuß zur Fürsorgetätigkeit ein Rundschreiben an seine Mitglieder[90], in dem er „die herzlichste Bitte“ an sie richtet, „durch aufklärenden Zuspruch von Frau zu Frau, durch kurze Vorträge mit daran sich anschließender Aussprache, durch Veröffentlichung des beifolgenden Flugblattes in der Lokalpresse und sonstige tunlichste Verbreitung desselben, vielleicht auch durch Briefe dahin zu wirken, daß die Frauen aller Stände von dem festen Willen

---

[88] Flugblatt, in: MInn 66337.

[89] Diese Broschüre von Friedrich *Stieve* galt als Vorbild für die Propaganda und war 1917 in 1200 Exemplaren verbreitet. Aktenvermerk — undatiert, MK 19288.

[90] Liegt samt Anlage in MInn 66329.

des Durchhaltens durchdrungen bleiben, daß diese Überzeugung, wo sie schläft, neuerdings geweckt wird". Das beiliegende Flugblatt suchte diesen Durchhaltewillen dann zu erwecken oder zu stärken mit dem Hinweis auf die vergangene Friedensperiode von vierzig Jahren, die nur „durch die ausgeprägte Friedensliebe, die den Kaiser, die Bundesfürsten und das ganze deutsche Volk beseelte", möglich gewesen sei; Deutschland wollte den Krieg nicht, er „wurde uns aufgezwungen durch den Neid Englands, das sich durch deutschen Fleiß und deutsche Tüchtigkeit in seinem Handel bedroht glaubte und seit Jahrhunderten jedes Volk zu zerschmettern sucht, von dem es einige Gefahr für seinen bequemen Gelderwerb fürchtet". Frankreich hätte sich durch Hoffnungen aufs linke Rheinufer bestechen lassen, und der russische Kaiser sei belogen worden und machte sich Hoffnungen auf den ostelbischen Ackerboden. So wie am Kriege seien die Feinde an der Kriegsdauer schuld, denn sie hätten Bethmanns Friedensangebot von 1916 abgelehnt, gingen nicht auf die Reichstagsresolution vom Juli 1917 ein.

Für die Verfasser dieses und vieler anderer Flugblätter kamen die Gefahren, die Deutschland drohten, von innen, von dem Friedensgerede und der Kleingläubigkeit der Heimat; der U-Boot-Krieg werde England besiegen, deutscher Fleiß alle Engpässe der Wirtschaft überwinden. Es hieß, es gebe keine Arbeitslosigkeit in Deutschland. Das Leben in der Heimat sei „mindestens erträglich"; Deutschland habe keinen Grund zum Kleinmut; „Wir müssen alle fest überzeugt sein, daß Regierung und Heeresleitung alles tun werden, um möglichst bald und möglichst günstig den Krieg zu beenden." Woher diese Überzeugung kommen sollte, wird nicht gesagt, die Ernährungslage, der Kohlenmangel, alles das sei erträglich; die Forderung: „Jeder muß auf dem Platze, auf den ihn Gott gestellt hat, durchhalten wollen, das ist vaterländische Pflicht. Die Grundlage des Wollens aber sind Geduld und volles Verständnis für die Forderungen, welche die harte Kriegszeit an uns alle stellt." Nach über drei Jahren Hunger war die Geduld erschöpft, und sie wurde gewiß nicht wiedergewonnen durch derartige tantenhafte Bevormundung.

Das Resümee aller Propagandamühen gab der Bezirksamtmann von Schwabach[91]: „Die Volksaufklärung, welche im vorigen Jahr eingeleitet, aber nicht in der geplanten Weise durchgeführt wurde, genügt nicht." Die Bemühungen Kreß' von Anfang 1916 nahmen demnach erst Anfang 1917 greifbare Gestalt an und drangen im ganzen Jahr 1917 nicht wirklich spürbar ins Land ein, und schließlich erreichten

[91] BA. Schwabach an Reg. Mfr., 2. 2. 1918, MInn 66283.

sie nicht ihre eigentlichen Adressaten: „In Versammlungen und zu Lichtbildervorträgen gehen nur die loyal gesinnten ruhigen Bürger, nicht aber der Teil des Volkes, der der Aufklärung am dringensten bedarf.“ Mit anderen Worten: Propaganda unter Ausschluß der Öffentlichkeit, denn sie konnte im Grunde nur reagieren, die Aktio war ihr versagt.

IV. Lebensumstände, Ansichten, Stimmungen und Selbstverständnis der einzelnen Schichten

1. Großbürgertum

a) Wirtschaft und Wissenschaft

α) *Lebenshaltung*

Die wirtschaftliche Situation der Wissenschaft und der Wissenschaftler tritt uns in den Arbeitsberichten der Kommissionen der Bayerischen Akademie der Wissenschaften entgegen.

1916 stand mehr als die Hälfte der Mitarbeiter der historischen Kommission im Heeresdienst[1]. Wegen des Mangels an Druckern häufte sich im Büro der Kommission für den Thesaurus linguae latinae[2] „eine Menge ungedruckter Manuskripte an". 1918 konnte die Kommission für die Herausgabe von Wörterbüchern bayerischer Mundarten[3] wegen des Papiermangels und der hohen Druckkosten keine Sammelanweisungen mehr für ihre fränkischen Mitarbeiter herstellen lassen.

1916 erhielt der Redakteur des Thesaurus linguae latinae ein Jahresgehalt von 2550 Mark, also monatlich 212,50 Mark[4]. Dieses Gehalt war dasselbe wie im Frieden, die nackten Lebenshaltungskosten aber waren, selbst wenn die gesamten Kriegseinschränkungen berücksichtigt sind, bis September 1916 um 73,47 % gestiegen[5].

Prinzipiell gab es keine Ausnahmen von der allgemeinen Versorgungsregelung, die im Laufe des Jahres 1915 alle Grundnahrungsmittel dem freien Markt zu entziehen versuchte und öffentlich bewirtschaftete. Aber es wurden nicht alle Nahrungsmittel erfaßt, es gab Nahrungsmittel, die bis Kriegsende frei gehandelt wurden, entsprechend hohe Preise hatten und damit nur den vermögenden Schichten zugänglich blieben. Wild, Geflügel, See- und Süßwasserfische, einige Gemüsesorten und Obst etwa waren von der Rationierung ausgenom-

---

1 Bericht *Riezlers* über die 56. Vollversammlung der hist. Kommission, Jb. d. b. A. d. W. 1916, S. 208.

2 Kommissionsbericht, Jb. d. b. A. d. W. f. 1917, S. 106.

3 Kommissionsbericht f. 1918, Jb. d. b. A. d. W., S. 126.

4 a.a.O., hier Anm. 2, S. 109.

5 Undatierter Bericht, etwa Sept. 16, des II. st. G. K. in Nbg., MKr 12842, Stück 14.

men, ihre Preise hatten sich bis August 1917 etwa verdoppelt. Manche Preise, etwa für Hechte, blieben mit M 1,50 für das Pfund gleich, andere, wie etwa für Gurken, stiegen je Pfund von 27 Pfennig auf 70 Pfennig bis M 1,53[6].

Es versteht sich, daß diese Waren in einem Umfang, der die Ernährungssituation des Einzelnen wirklich erträglich gestalten konnte, nur von vermögenden Personen erworben werden konnten, handelt es sich doch etwa bei Fischen und Gemüse um teure Waren mit recht geringem Nährwert.

Wer genügend Geld hatte, konnte sich in Gaststätten verpflegen. Die Akten sagen zwar nichts aus über die Preise, die dort verlangt werden, aber es steht fest, daß in zahlreichen „Wirtschaften die Bestimmungen über den Verkehr mit Lebensmitteln nicht eingehalten werden. Insbesondere sollen vielfach Fleischgerichte ohne Marken abgegeben, Eier und Eierspeisen verabreicht, an Dienstagen und Freitagen Fleischspeisen und an Montagen und Donnerstagen mit Fett zubereitete Speisen verabfolgt werden“[7]. Die zahlreichen Einschränkungen, denen der Gaststättenbetrieb unterlag — sie sind in dem Zitat am Rande bezeichnet — wurden kaum irgendwo eingehalten; vielmehr war die Versorgung der Speiselokale „in weiten Grenzen auf die Wirksamkeit des Schleichhandels aufgebaut“[8]. Die Gaststättenpreise — in den Hinterzimmern, wo die Hamsterware verzehrt wurde — entsprachen den Schwarzhandelspreisen. Es soll nicht gesagt werden, daß alle vermögenden Personen gehamstert oder die Hamsterei der Gaststätten ausgenützt hätten, aber allein die Tatsache, daß die Gaststätten sich Waren und Vorräte zulegten, spricht dafür, daß sie den entsprechenden Kundenstamm hatten.

Diese vermögenden Schichten griffen zu allen möglichen Tricks, um sich zusätzliche Nahrungsmittel zu verschaffen. So meldet die Redaktion der Münchner Neuesten Nachrichten dem Innenministerium[9], daß reiche Leute Bauernhöfe aufkaufen oder deren Besitzer gegen Geld verpflichten, Lebensmittel an sie zu liefern. „Sie haben auf diese Weise alles, was sie wollen ...“ Eine Frau von Ranke in München war Besitzerin des Gutes Laufzorn. Dem Innenminister wurde mitgeteilt[10]: „Sie habe sich in ihrem Gute täglich für ihren Haushalt von 5 Perso-

---

[6] Volksstimmungsbericht *Sonnenburg* für August 1917, S. 32; vgl. zur Wirtschaftsentwicklung von 1917—1918 die Sonnenburgberichte in MK 19288 ff.

[7] Erlaß *Brettreichs* an Polizeibehörden, 20. 3. 1918, MInn 66449.

[8] Rundschreiben des Kriegsernährungsamtes in Berlin, 21. 3. 1918, MInn 66449.

[9] MNN. an MInn., 10. 5. 17, MInn 66446.

[10] MInn. an bayer. Kriegswucheramt, 11. 12. 17, MInn 66448.

nen 22 Liter Milch zu Butter verarbeiten lassen und Butter auch noch auf die Fettmarken ihrer Dienstpersonen für sich bezogen. Auch jetzt noch erhalte der aus 5 Personen bestehende Haushalt in München wöchentlich 5 bis 6 Pfund und verfüge... über 17 Fettmarken. Ähnlich verhalte es sich mit den Zuckermarken. Der Haushalt beziehe ferner täglich für 4 Personen 5 Liter Vollmilch von der Zentralmolkerei. Eingelagert müßten außerdem 1 1/2 Ztr. Honig, einige Rehböcke, Dutzende von Rebhühnern, ein paar Tausend Eier und eine ganz unverhältnismäßig große Menge Obst sein." Die Vorratshaltung dieser Dame ist ein Extrembeispiel, aber keine singuläre Erscheinung, anders ist das ungläubige Erstaunen des Münchner Historikers und Mitunterzeichners der Professorendenkschrift, Hermann von Grauert, in dem Nekrolog auf Albert Hauck nicht erklärlich[11]: „Die Gewissenhaftigkeit im Kriege soll er so weit getrieben haben, sich in der eigenen Ernährung ein Überschreiten der durch die Rationierung ihm zugemessenen Quantitäten nicht zu gestatten. Infolge davon soll er an Entkräftung gestorben sein."

Während des ganzen Krieges konnten „sich die besser situierten Kreise entweder durch unrechtmäßig erworbene Fleischkarten oder durch Zahlung über die gesetzlich festgelegten Höchstpreise hinaus ohne Karten auf Kosten der übrigen Bevölkerung mit Lebensmitteln überreich versehen ..."[12]. Der Münchner Polizeipräsident von Grundherr gibt Anfang 1916 in einer Ansprache einen Überblick über die Zustände[13], spricht von luxuriösen Kaffeehäusern, „wo aufgeputzte Frauen, Mädchen und Kinder gepaart mit leichtsinnigen Lebemännern um teuren Preis in Üppigkeit schwelgen", oder von dem „Wohlleben vieler reicher Familien, für die der Krieg nicht existiert. Sie halten ihre Gastereien wie im Frieden und gewinnsüchtige Geschäftsleute ermöglichen diese Schlemmereien durch heimliches Zusenden der nötigen Leckerbissen".

Im Unverständnis für die Nöte des hungernden Volkes konnte dann der Universitätssyndikus Einhauser die Friedenssehnsucht des Volkes als „eine Knochenerweichung, eine Zermürbung" bezeichnen[14].

Was hier an Zündstoff lag, macht eine anonyme Eingabe an Bettreich deutlich[15], in der die Ernährungssituation polemisch kritisiert

---

[11] Hermann *von Grauert*, Nekrolog auf Albert *Hauck*, Jb. d. B. A. d. W. 1919, S. 90.

[12] St. G. K. I. b. AK. an MKr., 8. 10. 16, MKr 12842.

[13] Vortrag *Grundherrs*, MInn 66327.

[14] *Einhauser* an *Brettreich*, 26. 4. 17, MInn 66328.

[15] „Das Volkskomite. Zur Aufklärung des Volkes" an MInn. ohne Datum, Orthographie wie in der Vorlage, MInn 66445.

wurde: „Geht das überhaupt jemand etwas an, wenn das Ministerium die Preise der täglichen Lebensmittel nicht kontrolliert, die Preise des Geflügels auf eine Höhe hinauf schraubt, daß wir des Mittelstandes vergessen solche essen zu wollen; diese Sachen gehören nur für die Oberen, weil da auch Fett zu gewinnen ist. Was geht das den Plebs an, wenn das Ministerium weiß, wenn die besitzende Klasse Lebensmittel aufgehäuft, daß nie ein Mangel eintreten kann, übrigens brauchts dieses ja gar nicht, diese erhalten ja ohne diess Bezugscheine und die Lebensmittel werden ins Haus geliefert."

Die soziale Revolution, der Aufstand des Hungers gegen das Wohlleben der Reichen ist vorgeprägt, und die übrigen Klischees, Verlust der Unabhängigkeit von Norddeutschland, Hörigkeit der bayerischen Regierung gegenüber Berlin, Überwucherung Bayerns durch norddeutsches Kapital treten uns entgegen.

Der norddeutsche Gast Bayerns war der Inbegriff des „Reichen", des Kriegsgewinnlers, „der ohne Rücksicht auf den Nebenmenschen sein Zelt dort aufschlägt, wo er hofft, mit Hilfe seines Geldes einen gedeckten Tisch zu finden", urteilt Sonnenburg[16]. Für Geld war alles zu haben, wer das meiste Geld hatte, konnte sich am besten ernähren. Der „Berliner Kriegsgewinnler" verdarb als Ferienreisender die Preise und aß den Einheimischen die Nahrung weg. „Sein durch den rasch gewonnenen Reichtum gesteigertes Selbstbewußtsein und die Taktlosigkeit, mit der er der schwerarbeitenden, unter dürftigen Verhältnissen lebenden oder gar bittere Not leidenden Bevölkerung geflissentlich die Macht des Geldbeutels vor Augen führt, wirken als eine tiefverletzende Herausforderung[17]." Der bayerische Kriegsminister Hellingrath, der diese Sätze schrieb, sah ganz genau die Früchte, die dieses Verhalten hervorbrachte. „Ist es erstaunlich, wenn solche Eindrücke den Bayern mit tiefstem Mißtrauen gegen das Preußentum erfüllen, ... daß er in ihnen die Kriegsverlängerer sieht, denen die Not des Vaterlandes nur eine willkommene Gelegenheit zu maßloser Bereicherung ist."

Für einen großen Teil der Geschäfts- und Wirtschaftswelt hörten „Vaterlandsliebe und deutsches Pflichtgefühl (auf) ..., wenn ihr Geldbeutel in Frage kommt"[18], oder sie verbanden Geschäft und Vaterlandsliebe, wenn daran zu verdienen war. Das Streben der großen Wirtschaftsverbände nach Briey - Longwy, überhaupt nach Annexionen, die Angst vor einem „vorzeitigen Frieden" haben gewiß auch hier ihre Wurzeln, jedenfalls spricht die in der Industriellendenkschrift[19]

---

16 Volksstimmungsbericht *Sonnenburgs* vom 16. 8. 1918, MK 19290.

17 *Hellingrath* an *Dandl*, 29. 8. 18, MK 19290, S. 11.

18 Vgl. hier Anm. 13.

19 Vgl. A. III. b., Anm. 72.

erhobene Forderung dafür, daß die im zu annektierenden französischen Gebiet „vorhandenen wirtschaftlichen Machtmittel, einschließlich des mittleren und größeren Besitzes, derart in deutsche Hand überführt werden, daß Frankreich deren Eigentümer entschädigt und übernimmt“, denn wer in Deutschland, wenn nicht die ohnehin vermögenden Industriellen, hätte diese dann herrenlosen Güter übernehmen sollen.

β) *Die Eigenart des politischen Klimas innerhalb der Oberschichten Bayerns*

Der annexionistische Gedanke breitet sich in Bayern langsamer aus als im übrigen Reich; unter den 838 Namen auf der ersten Unterzeichnerliste der Professorendenkschrift vom Sommer 1915[20] finden sich nur 56 Namen aus bayerischem Gebiet, darunter aber bereits viele der bekannten Namen: H. St. Chamberlain, Franz von Buhl, General Freiherr von Gebsattel, Max von Gruber, Emil Kraepelin und Erich Marcks. 46 der bayerischen Unterzeichner kommen aus den vier Städten München, Erlangen, Würzburg und Ludwigshafen. In Ludwigshafen sind es sechs Wirtschaftler, weiter finden wir in der Pfalz den Deidesheimer Reichsrat Franz von Buhl und einen hohen Beamten in Speyer. In Oberbayern leben sechzehn Unterzeichner, ein Universitätsprofessor in Ebenhausen und fünfzehn Personen in München, von ihnen sind dreizehn Professoren und zwei weitere Akademiker. In Mittelfranken finden wir fünfzehn Erlanger Professoren und zwei Universitätsbibliothekare, einen Stadtbaurat in Nürnberg und einen Großagrarier in Obersteinbach. In Oberfranken unterzeichnen H. St. Chamberlain in Bayreuth und General von Gebsattel in Bamberg. Aus Unterfranken sind acht Würzburger Professoren auf der Liste, einer von ihnen lebt in Bad Kissingen, sowie ein Würzburger Wirtschaftler. In Schwaben schließlich finden wir zwei Unterzeichner, zwei Wirtschaftler, einer in Bad Schachen bei Lindau und einer in Dillingen. Aus Niederbayern und der Oberpfalz unterzeichnet niemand.

Die zweite, am 6. August 1915 nachgelieferte Unterzeichnerliste[21] modifiziert das Bild, das die erste bot, wesentlich. Während diese bei insgesamt 838 Unterzeichnern nur 56 Befürworter in Bayern fand, also nur jeder fünfzehnte Unterzeichner Bayer ist, unterzeichnen auf jener unter insgesamt 495 Namen 86 Bayern, so daß also jetzt etwa jeder sechste Unterzeichner in Bayern lebt. Man sieht dabei deutlich, daß die Werbung für die Denkschrift sich an andere Gruppen als vorher

---

20 Vgl. A. III. b., Anm. 73.

21 In: MInn 54014.

wendet. Während auf der ersten Liste von 56 Unterzeichnern 36 Hochschullehrer sind, sind es jetzt unter 86 nur noch fünf, dagegen treten statt der acht Wirtschaftler auf der 1. Liste jetzt 31 auf. Das Schwergewicht hat sich eindeutig von den eher geistigen auf die mehr tätigen Gruppen verlegt.

In Oberbayern verschiebt sich das Bild folgendermaßen: In München unterzeichnen noch vier Professoren, sieben Künstler, ein Beamter, der Präsident des protestantischen Oberkonsistoriums von Bezzel, ein Prälat, fünf Vertreter des Wirtschaftslebens, zwei Politiker und drei weitere Akademiker, außerdem werden in Garmisch, Schleißheim, Starnberg und Marquartstein fünf weitere Unterzeichner gewonnen.

In Mittelfranken stößt zu den siebzehn Vertretern der Universität ein weiterer Professor, zu dem einen Nürnberger Baurat kommen der Leiter eines Erziehungsheimes, achtzehn Wirtschaftler, zwei Politiker und zwei Akademiker, in Fürth werden vier Wirtschaftler und ein Akademiker gewonnen, in Gunzenhausen, Ansbach und in Wald treten drei evangelische Geistliche, ein Akademiker und ein Wirtschaftler hinzu. In ganz Bayern nimmt die Bewegung in Oberfranken den erstaunlichsten Aufschwung. In Bayreuth kommen zu Houston Steward Chamberlain vier Gymnasiallehrer, zwei Beamte, ein evangelischer Geistlicher, drei Wirtschaftler und ein weiterer Akademiker, in Streitberg, Bamberg und Hof gewinnt die Bewegung weitere fünf Anhänger. In Unterfranken und der Pfalz finden sich zusammen noch einmal je drei Unterzeichner, ebenso in Schwaben; Niederbayern und die Oberpfalz bleiben abgesehen von zwei Regensburger Unternehmern weiterhin frei von Anhängern.

Nach Berufsgruppen aufgegliedert wird die Annexionistendenkschrift insgesamt unterzeichnet von 41 Hochschullehrern, 40 Vertretern des Wirtschaftslebens, 20 Akademikern in den verschiedensten Berufen, 9 Künstlern, 9 Politikern, 7 höheren Beamten, 6 evangelischen Geistlichen, 5 akademischen Pädagogen, 3 katholischen Geistlichen und je einem Schriftsteller und Militär.

Der Unterschied im Verhalten des alt- und neubayerischen Raumes ist besonders deutlich. Zwar leben von den insgesamt 142 bayerischen Unterzeichnern[22] 47 in Altbayern, davon aber wiederum 39 in München, das durch seine Überfremdung und die Universität denkbar untypisch für diesen Raum ist. In Mittelfranken allein finden wir mehr Anhänger als in ganz Altbayern, nämlich 49, von denen je 19 aus Nürnberg und Erlangen kommen, die anderen elf verteilen sich auf 5 Orte. In Oberfranken haben wir insgesamt 18 Unterzeichner,

---

[22] *Albrecht* zählt nur 136 / a.a.O., IV. 1. b.

12 allein in Bayreuth, wo sich sicher die Anwesenheit Chamberlains besonders auswirkt, die anderen sechs Namen verteilen sich auf drei Städte. Unterfranken hat trotz seiner Universität insgesamt nicht mehr Unterzeichner als Bayreuth. Elf von den zwölf Unterzeichnern wohnen in der Universitätstadt, der zwölfte lehrt in ihr. Würzburg entpuppt sich für sein Hinterland als ebenso wenig repräsentativ wie München. In der Pfalz wohnen von den elf Unterzeichnern neun in Ludwigshafen, die zwei übrigen Unterzeichner in Speyer und Deidesheim; von den fünf schwäbischen Befürwortern der Denkschrift schließlich leben vier in der Umgebung Lindaus am Bodensee, der fünfte ist ganz isoliert in Dillingen. Die Großstadt Augsburg hat keinen Namen auf der Denkschrift.

Es ist auffällig, daß sich nicht nur die politische Verhaltensweise von Stadt und Land so deutlich unterscheidet, — es wohnen ja fast alle Annexionisten in den größeren Städten, sicherlich mehr, als es der Verteilung kultivierter Intelligenz über Stadt und Land entspricht — sondern auch die Verhaltensweise katholischer und evangelischer Landstriche.

Wenn schon doppelt so viele evangelische Geistliche (insgesamt sechs) unterzeichnen wie katholische, so könnte das noch Zufall sein, wenn nicht gleichzeitig die evangelischen Gebiete Bayerns auch den weitaus größeren Anteil der Unterzeichner stellen, obwohl der evangelische Bevölkerungsanteil in Bayern niedriger als der katholische ist.

Wir sahen ja, daß sich in den fast rein katholischen Gebieten Altbayerns (außer München!) und Unterfrankens (außer Würzburg!) kaum Unterzeichner finden, daß sich die Hauptmenge vielmehr in München, Mittel- und Oberfranken (trotz Bamberg) und in der Pfalz findet.

Von hier aus wird der so oft beklagte Umstand erklärlich, daß der deutsche Katholik so oft der nationalen Unzuverlässigkeit gescholten wurde[23], weil er weniger für nationalistische Parolen zu gewinnen war als der Protestant.

Im geistigen Klima der intellektuellen Schwerpunkte Bayerns gibt es weitere bemerkenswerte Unterschiede, die sich bei einem Vergleich der Unterzeichner der Professorendenkschrift mit der Mitgliederliste des Bundes deutscher Gelehrter und Künstler von 1918 zeigen[24].

Acht Würzburger Professoren finden sich unter den Annexionisten, acht Personen aus dem Würzburger Raum sind 1918 Mitglieder des

---

[23] Vgl. etwa Hartmann *Grisar* S. J., Der deutsche Luther.

[24] Anlage eines Rundschreibens des Kriegspresseamtes an die stellv. Gen. Kdos. v. 29. 4. 18, MInn 66331.

Kulturbundes, nur zwei Personen finden sich auf beiden Listen[25].

In Erlangen hat der Kulturbund 1918 acht Mitglieder, aber achtzehn Professoren sind Annexionisten der ersten Stunde, nur einer von ihnen ist im Kulturbund[26].

69 Vertreter des Münchner Geisteslebens sind 1918 Mitglieder des Kulturbundes, die Annexionistendenkschrift haben 29 unterzeichnet. Sieben Mitglieder des Kulturbundes gehören zu den Unterzeichnern der Denkschrift[27].

Die Mitgliedschaft im Kulturbund „wird nicht erworben durch diese oder jene politische Einstellung, sondern durch Gelahrtheit und Künstlerschaft. Der gelehrte Demokrat hat seinen Platz unter uns ebenso wie der schaffende Konservative“[28], führt Ernst Hardt aus; der Bund ist vaterländisch, aber keineswegs annexionistisch gesinnt; er ist Verteidigungsbund der deutschen Kultur. Der Zahlenvergleich sagt demnach aus, daß in München die mehr oder weniger unpolitische Professoren- und Künstlerschaft alten Stils weit überwiegt, jedenfalls ist man von exzessiven Forderungen weit entfernt, in Würzburg hält diese traditionelle Einstellung dem Annexionismus die Waage, während Erlangen am stärksten politisiert, resp. radikalisiert ist; zum wenigsten läßt sich aussagen, daß der Nationalismus in Bayern ein deutliches Nord-Süd-Gefälle aufweist.

Das geistige Klima des bayerischen Großbürgertums im ganzen während des Weltkrieges war demnach ebenso nationalistisch bestimmt wie im übrigen Reich, eine Folgerung, die nicht dadurch entkräftet wird, daß München zugleich das Zentrum des deutschen Pazifismus war, der durchaus eine Bewegung ist, die von denselben großbürgerlichen Schichten getragen wird[29].

Die vergleichsweise Temperiertheit des politischen Klimas in Altbayern hat nun aber nicht mäßigend auf die Stimmungsentwicklung gewirkt, hat den Auseinandersetzungen nicht etwa an Schärfe ge-

---

[25] Prof. Oskar *Schultze* und Prof. C. *v. Dapper - Saalfels* aus Bad Kissingen.

[26] Prof. Dr. M. *Busch.*

[27] H. *v. Grauert,* Erich *Marcks,* Gg. *v. Mayr,* Friedr. *Zahn,* Emanuel *v. Seidl,* Heinrich *Zügel,* Franz *v. Stuck.*

[28] Rede Ernst *Hardts* über die Aufgabe des Bundes Deutscher Gelehrter und Künstler am 10. Mai 1918; in der Druckschrift „Drei Reden, gehalten auf der ersten Mitgliederversammlung ...“, MInn 66331.

[29] Unter 60 Pazifisten — einer Zufallsauswahl — finden sich 12 Geistliche, 14 Hochschullehrer oder Professorensfrauen, 6 Lehrer, 3 Adelige, 4 Juristen, 8 promovierte Akademiker ohne weitere Angaben, 3 Schriftsteller, 1 Kaufmann, 2 Parlamentsabgeordnete, 3 Frauen ohne Beruf, 2 Studenten, 1 Privatgelehrter.

nommen, sondern es hat die weniger zahlreichen Annexionisten, Nationalisten, stärker exponiert als anderswo; es gab ihnen den Anschein des Preußischen[30]. Die bayerische Monarchie, König Ludwig III, der diesen Bestrebungen öffentlich zum mindesten nahestand[31], war auch deshalb weiter entfernt von seinem Volk, als die Fürsten anderswo.

γ) *Über den Krieg*

In der Folge soll, ohne daß die geographische Differenzierung des letzten Abschnittes weiter aufrecht erhalten werden kann, auf die Stellung des Großbürgertums zu dem Themenumkreis Krieg eingegangen werden.

Ein unverfängliches Zeugnis hierfür sind die Jahrbücher der bayerischen Akademie der Wissenschaften, darin insbesondere die Reden des Präsidenten von Crusius. Es handelt sich ja um eine Körperschaft, die unabhängig vom Kriege besteht und sich aus führenden Männern der Wissenschaft zusammensetzt; kurz, um eine unpolitische Vereinigung, deren politische Äußerungen eben wegen des unpolitischen Charakters der Gesellschaft für ihre und damit für die politischen Anschauungen der Gesellschaftsschicht repräsentativ sein können, zu der die Mitglieder der Akademie gehören.

Nachdem der Kriegsausbruch als das Ende der Wissenschaft betrachtet wurde: „Inter arma silent Musae"[32], fand man nun, im Frühjahr 1916, daß die Arbeiten der Akademie „ihren stetigen Fortgang genommen haben" und daß „die geistige Einkreisungspolitik" der Feinde erfolglos geblieben sei[33]. Im Herbst 1916 stellte Crusius fest, daß „die Anpassung der Wissenschaft, auch der wissenschaftlichen Persönlichkeit, an den Krieg" weitergehe, er glaubte zu wissen, daß „mit den deutschen Heeren die deutsche Kulturarbeit vorrückt" und findet: „Inter arma florent Musae."

Aber er sieht, daß das Kriegsende nicht eben idyllisch sein werde; der Staat werde dann vor allem für das zu sorgen haben, „was, im buchstäblichen Sinne not tut. Es wird heißen: primum vivere, deinde philosophari".

Der Krieg selbst erscheint ihm, dem hervorragenden Kenner der Antike, ihm, der gleich vielen anderen im deutschen Volk den geistigen

---

[30] Die Professorendenkschrift fand allein in Berlin und seinen Randgemeinden (etwa Potsdam oder Charlottenburg) über 200 Unterzeichner.

[31] Vgl. die Rede am Kanaltag, *Albrecht*, IV. 1. a.

[32] Otto *Crusius* Ansprache, 18. 3. 1916, Jb. b. A. d. W. 1916, S. 66.

[33] Wie hier Anm. 32.

Erben — den nächsten geistigen Verwandten — des Griechentums sah[34], fast so, „als ob mit (ihm) ... Europa endete, das in seiner Gesinnung doch wesentlich durch das geistige Erbgut vom Altertum her zusammengehalten wurde“[35].

Von da an, ab 1917, geht er in seinen Akademiereden ab von umgreifenden Gedanken über den Krieg und zieht sich auf die Nöte des Tages zurück. Die Gründe sind unklar. Manches spricht dafür, daß er zu so starken politischen Anschauungen gelangt ist, daß der politische Konsensus mit seinen Mit-Akademikern nicht mehr gegeben war[36].

Es ist mehr oder weniger Gemeingut der deutschen Geisteswelt: Deutschland ist durch seine Eigenart, sein Wesen, unbesiegbar: „Mögen daher zahllose Feinde sich gegen uns verbünden, mögen sie Neid und Haß, Verschlagenheit und Wildheit aufeinander häufen, wir haben die Überlegenheit innersten Wesens, und diese Überlegenheit wird uns vollauf die Kraft gewähren, allem Ansturm gewachsen zu bleiben. Stehen wir nur fest auf uns selbst, ergreifen wir den tiefsten Grund und die innerste Kraft unseres Wesens, dann können die Pforten der Hölle uns nicht bewältigen“, urteilt 1914 Rudolf Eucken[37], es ist ein Krieg um die Existenz Deutschlands, in dem die Feinde Deutschlands „sehr unwürdige Mittel“ anwenden: Die „Herabsetzung des deutschen Wesens, die Verleumdung, wir wären ein reaktionäres Volk, wir wären Gegner der Freiheit und Knechte eines drückenden Militarismus, der die ganze Welt unterwerfen wolle“[38]; es ist ein Krieg, der sich nicht nur in seinen Dimensionen von allen anderen Kriegen der Weltgeschichte unterscheidet, sondern auch in seiner Tendenz, denn er soll „ein großes, in einem festgefügten Staatsbau zu kraftvoller Einheit zusammengefaßtes Volk von siebzig Millionen vernichten“; „das deutsche Volk soll aufhören, in der Welt etwas zu bedeuten, es soll, wenn nicht physisch, so doch geistig in seiner Eigenart, als selbständiges Glied der Völkerwelt, vom Erdboden ausgetilgt werden“, wie Eduard Meyer den Krieg versteht[39].

---

[34] Vgl. Franz *Schnabel*, Das humanistische Bildungsgut im Wandel von Staat und Gesellschaft; Festrede bei der B. A. d. W. am 3. 12. 1955, Mch. 1956 passim und A. *Rehm*, Nekrolog auf *Crusius*, Jb. d. b. A. d. W. f. 1919, S. 15.

[35] Otto *Crusius*, Rede am 15. 2. 16, Jb. d. b. A. d. W. 1916, S. 171—181.

[36] Vgl. A. *Rehm*, a.a.O., S. 11.

[37] Rudolf *Eucken*, Die weltgeschichtliche Bedeutung des deutschen Geistes; Heft 8 der Reihe: Der deutsche Krieg, politische Flugschriften, hrsg. v. Ernst *Jäckh*, Stuttgart - Berlin 1914, S. 23.

[38] R. *Eucken*, a.a.O., S. 1.

[39] Eduard *Meyer*, Weltgeschichte und Weltkrieg, gesammelte Aufsätze; Stuttgart- Berlin 1916, S. VII—IX.

In seinem Aufsatz „Deutschland und der Krieg“ legt Eduard Meyer die allgemeine Meinung über die Kriegsschuld dar[40]. Die Feinde Deutschlands hat zusammengeführt „der Haß gegen den deutschen Namen, der Neid auf den steigenden Wohlstand Deutschlands, den wir unserer gewaltigen staatlichen und wirtschaftlichen Ordnung, unserer geistigen und militärischen Erziehung, unserem festen Zusammenhalten verdanken, die ohnmächtige Wut darüber, daß sie nicht mehr nach Belieben in der Welt schalten können wie ehemals, sondern Deutschland berücksichtigen müssen, die Erbitterung darüber, daß wir, in festem, unauflöslichem Bunde mit Österreich-Ungarn, sie gezwungen haben, dreiundvierzig Jahre hindurch Frieden zu halten, während sie in früheren Zeiten ihre Streitigkeiten bequem auf deutschem Boden hatten ausfechten können“. Haß und Neid sind die Ursachen des Krieges, aber „moralisch und geschichtlich trägt England und nur England allein die Verantwortung für den gewaltigsten Kampf, den Europa je gesehen hat“, es hat zuletzt noch „das Maß seiner Schande voll gemacht, indem es auch Japan zum Angriff auf Deutschland aufgehetzt hat“[41]. England trägt die Schuld am Kriege, wir sahen es bereits, als wir uns mit den verschiedenen Propagandaarten beschäftigten. Eduard Meyer ist davon so sehr überzeugt, daß er 1915 ein eigenes Buch: „England, seine staatliche und politische Entwicklung und der Krieg gegen Deutschland“ veröffentlicht.

Der Haß gegen dieses Land war so stark, daß bei einzelnen alle Dämme der Humanität brachen. Im Juni 1915 arbeitete ein „Fachmann der Gelatinebranche“ ein detailliertes Programm zur Bekämpfung Englands mit Bazillen aus[42]. Er glaubte, „ein Mittel gefunden zu haben, um im äußersten Notfalle einen effektiven und möglichst großen moralischen Eindruck auf die Engländer zu machen“. Moralische und menschliche Bedenken ließ er für den „äußersten Notfall einfach außer Acht“, da ja die Engländer selbst „bisher vor keinem Mittel zurückgeschreckt sind, Deutschland zu vernichten“. England ist einfach der „perfideste Feind“, gegen ihn ist alles erlaubt.

So schlägt er denn vor: Verbreitung von Cholerabazillen in wasserlöslichen Gelatinekapseln zur Verseuchung des Wassers, Aussetzung von fleckfieberverseuchten Kleiderläusen und Absetzen von pestverseuchten Ratten in englischen Großstädten. Alles ist praktikabel durchdacht und durchführbar. „Wenn schon ein Volk zugrunde gehen soll, so soll es doch wenigstens England sein.“ Das Ministerium machte einen Eintrag in den Personalakt[43].

---

[40] Ed. *Meyer*, a.a.O., S. 172 f.

[41] Ed. *Meyer*, a.a.O., S. 179.

[42] Oberleutnant d. L. II. *Wirth* an MKr., 12. 6. 1915, MKr 13792.

[43] Stempelvermerk am Ende des Schriftstücks.

Es gibt Einzelne. die anderes zu sagen haben. 1917 fängt die Zentralpolizeistelle Bayern einen Brief an Friedrich Wilhelm Foerster ab, der an Karl Muth adressiert war, die Unterschrift Mühlons trug[44]. Mühlon weist darauf hin, daß seiner persönlichen Kenntnis nach im Sommer 1914 in Belgien niemand an Krieg dachte, der deutsche Einmarsch also zum mindesten unprovoziert war. Im Frühjahr 1918 wird dem ehemaligen deutschen Botschafter in London, Fürsten Lichnowsky, jede politische Tätigkeit verboten[45], weil er in seinen Schriften an Englands Kriegsschuld zweifelte.

Aber wie allgemein in den Oberschichten die Überzeugung von der Unschuld Deutschlands am Kriege war, wie allgemein der Krieg und die deutsche Sache als gerecht empfunden wurden, geht fast noch eher als aus Zeugnissen, die diese Behauptungen postulieren, aus den Beschimpfungen hervor, die Personen versöhnlichen Geistes hinnehmen mußten.

δ) *Über Pazifismus, Internationalismus*

Ludwig Thoma schreibt im August 1917 in der München - Augsburger - Abendzeitung einen Artikel „Professor Förster"[46]; er geht darin aus von einem Gespräch der pazifistischen „Österreichischen Politischen Gesellschaft", das unter dem „Vorsitz des obersten aller Wiener Kaffeesieder", Julius Meinl, stattfand und bei dem Foerster, „diese Professor gewordene, protegierte Eitelkeit", „Hochverrat in wissenschaftlicher Sauce" servierte, indem er die „Machtromantik des deutschen Volkes an den Pranger (stellte), damit Tschechen und Tschitschen die Zunge dagegen herausstrecken". Foerster muß sich wegen seiner pazifistischen Gedankengänge als üblen Schwätzer, als sonderbare Zierde der Münchner Hochschule abqualifizieren lassen, selbst die deutsche Nationalität spricht Thoma ihm ab, indem er ihn konsequent Guilielmo Förster nennt.

Nicht ganz so scharf, aber in gleicher Richtung, sprechen die Münchner Neuesten Nachrichten über Annette Kolb, die „Deutsch-Französin"[47], deren Vorträge bei Kriegsbeginn „über deutsche und französischen Kultur, internationale Verständigung u. dergl." trotz starken Widerspruchs der Öffentlichkeit sich „des Schutzes einer mächtigen Gilde von übernationalen Intellektuellen" erfreuten.

Der Sündenfall Annette Kolbs bestand darin, daß sie in dem „bis in die letzten Winkel deutschfeindlichen" Journal de Genève Ver-

---

[44] *Gümlingen*, 16. 12. 1917, MInn 66283.
[45] *Hellingrath* an *Lichnowsky*, 29. 4. 18, MKr 13374, Stück 45.
[46] MAA., Nr. 439, 17. 8. 17; Best. 1914/18, st. G. K. I. b. AK., Fasz. 282.
[47] MNN. Nr. 226, 5. 5. 1917, im gleichen Akt wie hier Anm. 46.

ständnis für jene Franzosen geäußert hatte, die die Deutschen konsequent als Boches bezeichnen, weil diejenigen, die sie so benennen, „heute auf dem Höhepunkt ihrer Macht angelangt (sind) und ... in Deutschland so gut die Vorderbühne (behaupten), daß man keinen andern sieht als sie". Die Münchner Neuesten Nachrichten, die den Artikel kommentierend abdruckten, konnten das Verständnis für den französischen Sprachgebrauch nur als Ausdruck einer „ganz und gar undeutschen Gesinnung" bezeichnen. Die Verletzung des Konsensus, das Verständnis für den Gegner, gar übernationale Gesinnung, galten einfach als undeutsch.

Bei der Betrachtung der Pazifisten wird erstmals das Wort von Dolchstoß vorgeprägt. 1915 schreibt die Berliner Zeitung „Die Post" in einem Artikel „Schüsse in den Rücken"[48], „daß sich *in unserer eigenen Mitte* Leute finden, die den feindlichen Bestrebungen, durch die *Lüge* Deutschlands Weltstellung zu untergraben, geradezu in die Hände arbeiten", daß es Männer gebe, „die es heute noch wagen, Deutschlands gerechte Gründe zum Krieg anzuzweifeln und den Willen des deutschen Volkes, für die Opfer des Krieges und die während seiner Dauer erlittene Unbill *volle Entschädigung* zu verlangen, als ungerechtfertigt hinzustellen". Die Teilnahme Deutscher an internationalen Friedenskongressen, überhaupt jede pazifistische Tätigkeit, „an denen sich auch wieder die Professoren Schücking - Marburg und Quidde - München beteiligten", schadet „der deutschen Sache im Ausland so gut wie drinnen ..., ... denn es sind Dolchstiche, die den Rücken unserer, für den deutschen Gedanken streitenden Krieger treffen".

Der Wissenschaft konnte man getrost Übernationalität bescheinigen, denn der „deutsche Gelehrte, der seine schlichte Arbeit verrichtet, dient dem Vaterland, dessen führende Stellung im Reich des Geistes es zu wahren gilt"[49]. Übernationalität bedeutet Wettstreit der Völker, Internationalität bedeutet Leugnung der Grenzen, staatlicher Bindung des Einzelnen.

Der Pazifismus verbreitet angeblich „unklare internationale Verbrüderungs- und Friedenstheorien (und) erstrebt ... die planmäßige Entwicklung aller schwächlichen Regungen"[50]. Wie böse schreiben die

---

[48] Nr. 475, Anlage 6 zur Denkschrift *Kreß'* vom 2. 11. 1915 über Pazifismus. MKr 13366, Stück 9. Diese Denkschrift samt Anlagen wurde von fast allen wichtigen Stellen in Bayern und im Reich angefordert.

[49] Wie A. IV. 1. a. γ., Anm. 32.

[50] Erlaß Berl. Kr., 2. 3. 16, MInn 66327.

Süddeutschen Monatshefte über den „Schlafwagenmenschen“[51], der dem Kriege grolle, weil er „durch ihn seiner internationalen Kultur beraubt“ wurde, nicht mehr zwischen den großen Städten Europas pendeln konnte. „Er zog ein neutrales, nicht aufreizendes Gewand von objektivem Schnitt an“ und wagte es, darauf hinzuweisen, daß Deutschland die französische Literatur und das französische Theater nicht entbehren könne, er wagte zu fragen: „Warum sollen wir den Krieg auf das Geistige übertragen?“ Und er stellte die Behauptung auf: „Ewig kann doch der Völkerhaß nicht dauern.“ Aber man war von der Ewigkeit des Völkerhasses, von der Unmöglichkeit internationaler Gesinnung überzeugt.

Es scheint, als seien alle geistigen Brücken zwischen den Völkern abgebrochen. Die geisteswissenschaftlichen Klassen der Bayerischen Akademie der Wissenschaften fordern vom zukünftigen Friedensvertrag zwischenstaatliche Regelungen zur Wiederaufnahme des wissenschaftlichen Verkehrs, damit sich der deutsche Gelehrte im Ausland „gegen die äußerste Mißgunst auf Rechte stützen kann, in denen er vom deutschen Reiche vertreten wird“[52].

„Nach den eklatanten Beweisen seiner undeutschen Gesinnung“, den Auslandsreisen und Beziehungen Friedrich Wilhelm Foersters zu den Feinden Deutschlands nahm man an der Münchner Universität so großen Anstoß daran, daß er wieder lesen wollte, daß er seine Vorlesung im Wintersemester 1917/18 nicht antrat[53].

Internationale Gesinnung, Versöhnlichkeit über die Grenzen hinweg, erschien den Bildungsschichten unerträglich, sofern sie von Deutschen ausging; dann war sie, wie etwa die Allgemeine Rundschau sich ausdrückte[54], für die „Schlaffheit und Teutschvergessenheit von Ästhetenzirkeln charakteristisch“, bei denen „deutsch lediglich die Sprache ist“. In einer amtlichen Denkschrift[55] kann von „den weichlichen internationalen Ästheten vom Schlage (Wilhelm) Herzogs“, wie auch von den „unbekehrbaren, internationalistischen Ideologen vom Schlage eines (Ludwig) Quidde“ gesprochen werden. Dasselbe Schriftstück bezeichnet an anderer Stelle[56] die Zeitschrift „das Forum“ des radikalen

---

[51] S-dte. Mtsh., März 1916, S. 1023 f.

[52] Eingabe der philosophisch-philologischen und der historischen Klasse der K. Bayerischen Akademie der Wissenschaften an Seine Exzellenz den Herrn Reichskanzler, 22. 1. 1918, Jb. d. b. A. d. W. 1918, S. 156—161.

[53] Charlotte *Westermann*, Bericht vom 4. 10. 17 an Kr. Pr. A., MInn 66329.

[54] W. *Thamerus* in Nr. 20, v. 15. 5. 15, S. 346, üb. „Schwabinger Journalistik“.

[55] Denkschrift *Kreß'* vom 2. 11. 1915, S. 18, MKr 13366.

[56] Wie hier Anm. 55, dort S. 2.

Pazifisten Wilhelm Herzog als Organ zur „Verbreitung eines vaterlandslosen Europäer- und Ästhetentums".

ε) *Über Sozialismus*

Charakteristisch für die Haltung des Bürgertums zur Sozialdemokratie ist das 1915 erschienene Sammelwerk: „Die Arbeiterschaft im neuen Deutschland"[57], dessen 20 Beiträger je zur Hälfte Sozialdemokraten und Vertreter des Bürgertums sind, unter ihnen Hermann Oncken, Gustav Noske, Friedrich Meinecke, Philipp Scheidemann, Edgar Jaffé (dem späteren Mitglied von Eisners Regierung), Ernst Troeltsch, Carl Legien (Vorsitzender der Generalkommission der Gewerkschaften Deutschlands) und Friedrich Thimme. Auf Seiten der Gelehrten ist keines der alten Schlagwörter gegen die SPD zu finden, Ressentiments sind kaum erkennbar, die Auseinandersetzung ist sachlich und handelt um Sachprobleme. Die SPD wird als achtbarer politischer Gegner betrachtet, ihre nationale Haltung nicht bezweifelt. Zwischen der Vergangenheit des Reichsverbandes zur Bekämpfung der Sozialdemokratie und der Gegenwart des Krieges liegt „der historische Beschluß vom 4. August 1914", seitdem die SPD und ihre Führer „alle Kriegskredite und sonstigen Staatserfordernisse mit bewunderungswürdiger Bereitwilligkeit bewilligt" haben. Mit diesen Worten weist die Redaktion der Münchner Neuesten Nachrichten im Oktober 1917[58] einen Artikel des Kriegspresseamtes in Berlin zurück, der „einen Parteiführer in Mißkredit zu bringen sucht". Dieses bürgerlich-liberale Blatt betont dabei ausdrücklich, daß es nicht sozialdemokratisch sei und auch nicht die Aufgabe habe, „Scheidemann und seine Partei zu verteidigen", und beruft sich statt dessen bei seiner Zurechtweisung des Berliner Amtes auf die Pflichten, „den Burgfrieden zu wahren und uns an das Kaiserwort zu halten, wonach es keine Parteien, sondern nur noch Deutsche gibt". Es sind eher vereinzelte Fehlleistungen, wenn etwa die konservativ-chauvinistische „Deutsche Tageszeitung"[59] im Zusammenhang mit den Januarstreiks 1918 von „der Umkehrung aller gesunden Begriffe, die sich in manchen Schichten unseres Volkes unter dem Einfluß internationaler Auffassungen seit längerer Zeit vollzogen hat", spricht, und nicht daran zweifelt, „daß feindliche Agenten und feindliches Geld an der Arbeit sind, um auch in Deutschland revolutionäre Feuer anzuschüren"[60], an dem „auch

---

[57] Friedr. *Thimme* u. Carl *Legien* (hrsg.) D. Arbeiterschaft i. neuen Dtld., Leipzig 1915.

[58] MNN. an Kr. Pr. A., 1. 10. 17, MInn 66329.

[59] Dte. Tageszt., Nr. 49, 27. 1. 1918, MInn 66825.

[60] Ein guter Teil des deutschen Bildungsbürgertums hat derart fest-

die Freunde des Herrn Scheidemann ... ihre Suppe kochen wollen".

Die Auseinandersetzung mit der SPD hat sich im ganzen von der Ebene der Revolutionsfrage, der nationalen Zuverlässigkeit, auf das Gebiet der Wirtschaft, des Mitspracherechts der Arbeiterschaft und der Gewerkschaften verschoben. So versuchen zahlreiche Unternehmer das Versammlungs- und Koalitionsrecht[61] der Arbeiter zu hintertreiben, den Besuch von Versammlungen zu verhindern und sich dabei auf einzelne Behörden zu stützen, etwa Bergarbeitern anzudrohen, man stelle sie für den Heeresdienst frei[62].

Bei einzelnen Behörden brechen deutlich alte Ressentiments durch, etwa wenn sich die Außenstelle Augsburg des Kriegsamts München[63] darüber beklagt, daß sich die Gewerkschaften bei ihren Forderungen nach höheren Löhnen fragwürdiger Methoden bedienen und ihnen dabei eine „reklamehafte Ausbeute der Beziehungen zum Kriegsministerium" vorwirft.

Das Kriegsamt beim bayerischen Kriegsministerium vermerkt dazu am 11. September 1917[64], es sei unerläßlich, „daß alle mit Arbeiterfragen befaßten Organe der Kriegsamtsstelle von der Notwendigkeit strenger Objektivität gegenüber den Gewerkschaften und eines vertrauensvollen Zusammenwirkens mit den Führern der Arbeiter durchdrungen sind".

Die Einsicht in die Notwendigkeit, Gewerkschaften, Sozialdemokratie und Arbeiterschaft in den Staat zu integrieren, ist fast allgemein. Aber zwischen dieser Einsicht und ihrer Ausführung steht der Krieg und die preußische Wahlrechtsfrage[65].

Die alte Ablehnung der SPD wurde auf ihre linken Splittergruppen übertragen, die zugleich die Nachfolge der Pazifisten als Bürgerschreck antraten, wie die Ähnlichkeit der abqualifizierenden Schlagwörter und Argumente zeigt, die auf sie geprägt wurden.

Wie scharf die Scheidelinie zwischen diesen Splittergruppen und der alten SPD ins Bewußtsein gerückt war, geht ganz deutlich aus einem weiteren Argument der Münchner Neuesten Nachrichten bei ihrer

---

gewurzelte Fehlurteile über den Charakter des deutschen Volkes, daß es sich die Revolutionierung, überhaupt die Unzufriedenheit des deutschen Volkes, nur mit Hilfe ausländischer Agitation vorstellen kann.

61 Gesetzlich ist das Koalitionsrecht eher bestritten als gewährleistet, tatsächlich wird es in der Praxis des „Hilfsdienstgesetzes" aber geduldet.

62 Bericht Büro für Sozialpolitik vom 15. 6. 1918, S. 5, MKr 14029, Stück 115.

63 Der Beauftragte der Kriegsamtstelle München in Augsburg an Kriegsamtstelle München, 15. 8. 1917, in: Best. 1914/18 St. G. K. I. b. AK., Fasz 204.

64 Gleiches Blatt wie hier Anm. 63.

65 Vgl. A. IV. 1. a. δ.

Ablehnung jenes Aufsatzes des Kriegspresseamtes hervor[66]: Sie „vermeiden es, die sozialdemokratische Mehrheitspartei unnötig zu bekämpfen und zu diskreditieren", weil sie wissen, daß sie damit den rechtsstehenden Parteien weniger nützen, als „den ‚Unabhängigen' Liebknecht'scher Observanz Wasser auf die Mühlen treiben würden, was sich kein aufrichtiger Patriot wünschen kann".

Das Treiben der Linksgruppen ist demnach unpatriotisch und schädlich. Sie haben tatsächlich den großen Januarstreik 1918 organisiert, an seinen Ursachen aber sind sie unbeteiligt. Die Augsburger Abendzeitung sieht die Urheber des Streiks[67] als „international gerichtete Drahtzieher", die den Streik, „der der Erzwingung des Friedens dienen soll", angezettelt haben. Gewiß, die Ideologie der radikalen Sozialisten ist wie die pazifistische Lehre internationalistisch. Bezeichnend aber ist, daß eben dieser Punkt so stark hervorgehoben wird; die Friedensagitation gilt als wichtiger als die Revolutionierungsarbeit, die erst ab Herbst 1918, als der Frieden unausweichlich wird, ins Bewußtsein der Oberschichten dringt; dennoch, die Linksgruppen werden nicht allzusehr beachtet. Es handelt sich um Personen, die im ganzen ihrer sozialen Herkunft nach dem Gesichtskreis der Oberschichten entzogen sind, und die Anhängerschaft ist, wenigstens in München, weniger zahlreich als zu früherer Zeit die der Pazifisten. Nach den Januarstreiks wurde ihre Organisation zerschlagen, ihre führenden Köpfe verhaftet. Diese Gruppen sind weit mehr ein Polizeiproblem als eines der öffentlichen Diskussion.

ζ) Wahlrecht, Königtum, Verfassung

Es hat sich bereits die Deutung des Krieges „nicht nur als Kampf der Waffen" abgezeichnet[68], er wurde auch „auf dem Schlachtfeld der Gedanken" ausgetragen, man verstand ihn als Kreuzzug entweder für die westliche Demokratie oder für die „Verfassung der gemeinsamen Dinge", in der es keine nivellierende Gleichmacherei gibt, sondern Gruppen mit festen Aufgaben innerhalb des Staatsorganismus, eine Staatsaufgliederung, „die jedem Gliede den ihm gebührenden Anteil am Gesamtprozeß gewährleiste". Schon um der Stabilität der Reichsverfassung[69] willen sind ungeheure Erwerbungen als Siegespreis des Krieges nötig, denn würden die „hochgespannten Erwartungen" des

---

66 siehe S. 83.
67 Augsburger Abendzeitung Nr. 53, 29. 1. 18, MInn 66285.
68 Hierzu und für das folgende: Theodor *Litt*, Hochschule und öffentliches Leben in der Weimarer Republik, in: A. *Grimme* u. W. *Zilius* (Hrsg.), Kulturverwaltung der zwanziger Jahre, Stuttgart 1961, S. 49—59; bes. S. 52.
69 Denkschrift *Kapps*, a.a.O., A. III. 2. b., Anm. 74.

Volkes enttäuscht, „so wären die verderblichen Folgen ... von unübersehbarer Tragweite. Es würde eine nie wieder einzuholende Minderung der kaiserlichen Machtstellung und mit ihr eine Schwächung des Ansehens der Regierung eintreten, die die Stellung der Volksvertretung ins Ungemessene stärken und die Zukunft des deutschen Reiches schwer gefährden würde".

Kapp ist Exponent jener in den Oberschichten weit verbreiteten Anschauung, daß das Heil bei einem starken Monarchen — in einer starken Staatsspitze überhaupt — liegt und die Einrichtung von Parlamenten an sich vom Übel, die Macht des Parlaments für den Staat verderblich sei. Aber Kapp ist Exponent *einer* Haltung; fast sein Gegenbild ist Michael Doeberl[70], der die Geschichte des bayerischen Verfassungslebens als die Geschichte einer stetig fortschreitenden Demokratisierung" betrachtet[71], die, nachdem sie einmal gegeben sei und sich bewährt habe, bejaht werden muß, die er wegen der Segnungen der Freiheit, die sie mit sich brachte, bejaht, und deren weiteren Ausbau er als notwendig fordert: „Die verfassungsrechtliche Entwicklung kann ohne Schaden für den Staat nicht stille stehen, sie geht ihren Gang mit der Zeit. Daß sie dabei die Richtung nicht nach rechts, sondern nach links, zu erweiterter Geltung des Volkes nimmt, nehmen muß, das liegt ... in der Natur der Sache."

Die Staatsspitze aber ist unbezweifelt monarchisch. Selbst die Pazifisten fordern nicht die Republik; für sie ist die Monarchie so selbstverständlich wie für Doeberl und Kapp. Für Crusius gar war es ein „Wahrzeichen in dieser Zeit"[72], wie sich bei der goldenen Hochzeit des bayerischen Königspaares „die Vertreter aller Stände und Berufsklassen ... um den Thron sammelten", ein Zeichen „zumal unseren Feinden gegenüber, die den Namen Demokratie gegen das Königstum ausspielen zu können glauben".

Es läßt sich wohl sagen, die Oberschichten des Reiches bejahten die Staatsverfassung in ihrer Grundlage. Sie wollten bewahren, allenfalls reformierend umbilden, keinesfalls jedoch die Grundlagen des Staatsbaues verändern.

Es gab Verfassungskonflikte genug, sei es in Bayern die Königsproklamation Ludwigs oder die Stellung der Reichsratskammer, die Wahlkreiseinteilung oder das Maß parlamentarischen Mitspracherechts; sei es das preußische oder sächsische Klassenwahlrecht, das im Effekt

---

70 M. *Doeberl*, Ein Jahrhundert bayerischen Verfassungslebens, München 1918.

71 *Doeberl*, a.a.O., S. 162 ff.

72 O. *Crusius*, Ansprache am 29. 5. 1918, Jb. d. b. A. d. W. 1918, S. 2.

die wirtschaftlich schwachen Schichten von der politischen Wirkung fernhielt, oder seien es die geringen Möglichkeiten des Reichstages, nachhaltig in die Ausübung der Reichsgeschäfte einzugreifen. Alle diese Fragen fanden reformwillige Förderer, aber es ist niemand erkennbar, der innerhalb der Oberschichten und von ihnen als zugehörig akzeptiert, ernsthaft für einen Verfassungsumsturz eingetreten wäre.

Und so ist die existenzielle Frage nach dem Staat, die die Unterschichten stellen, nicht nur Ausruck der Staatsverleugnung, sondern zugleich Offenbarwerden des geistigen Gettos der Oberschichten, eines Klassenkampfes zwischen Bildung und Instinkt.

η) Über Preußen

Wir sahen bereits, daß es in der politischen Einstellung der Oberschichten zwischen Bayern und dem übrigen Reich beachtliche quantitative Unterschiede gibt, nämlich, daß der Annexionismus als Extremausdruck des Nationalismus in der altbayerischen Oberschicht weit weniger Fuß fassen konnte als sonst in Deutschland, während bayerische Gelehrte innerhalb des maßvollen Kulturbundes eher überrepräsentiert sind. Darin zeigt sich nicht nur eine gewisse Moderiertheit des altbayerischen politschen Klimas, sondern wohl auch Argwohn und Neid gegen Preußen. Denn die Kriegsgebiete grenzten im Osten wie im Westen nur an Territorien, die von Berlin aus regiert wurden. So grenzten auch alle Gebiete, die für eine Annexion auch nur in Aussicht genommen werden konnten, an Preußen oder die Reichslande, wären unweigerlich direkt oder indirekt an Preußen gekommen und hätten die territoriale Disparität innerhalb Deutschlands noch verstärkt. Das deutsche Reich wurde verglichen mit einem Haus, „in dem ein reicher Protz dem anderen Licht, Luft und Raum wegnimmt"[73], wie ein bayerischer Journalist in einem Konzentrat aus zahlreichen Zuschriften urteilt. Auch Bayerns Oberschicht gerät um die föderative Verfassung des Reiches in Angst, steigert sich eben wegen des bedrohlich werdenden Übergewichts dieses Landes in eine mehr oder weniger große Abneigung gegen Preußen hinein, sei es, weil Bayern bei der Verteilung der Kriegsbeute zu kurz kommen müsse und das Reich sich nach dem Kriege als „Grand-Hotel Preußen und ein paar armselige, vernachlässigte Dependancen" darstellen werde[74], sei es, weil eine derartige Vergrößerung Preußens einen „verderblichen Unitarismus" mit

[73] Roman *Mayr* als Hrsg. der Bayerischen Provinzial Korrespondenz an MKr., 25. 5. 18, von MKr. weitergeschickt an MA. und MInn., 14. 6. 18, MInn 66331.

[74] a.a.O., hier Anm. 73.

sich bringen müsse, „der sich auf den einfachen Refrain einstellen lasse: erbarmungslose Majorisierung aller nichtpreußischen Bundesstaaten".

Als die Diskussion um das Schicksal des Baltikums auf ihrem Höhepunkt angelangt war, richtete der Diplomingenieur Otto Ballerstedt aus Fürth eine Bittschrift an den König[75], um die Angliederung dieser Gebiete an Preußen zu verhindern: „Während sich alle deutschen Stämme mit gleicher Begeisterung, mit gleichem Opfersinn, mit gleichem Mut und mit gleichen militärischen Erfolgen für die Verteidigung und das Wohl (Deutschlands) ... eingesetzt haben und während gerade Bayern im Kriege noch größere wirtschaftliche Schäden erlitten hat, als Preußen, will sich nun ... Preußen auf Kosten der nichtpreußischen deutschen Bundesstaaten bereichern, will es allein seine Macht und nicht die des deutschen Reiches vergrößern!"

Um das „Deutsche Reich als solches, als einen unlöslichen Bund gleichwertiger Bruderstaaten" zu erhalten, könne Ludwig III. keinesfalls eine derartige Vergrößerung Preußens dulden, denn sonst würde „Süddeutschland nach dem Krieg durch Preußen völlig an die Wand gedrückt, völlig ohnmächtig gemacht". Um Fehldeutungen seines Briefes zu verhindern, beruft sich der Schreiber auf die Kriegsverletzungen, die er für „das Deutsche Reich und für mein Heimatland Bayern" erlitten habe; er schreibt „aus wahrster Vaterlandsliebe, aus Sorge um das föderalistisch geeinigte Deutsche Reich und aus Liebe zu meinem Heimatland Bayern".

Es ist nicht zuviel gesagt, wenn wir behaupten, daß innerhalb der bayerischen Oberschicht eine unfreundliche Haltung gegen Preußen die Regel war, die aus der Bedrohung der Eigenständigkeit Bayerns auf wirtschaftlichem und politischem Gebiet resultierte, aus dem befürchteten territorialen und dem tatsächlichen wirtschaftlichen Machtzuwachs Preußens herrührend, dem keine vergleichbare bayerische Entwicklung gegenüberstand und so die Kleinen noch kleiner, den Großen noch größer machen mußte. Es war die begründete Angst, daß aus einem Preußen in Deutschland ein Preußen mit deutschen Anhängseln werde.

Weil ein betrunkener norddeutscher Sanitätsfeldwebel zwei bayerische Soldaten „Stinkbayern" genannt hatte, entstand mitten in der Nacht vom 23. zum 24. August 1918 direkt beim Münchner Hauptbahnhof im Anschluß an die Sperrstunde ein blutiger Krawall, an dem sich nach dem Polizeibericht[76] „auch Damen" beteiligt hatten. Sechs Tage später schickt Hellingrath eine Ausarbeitung über die Ursachen

---

75 Otto *Ballerstedt* an Ludwig III., 23. 4. 18, MA 97587.

76 Schutzmannschaft f. d. 9. Bezirk an Pol. Dir., 24. 8. 18, MInn 66284.

der „Mißstimmung zwischen Nord und Süd“ an Außenminister Dandl[77], die seine eigenen Überzeugungen, die im ganzen von seinen Ministerkollegen geteilt werden und wohl dem allgemeinen bayerischen Konsensus entsprechen, wiedergeben: Die kriegsbedingte Aufhebung des landsmannschaftlichen Charakters der Truppen, die Wirtschaftsvereinheitlichung aus der Zentralisationsnotwendigkeit des Krieges, die taktlosen Formen, in denen Preußen „dem Bayern seine vermeintliche Minderwertigkeit deutlich vor Augen“ führen. Vor allem aber ist es in bayerischen Augen eine Tatsache, „daß Bayern bei gleichen Leistungen für den Krieg im Verhältnis weniger am Krieg verdient hat, als andere Teile des Reiches. Da Bayern bei kleinerem Verdienst die allgemeine Entwertung des Geldes in vollem Umfang zu tragen hat, so muß eine andauernde Abwanderung des Kapitals nach dem Norden und eine allmähliche Verarmung Bayerns die Folge sein“[78]. Wenn aber Bayern sich bemühte, einen seiner Wirtschaftskraft entsprechenden Anteil an den Kriegsaufträgen zu erhalten, so würde das „Bayern vielfach verübelt und als Eigenbrödelei und mangelnder Gemeinsinn gedeutet“. Kurz, die Schuld an allen Mißhelligkeiten zwischen Bayern und Preußen liege nicht bei Bayern, sondern bei denjenigen preußischen Stellen, die „die innere Berechtigung der bayerischen Ansprüche nicht anerkannt“ hätten[79]. Hellingrath gibt den Sachverhalt gewiß richtig wieder, wenn er aus diesen Gründen, über deren objektive Berechtigung hier nicht diskutiert werden kann, eine starke Verstimmung der bayerischen Industriellen gegen Preußen feststellt[80].

Es ist kein Rückzug aus Deutschland, wenn Bayern sich gegen Preußen stellen, es ist kein Separatismus, sondern es ist ernste Sorge um den Reichsbestand in seiner bisherigen Form, die es erlaubte, zugleich Bayer und Deutscher zu sein, ohne deshalb Preuße werden zu müssen. Man akzeptierte die Herrschaft der Reichshauptstadt Berlin, man wehrte sich aber, von der Hauptstadt Preußens, Berlin, regiert zu werden.

b) Klerus

Innerhalb der gesellschaftlichen Oberschichten nehmen Geistliche, Lehrer und Verwaltungsbeamte durch den engen Kontakt, den sie durch ihren Beruf zum Volke haben, eine besondere Stellung ein. Sie sind durch diesen Kontakt einerseits am besten über Vorgänge und

---

77 *Hellingrath* an *Dandl*, 29. 8. 18, S. 1 f., MK 19290.

78 a.a.O. (Anm. 77), S. 6 f.

79 a.a.O. (Anm. 77), S. 7.

80 a.a.O., S. 8 f., vgl. auch diese Arbeit S. 1.

Stimmungen der unschriftlichen Schichten informiert und haben andererseits besonderen Einfluß auf sie.

Diese Berufsgruppen selbst unterscheiden sich in ihrem politischen Weltbild nicht wesentlich von den übrigen Angehörigen der Oberschichten, doch treten berufsbedingte Modifizierungen auf.

Als die am stärksten öffentliche Schicht tritt uns der Klerus entgegen, der durch sein Seelsorgeamt im ständigen Austausch mit dem gesamten gläubigen Volke steht.

Seine wirtschaftlichen Nöte sind die gleichen wie die der besoldeten Wissenschaftler; die Geistlichen klagen über zu wenig Geld[81] und sind, wenn sie keine Landwirtschaft betreiben, auf das Hamstern angewiesen[82].

Dennoch, der Klerus war es, der den ihm zugänglichen Menschen immer wieder den Rücken gegen die Nöte des Alltags gestärkt hat. Die Propaganda in Bayern ruhte wesentlich auf seinen Schultern, er war die Feuerwehr des Staates bei besonderen Stimmungskrisen.

Musterbeispiele für die Haltung, die diese Bereitwilligkeit ermöglichte, sind die Predigten Erzbischof Faulhabers oder jeder beliebige Hirtenbrief bayerischer Bischöfe und die Runderlasse der protestantischen Konsistorien.

Als im Sommer 1917 die Kirchenglocken von den Türmen geholt wurden, rechtfertigte der Passauer Bischof Sigismund Felix von Ow diese Maßnahme in einem Hirtenbrief[83] mit den Notwendigkeiten des Krieges; die Feinde seien nur um den Preis der deutschen Unterwerfung zum Frieden bereit; dann aber, „wenn die Gesinnung und Geistesrichtung unserer Gegner den Sieg davon tragen würde", jener Gegner, „die da Nachkommen und vielfach auch Geisteserben jener Umsturzmänner sind, welche vor nicht mehr als hundertzwanzig Jahren drüben in Frankreich im buchstäblichen Sinne Gott abgesetzt" hätten[84], wäre das das Ende allen gläubigen Lebens. Die Angriffe der Feinde auf Militarismus und Barbarei richteten sich für ihn gegen „die mit fester Hand geschützte Aufrechterhaltung des Rechtes und der von Gott gewollten segensreichen Ordnung" und gegen den „machtvollen Einfluß der Kirche, des christlichen Glaubens und Sittengesetzes"[85]. Klarer

[81] Stimmungsbericht *Sonnenburgs* für Mai 18, S. 6, MK 19290.

[82] Pol. Dir. Mch., Kriegswucheramt, an MInn., 10. 1. 18, MInn 66449.

[83] „Hirtenbrief des Hochwürdigsten Herrn Sigismund Felix, Bischof von Passau, anläßlich der Glockenbeschlagnahme", gedruckt, s. d. (1. 7. 1917), MK 19288.

[84] a.a.O., S. 7.

[85] a.a.O., S. 9.

läßt sich der Gedanke vom Krieg als Kampf der Revolution gegen die Ordnung, des Atheismus gegen die Religion, des Atomismus gegen den Staatsorganismus nicht fassen. Der deutsche Staat, seine autoritäre Verfassung, das Organismusideal, ist Ausdruck gottgewollter Ordnung, ist das mit starker Hand geschützte Recht: Der Krieg geht um den Bestand des Bündnisses von Thron und Altar. Die Kaiserreiche Deutschland und Österreich seien die „sichere Schutzwehr der Religion, der Ordnung, des Rechtes und der wahren Gesittung"; diese Auffassung, klarer ist es kaum irgendwo formuliert, ist es, was dem Krieg seinen Kreuzzugscharakter gibt, denn der „wütende Ansturm gegen diese beiden Reiche" werde geschürt und geleitet „von jenen im Verborgenen schleichenden Mächten, welche sich die Vernichtung der religiösen und staatlichen Ordnung, den Sturz von Thron und Altar zum Ziele gesetzt haben"[86]. Der Krieg ist ein Kampf zwischen Anarchie und religiöser und staatlicher Ordnung.

Eine Elite, die so denkt, kann sich, wenn die „Anarchie" einmal gesiegt hat, nicht mit dem Staat abfinden, der nur durch den Untergang von Thron und Religion möglich war. Auch ohne Revolution von 1918, der Staat von Weimar ist westliche Revolution, die über Recht und Ordnung siegte.

Ähnliche Gedankengänge wie Ow hatte der Münchner Erzbischof Faulhaber in einer Broschüre „Der Krieg im Lichte des Evangeliums" formuliert. Der Vorstand des Veteranen- und Soldatenvereins Schongau, Ferdinand Sedelmayer, legt ein reich mit Randglossen versehenes Exemplar dieser Broschüre einer aus tief religiösen Überzeugungen heraus geschriebenen, etwas wirren Bittschrift an den König bei[87], in der er gegen den Krieg und die Kirchen protestierte, die die Waffen segneten, was „im krassen Widerspruch zu dem Vorgange auf dem Ölberge steht, wo Christus Petrus tadelte wegen der Verteidigung mit dem Schwerte". Die Verteidigung des Krieges aus christlichem Geiste, wie sie Faulhaber verfaßt hatte, erschien ihm so als „ein Meisterstück pharisäischen Geistes, wie er zu Lebzeiten Christus bei den jüdischen Priestern vorhanden war". Für den aus christlichem Geiste heraus kriegsfeindlichen Mann wird es denn zur Tatsache, „daß alle diese verschiedenen Sekten des Christentums falsch sind, weil bis heute noch keine Sekte eine Stimme gegen den Krieg erhob".

Die Kirchen segneten die Waffen, denn für sie ging der Krieg gegen den Antichrist, der das Christentum bekämpfte.

Der Klerus war für seine seelsorgliche Tätigkeit und in seinem Einfluß auf die Bevölkerung auf das Bündnis von Thron und Altar

---

86 Ebenda, S. 9.
87 Ferdinand *Sedelmayer* an *Ludwig III.*, 12. 6. 1917, MK 19288.

angewiesen, weniger wegen des materiellen Rückhaltes bei der Staatsmacht als deshalb, weil westlich demokratisches Gedankengut seine Stellung zu bedrohen schien, wie Sonnenburg im Herbst 1917 urteilt[88]. Daß sich ein demokratischer Zug in der Landbevölkerung bemerkbar machte, kam „auch dadurch zum Ausdruck ..., daß selbst dem Wort der *Geistlichen*, dieser höchsten Autorität der gläubigen Bauernschaft, *nicht mehr die Bedeutung* beigelegt wird, *wie früher*", was aber eher Folge des Verschleißes des Ansehens des Klerus durch die dauernde Verwendung als Propagandainstrument war[89].

Der Staat war auf die Geistlichkeit eben wegen ihrer starken Stellung auf dem Lande angewiesen; falls die Beobachtung richtig ist, daß der Einfluß der Geistlichkeit zurückgeht, so fürchtet Sonnenburg, daß „mit einem raschen weiteren Rückgang der Stimmung auf dem Lande gerechnet werden" muß[90]; gleichzeitig mit der Demokratisierung des flachen Landes sieht er die Möglichkeit, daß gerade das propagandistische „Inszeuggehen der Geistlichkeit dem Ansehen ihrer Person abträglich war" und empfiehlt deshalb, den Pfarrer „weniger in den Mittelpunkt der gesamten Aufklärung zu stellen, sondern sich die Geltendmachung ihres Einflusses mehr für besonders wichtige Aufklärungsgegenstände vorzubehalten".

Der Pfarrer war stärker noch als der Bürgermeister der eigentliche Mittler zwischen Bauer und Staat. Neben seiner zentralen Stellung in der Propaganda wurde er zum Nothelfer der Ernährungsorganisation. War der Bauer durch Aufklärung über die Not der Städter und durch sanften Druck dahin gebracht, freiwillig über sein Pflichtmaß hinaus abzuliefern, so lieferte „er selbstverständlich lieber an seinen Pfarrer als an den bezirkamtlichen Karrer"[91].

Während er einerseits die Bauern über Staatsprobleme aufklärte, informierte er andererseits häufig staatliche Stellen über Vorgänge auf dem Lande, etwa den regen Tauschhandel mit der Mangelware Petroleum[92], über Stimmungslage und Propagandaarbeit[93].

Daneben steht ein spezifisch religiöser Pazifismus, der uns auch in seiner Abgrenzung zu seinem weltlich-akademischen beziehungsweise

---

88 Volksstimmungsbericht *Sonnenburg* für Oktober 1917, S. 2, MK 19289.

89 *Albrecht*, III. 4.

90 wie A. IV. 1. a. γ., Anm. 45.

91 Bericht des Bezirksamts Traunstein an Reg. v. Obb., 28. 4. 17, MInn 66445.

92 Heiz- und Leuchtstoffe waren auf dem Lande kaum zu haben. Pol. Dir. Mch. — Kriegswucheramt, an MInn., MInn 66449.

93 Etwa der Bericht des Feldgeistlichen Dr. *Egersdorfer* über seine Propagandareise, der am 30. 11. 17 v. MKr. an MInn. geschickt wurde, MInn 66329.

sozialistischen Pendant in dem Brief Ferdinand Sedelmayers entgegentritt[94]: „Das wahre Christentum und der Krieg sind Gegensätze wie Himmel und Hölle, welche sich nie vereinigen können." Der Krieg muß beendet werden, damit sich ein wahres Christentum bilden könne. Es sei jetzt hohe Zeit, daß die monarchischen Mittelmächte wahre Friedensziele aufstellen, denn die „Sozialdemokraten streben gegenwärtig eine Friedenstätigkeit nach ihrer Anschauung an, um das, was das Christentum versäumt hat, auf menschlicher Grundlage zu erreichen". Anders ausgedrückt: das Christentum, das sind die monarchischen Mittelmächte, muß den Krieg beenden, um wahrhaft christlich zu werden und um den weltlichen, den menschlichen, Friedenskräften den Wind aus den Segeln zu nehmen.

Das wird in eben der Zeit geschrieben, als die sozialdemokratische Presse mit „begeistertem Echo" einen Aufruf des katholischen Pfarrers Wolfgruber an den Klerus abdruckt, in dem die Gründung eines Friedensbundes der Priester angeregt wird[95], der auch auf den Klerus der feindlichen Länder und die Laienwelt übergreifen soll. Auf der vom Heiligen Vater im Sommer 1917 vorgeschlagenen Grundlage sollte die Friedensmöglichkeit „eine nicht unbedeutende Förderung erfahren". Zu eben der päpstlichen Friedensnote vom 1. August 1917, die in der sozialdemokratischen Presse großen Widerhall findet, schreibt das Zentrumsblatt Bayerischer Kurier: „Als Christ und als Mensch muß man dem Papstschritt Erfolg wünschen, als Deutscher dürfte man vielleicht hoffen, daß ihn die anderen ablehnen." Pazifistische Priester sind unter ihren Amtskollegen also wohl ebenso isoliert wie die Pazifisten überhaupt innerhalb ihrer Gesellschaftsschicht. Sie finden außerhalb, bei den Sozialdemokraten mehr Rückhalt als in ihrem gläubigen Volk. Wolfgruber konnte seinen Aufruf auch in der Deutschen Kirchenzeitung veröffentlichen. Sein Amtsbruder Deubig in Schweigen in der Pfalz regt in einem Brief an ihn an[96], die Kanzel in den Dienst der Friedensagitation zu stellen, schreibt, er habe bereits das Programm des „Weltfriedenswerkes vom Weißen Kreuz" in Graz[97], die Papstnote und Wolfgrubers Aufruf von der Kanzel herab verlesen, erkundigt sich aber vorsichtshalber, ob die Militärbehörden „gegen diese Art der Agitation etwas einzuwenden" haben.

---

[94] wie hier Anm. 87.

[95] Hierfür und für das folgende: Volksstimmungsbericht *Sonnenburg* für August 1917, S. 7 ff., MK 19289 sowie *Erdmann*, D. Zt. d. Weltkriege, S. 61.

[96] Pfarrer *Deubig* an Pfarrer *Wolfgruber*, 25. 8. 17, MInn 66329. Eine Abschrift des Briefes ging dem bayerischen Kr. Min. erst unter dem 15. September 1917 zu.

[97] Das Weltfriedenswerk vom Weißen Kreuz in Graz war eine katholisch-klerikale Friedensorganisation, die in den Akten kaum begegnet.

Dem eiligst befragten Bezirksamt von Bergzabern ist jedoch nichts bekannt[98]; weder hatte Deubig mit seiner Agitation begonnen, noch hatte er „bisher dessen Friedensforderungen auf der Kanzel oder sonstwo verlesen. Dagegen hat er am Sonntag, den 14. Oktober 1917 von der Kanzel herunter die Leute aufgefordert, fleißig Kriegsanleihe zu zeichnen".

Wolfgruber war völlig isoliert als einziger Pazifist des oberbayerischen Klerus. Nach Auskunft der Regierung von Oberbayern[99] bestand in ihrem Amtsgebiet keine „organisierte Friedensbewegung unter Geistlichen", Wolfgruber hatte unter seinen Amtsbrüdern keinerlei Erfolge, er galt „unter seinen Berufsgenossen als Eigenbrödler", das bischöfliche Ordinariat Augsburg dagegen sah sich genötigt, ihn wegen seiner Tätigkeit zu verwarnen; das erzbischöfliche Ordinariat München aber verhinderte es, daß die nichtapprobierte „Katholische Kirchenzeitung" sich in den Dienst des „Weltfriedenswerkes" stellte[100].

c) Beamte[1]

Die Lehrerschaft nimmt in der sozialen Hierarchie auf dem flachen Lande eine sehr geachtete Position ein, allein ihre Tätigkeit wendet sich an die Kinder und wirkt deshalb derart indirekt, daß sie und damit ihre Stimmungseigenart nicht mehr recht greifbar sind. Ihre Lebensumstände entsprechen denen des festbesoldeten Klerus und der Beamtenschaft[2]. Politische Aussagen über die Lebensfragen der Nation besitzen wir von Beamten der Verwaltung nicht, soferne wir nicht die Propaganda berücksichtigen wollen, die sich in den von der Regierung gesetzten Grenzen bewegt, und soferne wir die referierende Berichterstattung über politische Erscheinungen außer acht lassen. Es spricht nichts dagegen, den politischen Konsensus der Oberschichten auch für sie anzunehmen.

Ihre Lebenshaltung ist eingeengt. Die Teuerungsuzlagen halten mit der Preissteigerung nicht mit; sie sind hauptsächlich auf den offiziellen, rationierten Markt angewiesen und auf persönliche Beziehungen. Das Bestechungsverbot wurde wohl sehr problematisch.

Ein interministerieller Schriftwechsel vom Frühjahr 1917 über den Erlaß eines besonderen Hamsterverbots für Beamte umreißt die ge-

---

[98] BA. Bergzabern an MInn., 24. 10. 1917, MInn 66329.

[99] Reg. Obb. an MInn., 18. 3. 18, MInn 66330.

[100] Ebenda.

[1] Zu diesem Thema entsteht eine eigene Dissertation von G. *Kalmer*.

[2] Zu dieser Zeit war der Lehrer noch nicht Beamter.

samte Problematik sowohl seiner Lebenshaltung als auch seiner Stellung im Staat[3].

Nach Auffassung des Innenministers Brettreich fehlte es in weiten Kreisen der Bevölkerung, auch unter den Beamten, an Verständnis für die Notwendigkeit, „der verbotswidrigen privaten Versorgung mit Entschiedenheit entgegenzutreten". Er regte deshalb einen gemeinsamen Erlaß der bayerischen Ministerien an, um die Vorstände der Unterbehörden „an die Notwendigkeiten der Zeit ernstlich zu erinnern und ihnen aufzutragen, im Kreise ihrer Beamten weiter aufklärend zu wirken"[4].

Der Vorschlag erfährt einhellige Ablehnung. Verkehrsminister Seidlein, dessen Verwaltung die größte Zahl von unteren Beamten, Angestellten und Arbeitern beschäftigt, sieht als Folge eines solchen Erlasses die Forderung auf sich zukommen, „daß die Verkehrsverwaltung selbst zu Gunsten der Ernährung ihres Personals bessernd eingreifen"[5], also von Amts wegen Schwarzhandel treiben sollte.

Außenminister Hertling würde gerne zustimmen, „wenn die Bevölkerung ausreichende Lebensmittel", oder wenigstens das, was ihr zusteht, ohne Anstehen erhielte. Er war zwar überzeugt, daß ein solcher Erlaß den guten Willen der Beamten heben würde, „unter Verzicht auf die verbotswidrige Vorversorgung[6] mit Lebensmitteln der übrigen Bevölkerung mit gutem Beispiel voranzugehen", fürchtete aber, daß die meisten Beamten wegen ihrer schlechten Gehälter, der übermäßigen Teuerung und „der Verantwortung der Familie gegenüber" über kurz oder lang „einem Gewissenskampf ausgesetzt sein (werden) ... zwischen ihrer Staatsbürger- und Beamtenpflicht und dem natürlichen Bedürfnisse" nach ausreichendem Lebensunterhalt für sich und ihre Angehörigen, also bald wieder hamstern würden; nun aber würde durch den Zwang dieses Erlasses, „den Schein der gewissenhaften Beobachtung des Erlasses" aufrecht zu erhalten, der „Geist der Unaufrichtigkeit" unter sie getragen[7].

Kultusminister Knilling wendet sich prinzipiell gegen jede Beschneidung der Hamsterei, soferne sie auf persönlichen Beziehungen aufgebaut ist und weist ganz besonders darauf hin, daß ein derartiger

---

[3] Der Schriftwechsel liegt im Akt MInn 66445.

[4] Rundschreiben *Brettreichs* an seine Kollegen, 3. 3. 17.

[5] *Seidlein* an *Brettreich*, 9. 3. 17.

[6] Synonym für Hamsterei: der Einzelne versorgt sich mit Lebensmitteln, die der öffentlichen Bewirtschaftung noch nicht zugeführt sind und die er meist direkt vom Bauern durch persönliche Beziehungen besonders günstig erhält.

[7] *Hertling* an *Brettreich*, 8. 3. 17.

Erlaß den Anschein erwecken würde, „als ob gerade die Staatsbeamten ihre Sonderversorgung besonders betreiben würden und als ob hier ein Eingreifen vor allem geboten wäre“. Die Folge müßte „eine tiefgreifende Verstimmung der ohnehin unter dem Drucke der derzeitigen Verhältnisse besonders schwer leidenden Beamtenschaft“ sein und sie außerdem im Volke in Mißkredit bringen[8].

Hellingrath antwortet als letzter, stimmt audrücklich den Einwänden Hertlings und Knillings zu und stellt fest: „Offiziere und Beamte haben auf dem hier in Betracht kommenden Gebiet keine wesentlich anderen Pflichten wie die übrigen Staatsbürger[9].“

Dieser Schriftwechsel ist deshalb so interessant, weil in ihm die ganze Problematik der Kriegszeit anklingt: Die Not, die buchstäblich kein Gebot mehr kennt. Das Hamstern ist juristisch verboten, aber man kann es nicht wagen, es auch faktisch zu verbieten. Als man es endlich wagte, entschieden einzugreifen, zeigte sich die absolute Machtlosigkeit des Staates: er wurde verflucht und ausgelacht.

Man konnte es nicht wagen, den Beamten das Hamstern besonders zu verbieten, der Erfolg wäre moralische Korrumpierung gewesen und hätte in den Beamten dem Staat die moralische Grundlage entzogen, oder die Beamten hätten sich gegen den Staat gestellt und ihn so zum Einsturz gebracht:

Es gab keine tatsächliche Identität mehr zwischen Beamtenschaft und Staat.

Die Beamten verließen sich nicht mehr auf den Staat, der ihnen nicht helfen konnte. Die Identität war vorbei. Sie griffen zur Selbsthilfe. „Man wird nicht aus dem Auge verlieren dürfen, daß *‚Selbsthilfe‘* der *Gegensatz* zu ‚Staatshilfe‘ ist und daß das Wort *‚selbst‘* im Gegensatz zum Wort ‚Staat‘ steht. Schon das Wort ‚Selbsthilfe‘ bedeutet eine Anklage gegen den Staat. Kläger und Beklagte aber pflegen *nirgends* besondere *Freunde* zu sein“, urteilt Sonnenburg[10]. Die Beamten organisierten sich also. Auf Reichsebene entstanden der Verband deutscher Beamtenvereine, die Interessengemeinschaft deutscher Reichs- und Staatsbeamtenverbände, Landesverbände deutscher Reichs-, Staats- und Kommunalverbände und Lehrer, an denen sich auch bayerische Verbände beteiligten. Hier wurde im September 1917 der Bayerische Bund der Staatsbeamten, Gemeindebeamten, Lehrer und Krankenkassenbeamten gegründet und von den Beamten lebhaft begrüßt: „Eine

---

[8] *Knilling* an *Brettreich,* 8. 3. 17, S. 2.

[9] *Hellingrath* an *Brettreich,* 13. 3. 17, MInn 66445.

[10] Volksstimmungsbericht *Sonnenburgs* für September 17, S. 8, MK 19289.

Millionenorganisation wird entstehen, mit der in Zukunft gerechnet werden muß", gibt Sonnenburg eine Stellungnahme wieder[11].

Der Sturm zu den Fahnen von 1914[12], die weiterfolgenden militärischen Einberufungen, schwächten das personelle Gerüst des Staates empfindlich, dazu kamen die zusätzlichen administrativen Arbeiten des Krieges besonders in der Ernährungsorganisation, ohne daß die herkömmlichen Arbeiten wesentlich geringer geworden wären. Personalmangel und Arbeitsüberlastung prägten das Leben der Beamtenschaft so sehr wie der blanke Hunger.

Zu einer großen Versammlung aller an der staatlichen Propaganda beteiligten Stellen im Oktober 1917 lädt das Innenministerium alle Amtsvorstände der Außenbehörden ein. Die Regierung der Pfalz kann wegen „der gegenwärtigen Geschäftsverhältnisse" keinen Vertreter zu der Tagung abordnen[13]; der Vorstand des Bezirksamts von Feuchtwangen mußte absagen, denn der „einzige Assessor ist wegen Überarbeitung beurlaubt, und das Amt kann nicht allein gelassen werden"[14]. Gewiß, es sind Einzelfälle, aber doch, es ist bezeichnend, daß der Krieg eine so wichtige Behörde wie ein Bezirksamt auf den Personalstand von zwei Beamten herabgedrückt hat, und daß ein Beamter im Kriege wegen Überarbeitung Urlaub erhielt.

Die Verbitterung wegen des Unmöglichen, das sein Minister von ihm verlangt, nämlich die Ablieferungen seines Bezirkes zu steigern, führt dem Bezirksamtman Ufer von Traunstein die Hand, wenn er alles aufzählt, was er unternommen hat, um dieser Aufgabe nachzukommen[15], seine Erfolge schildert und dann feststellt: „Dann kam der unglückselige Hamstererlaß des Ministeriums und schlug alles in Scherben[16]." Das ist nicht mehr die Sprache des treuen Beamten. Die Loyalität hat große Schrammen, sie wird bald brechen: „Wenn von oben immer auf den Bezirksamtmann gedrückt wird, derselbe möge die Ablieferung steigern, gleichzeitig ihm aber jeder Rückhalt entzogen wird, so ist das ein unhaltbarer Zustand, an dem schließlich auch der beste Wille erlahmen muß."

2. Mittelstand

Einzig die Oberschichten sind schriftlich genug, hinterlassen ausreichende Zeugnisse, um auf differenzierte Urteile über die verschie-

---

[11] Ebenda, S. 7.

[12] Vgl. A. II. 1.

[13] Reg. Pfalz an MInn., 20. 9. 17, MInn 66329.

[14] BA. Feuchtwangen — gez. *Alwens* — an MInn., 5. 9. 17, MInn 66329.

[15] BA. Traunstein an B. Landesfettstelle, 11. 5. 18, MInn 66446.

[16] Dieser Hamstererlaß vom März 18 erlaubte das Hamstern in kleinen Mengen zur Selbstversorgung und war nicht mehr kontrollierbar.

densten politischen Fragen schließen zu können. Indirekte Zeugnisse wiederum gibt es in einiger Zahl für organisierte oder besonders im Blickfeld stehende Gruppen. Die mittleren Schichten, nichtindustrielle Gewerbetreibende und Gehaltsbezieher, die nicht der oberen Schicht angehören, gemeinhin also Personen ohne abgeschlossene höhere Schulbildung, haben aus verschiedenen Gründen keine eingespielten Organisationen und stehen nicht im Blickpunkt der Öffentlichkeit.

Sie sind nicht organisiert wegen ihres Individualismus und der Organisationsauffassung als etwas Sozialistischem, Arbeitermäßigem. Sie stehen nicht im Blickfeld der Öffentlichkeit, weil sie nicht organisiert sind und als besonders staatstreu gelten, man verläßt sich auf sie, die in ihrer Existenz besonders auf staatliche Ordnung angewiesen sind. Nirgendwo aber brachte der Krieg größere Verschiebungen mit sich. Aus einem Dasein ohne Not stieß er sie in das größte wirtschaftliche Elend unter allen Bevölkerungsgruppen. Er bedeutete für sie nicht nur wirtschaftlichen Abstieg, sondern mehr noch soziale Deklassierung, blanke Not. Der Weg von der uneingeschränkten Staatstreue zur absoluten Staatsverneinung wurde nirgends sonst unter so großen Belastungen in so kurzer Zeit gegangen, aber er wurde kaum bemerkt. Einige wenige hellsichtige Männer sahen die Entwicklung, versuchten sie aufzuhalten. Aber man war zu stark beschäftigt mit der Aufgabe, die seit langem als unruhigste Schicht geltende Arbeiterschaft bei Laune zu halten, zu hindern, daß sie, wie es hieß, aus der Volksgemeinschaft ausbrach, daß man gar nicht merkte, es wohl nicht wahrhaben wollte und konnte, daß derweil das eigentliche Rückgrat des Volkes, eben der Mittelstand, die überwiegende Mehrzahl des nichtagrarischen Volkes, unter der Last des Krieges zerbrach. Damals wurde eine Entwicklung eingeleitet, die im Grunde heute noch nicht abgeschlossen ist, nämlich der Weg von der Inkarnation des Volkes im Mittelstand zum Mittelstand als einer Interessengruppe unter vielen.

Der Krieg wurde eben in erster Linie auf dem Rücken dieser Schicht ausgetragen. Schon die ersten Monate brachten den Beginn ihres Ruins. Die Einberufungen zum Heer und der beginnende Mangel an Rohstoffen für zivile Bedarfsartikel legten bereits im Winter 1914/15 viele kleine Handwerksbetriebe lahm[1].

Es gab Häuser, „wo bald kein männl. (so im Original) Mitglied mehr da ist".

Zur selben Zeit beklagt sich eine Malersfrau, daß das Geschäft stille stehe; sie schreibt, daß sich die Lebenshaltungskosten seit Kriegs-

---

[1] Eingabe des Jacob *Stadler* in Landshut an MKr., 26. 1. 15, MKr 13346, Stück 80.

ausbruch verdoppelt hätten. Es konnte „zuweilen schon vorkommen, daß man den Kindern nicht genug trockenes Brot geben kann“[2]; wie schlimm das Kleingewerbe schon in den ersten Kriegsmonaten zu leiden hatte, macht sie dann in ihrer Bitte deutlich, „Abhilfe zu schaffen mit diesem Lebensmittelwucher, wir gehen sonst einer noch viel schlimmeren Zeit entgegen, als sie ohnehin schon ist“. Der Nürnberger Oberbürgermeister Geßler berichtet 1916 im Angesichts des Kohlrübenwinters[3], daß in den Städten vor allem die Festbesoldeten mit kleinem Einkommen und jene Arbeiter, die keine Lohnerhöhung durchsetzen konnten, sowie die Gewerbe- und Handeltreibenden, „die nicht für Zwecke des Kriegsbedarfs arbeiten“, besonders unter der Teuerung leiden. Ihnen allen stehen die Gruppen gegenüber, „die durch den Krieg viel Geld und oft leicht verdienen und ein üppiges Leben führen“. Die Scheidelinie zwischen Arm und Reich ist die Kriegsnotwendigkeit. Die Rüstungsindustrie, Industrieller wie Arbeiter, lebt auskömmlich. Naturgemäß produziert das Kleingewerbe und jede Art von Angestellten keine Rüstungsgüter. Während die Rüstungsindustrie mit Hilfe des Krieges prosperiert und das Leben ihrer Arbeiter wenigstens erträglich gestalten kann, trägt der Mittelstand nur die Lasten des Krieges, ohne an seinen Vorteilen zu partizipieren. Das Ergebnis ist eine fortschreitende Proletarisierung wenigstens der Angestellten, deren Lebenshaltung auf das Niveau der Arbeiterschaft herabsinkt und das gesellschaftliche Selbstgefühl untergräbt. Sie litten ungleich schwerer als die organisierte Arbeiterschaft, die die Prüfungen des Krieges noch am besten ertrug[4], unter den „Opfern und Entbehrungen“. Die Angehörigen des Mittelstandes, Kleingewerbe und Festbesoldete, also jene Millionen Menschen, „deren Einkommen sich nicht im Verhältnis mit der maßlosen Preissteigerung aller Lebensbedürfnisse erhöht hat“, standen „zum großen Teil vor dem Zusammenbruch ihrer Existenz, sind zu einem wirtschaftlichen Proletariat herabgesunken, das von der Hand in den Mund lebt“. Sie besaßen weder die „materielle Vertretung durch eine mächtige Organisation“ noch die „moralische Stütze durch einflußreiche und anerkannte Führer“.

1915 konnte ein Petent seine Klagen[5] noch mit dem Katalog all dessen einleiten, was ein guter Staatsbürger nicht sein darf, um sich mit dieser Aufzählung von dem Ruch des Eigeninteresses zu befreien. Er betonte ausdrücklich, er sei „kein Sozialdemokrat oder Staatsumstürz-

---

[2] Thekla *Riedle* an MKr., 18. 1. 15, MKr 12819.

[3] Niederschrift üb. d. 13. Sitzg. des Beirats für Ernährungswesen, 6. 11. 16, MInn 66327.

[4] Geheimerlaß *Hellingraths* „an die Kommandeure aller mobilen Formationen“ vom 11. 8. 17, MInn 66328, vgl. hier Anm. 6.

[5] Josef *Stadler* an MKr., 26. 1. 15, MKr 13346, Stück 80.

ler, kein Anarchist oder Nihilist" und wollte sein Schreiben auch nicht so verstanden wissen, als protestiere er „gegen den Krieg, der uns aufgedrängt wurde", kurz, er betrachtete sich als Muster des staatstreuen Bürgers, der von allem Arbeitermäßigen weit enfernt ist.

Die Proletarisierung des Mittelstandes ließ diese Haltung verschwinden. Der Mittelstand griff zu der arbeitermäßigen Organisation und gründete beispielsweise nach dem Muster der Arbeiterkonsumvereine Verbraucherverbände; es war, nach Sonnenburg[6], „vielleicht ein letzter Versuch, das Offenbarwerden der Proletarisierung zu verschleiern, zugleich aber auch ein untrügliches Anzeichen dafür, daß sie zum großen Teil bereits eine vollendete Tatsache ist"[7]. Es entstanden ein Ausschuß für wirtschaftliche Selbsthilfe, eine „Hauptverbrauchergenossenschaft, eine bayerische Einkaufsgenossenschaft". Beamte waren darin im selben Maße vertreten wie Privatangestellte. Es war Ausdruck der „Einbuße an staatstreuer Gesinnung" des Mittelstandes und bedeutete für den Staat den Verlust an „staatserhaltenden Stützen". Es war offensichtlich, daß sich die Erbitterung des Mittelstandes nicht nur gegen die Kriegswucherer wandte, sondern auch gegen den Staat, der „ihrer Ansicht nach diesem Treiben (des Kriegswuchers) nicht mit der nötigen Rücksichtslosigkeit beizeiten entgegengetreten" sei; sie wandten sich der Sozialdemokratie zu, die „einzig und allein" tätiges Interesse für ihre Not hatte.

Darüber brach der Zusammenhalt zwischen gewerblichem und besoldetem Mittelstand auseinander[8]; der Zusammenschluß der Angestellten schädigte die Geschäfte des Gewerbes und das Gewerbe forderte zu hohe Preise. Das Ergebnis war auf beiden Seiten zusätzliche Verbitterung, die sich letztlich wieder gegen den Staat richtete.

Im Frühjahr 1918 ist diese Entwicklung zur Organisation hin abgeschlossen. Nicht zuletzt ihr ist es zu verdanken, daß Bayern auf den Druck des Beamten- und Lehrerbundes hin die Teuerungszulagen für die Beamten für das laufende Jahr um 80 Millionen Mark aufstockte, ohne doch den Geldwertverlust auch nur entfernt ausgleichen zu können[9].

So entwickelt sich der Mittelstand im Laufe des Krieges zu der unzufriedenen Schicht, ohne zu konkreten politischen Anschauungen zu finden.

---

[6] Volksstimmungsbericht *Sonnenburgs* für Juli 1917, S. 4, MK 19288. Dieser Bericht ist, bis in wörtliche Zitate hinein, die Grundlage des Erlasses *Hellingraths* vom 11. 8. 17, siehe hier Anm. 4.

[7] Volksstimmungsbericht *Sonnenburg* für August 1917, S. 2 f., MK 19289.

[8] Volksstimmungsbericht *Sonnenburg* für August 1917, S. 2 f. und Volksstimmungsbericht für September 17, S. 7 f., MK 19289.

[9] Pressebericht *Sonnenburgs* für März 1918, S. 13, MK 19290.

Als Brettreich im Dezember 1916 sein Amt als Innenminister antrat, betrachtete er es als eine seiner wesentlichsten Aufgaben, das Schieber- und Hamsterwesen zu bekämpfen, das jede geordnete Ernährungsorganisation unmöglich machte. So unterband er nach Kräften den direkten Kontakt zwischen Städter und Bauer, ohne doch viel mehr zu erreichen, als die Erbitterung jener zu steigern, die sich zu ihrer kärglichen Ernährung ein Zubrot vom Lande holten. „Wer nicht verhungern will, muß sich bei Verwandten oder Bekannten auf dem Lande etwas Lebensmittel holen", schrieb im Juni 1917 ein Einsender, als er seinem Herzen Luft machte[10]. Nach dessen Auskunft äußerten in München selbst „Leute des Mittelstandes und sogar besser situierte Leute in immer größerer Zahl revolutionäre Ansichten" und sprachen von der „demnächst ausbrechenden Revolution". Brettreichs Hamsterbekämpfung war für ihn Schuld am allgemeinen Elend. Angeblich war sogar der Ausspruch zu hören: „Den Brettreich zerstückeln wir, kochen ihn und essen sein Fleisch, weil er uns das Leben so unerträglich macht." Das „geduldige Volk" hielt die Mißstände nicht mehr aus, „noch bevor es verhungert, will es die Fesseln sprengen".

Im August 1917 stellt Brettreich fest, der Mittelstand „zeige zur Zeit eine schlechtere Stimmung wie (!) alle anderen Kreise"[11]. Drei Tage später beruft sich der Zentrumsabgeordnete im bayerischen Landtag, Giehrl, auf dieses Wort, als er den Sekretär des Münchner Zentrums, Max Gerstl, vom Militär freigestellt haben möchte, damit er sich propagandistisch betätigen könne[12]. Im Dezember 1917 berichtet das I. stellvertretende Generalkommando[13], unter allen Garnisonsmannschaften sei die Stimmung bei denen am schlechtesten, „die dem Mittelstand, den selbständigen Gewerbetreibenden und Handwerkern angehören. Hier herrscht Kriegsmüdigkeit wegen Mangel an Rohstoffen und Hilfspersonal". Nach drei Monaten fügt es bei, daß die hohe Steuerbelastung, selbst „für die zum Heeresdienst eingerückten Handwerker und Gewerbetreibenden", die Stimmung sehr belaste.

In den Nürnberger Betrieben trug die Haltung der Werkmeister wesentlich zur Ausbreitung der Januarstreiks bei. In manchen Fabriken, die einmal bestreikt wurden, schickten sie die arbeitswilligen Arbeiter heim, weil es sich nicht lohne, die Maschinen noch laufen zu

---

[10] Johann *Götz* an *Brettreich*, 30. 6. 17, MInn 66446.

[11] Niederschrift über d. 30. Sitzg. d. Beirats f. Ernährungswesen am 22. 8. 1917, S. 46, MInn 66328.

[12] *Giehrl* an *Brettreich*, 25. 8. 17, MInn 66328.

[13] St. G. K. I. b. AK. an MKr., 8. 12. 17, Best. 1914/18, St. G. K. I. b. AK., Fasz. 370.

lassen, oder einfach weil sie nicht gegen den Strom schwimmen wollten[14].

Im Oktober 1918 erhält das Kriegsministerium anonyme „Stimmen aus dem Mittelstande Bayerns“[15], die unter Berufung auf die allgemeine Volksmeinung fordern: „Der Friede muß sobald als möglich herbeigeführt werden, gleich ob günstig oder ungünstig.“ Ganz gleichgültig, was ein Kapitulationsfriede bringt, er sei immer noch besser als der unausweichliche Zusammenbruch. Jetzt „hätten wir noch *einigen* Lebensnerv“, der unausweichliche Zusammenbruch aber gäbe „uns vollends den Todesstoß“.

Das ist ein Sinn der Revolution: Den Frieden, koste er was er wolle, noch zustande zu bringen, bevor Deutschland den Todesstoß erhält, — Kapitulation um des Überlebens willen. Am 6. November 1918 berichtet das Kriegsministerium[16], nach Auskunft eines Vertrauensmannes hielten sich die Arbeiter weit ruhiger als die Angestellten, diese seien weit radikaler und unbelehrbarer, ja fast ausnahmslos Anhänger der USPD.

Diese Partei aber ist bewußt Revolutionspartei; die wenigen Teilnehmerlisten von USPD-Versammlungen zeigen ein eindeutiges Übergewicht von Angestellten und Handwerkern über die Arbeiterschaft. Die USPD ist eine Partei von Angehörigen des Mittelstandes, die sich an den Arbeiter wenden.

3. Soldaten

a) Kriegsleben, das Leben an der Front

Die Haltung der Soldaten wird von den Lebensumständen an Front oder Kaserne, von Verpflegung, Unterkunft, Behandlung durch die Offiziere und die Angst des Schützengrabens bestimmt. Und dann ist das Heer Volksheer, durch vielerlei Fäden mit der Heimat verbunden, allen Schichten des Volkes zugehörig.

Wir wollen aber hier weniger auf die eigentlichen Fronttruppen, den jungen wehrpflichtigen oder freiwilligen Soldaten eingehen, als auf das Leben der eingezogenen Reservisten und Garnisonssoldaten in der Heimat, denn sie tragen die Sorgen der Heimat an die Front und die Qualen der Front in die Heimat, sie kennen die Heimat im Kriege, tragen Verantwortung für Familie, Bauernhof oder Gewerbebetrieb.

---

14 Christl. Metallarbeiterverband Dtlds., Bezirk Bayern, an *Brettreich*, 23. 2. 18, MInn 66283.

15 Eingangsstempel MKr., 21. 10. 18, MInn 66332.

16 MKr. an MInn., 6. 11. 18, MInn 66338.

In zwei anonymen Feldpostbriefen eines solchen Landwehrmannes, eines 36jährigen bayerischen Soldaten, findet sich schon im Oktober 1914 die ganze Not des Krieges, der Seelenzustand vor allem älterer Soldaten, die nach kurzem Kasernenaufenthalt fast direkt von der heimischen Arbeit an die Front gebracht wurden[17]: „Ich befinde mich ... vor des Feindes Angesicht. Da ist einem nicht bekannt, ob man die andere Stunde noch erlebt. Bei uns ist überhaupt etwas nicht in Ordnung; denn sonst könnte man keine so alten Leute mit 36 Jahren in die vorderste Linie stellen." „Ich weiß gar nicht, wofür weiter gekämpft werden soll, vielleicht, weil die Zeitungen die Geschichte in einem anderen Lichte erscheinen lassen, als es in Wirklichkeit eigentlich ist ... Wer für den Krieg weiter ist, der ist überhaupt kein Mensch mehr. Die Not könnte nicht größer sein, im Feindesland und auch daheim. Es können das nur Leute sein, die von allem keine Ahnung haben." In diesem Satz liegt bereits all der Hader, der sich im Verlauf des Krieges zwischen den sozialen Schichten aufhäuft, zwischen den Kriegsgewinnlern und akademischen Annexionisten und den geplagten, ausgelaugten unteren Schichten des Volkes, deren einziger klarer Gedanke der Wunsch nach Frieden und Brot ist. „Seit 4 Tagen sind wir zu viert in einem Schweinestall einquartiert. Wir wären herzlich zufrieden, wenn wir darin bleiben dürften." „Heute kommen wir wieder vor in die erste Linie in den Schützengraben. Man könnte dadrinnen lebendig erfrieren in der Nacht ... Doch niemand hilft einem ... Wir haben oft 3 Tage nichts zu essen bekommen. In den Zeitungen steht zu lesen, daß die Verpflegung vorzüglich sei. Das kann vielleicht bei den Offizieren sein! Es ist ja oftmals so, daß das Pferd, das den Haber verdient, ihn nicht bekommt." Das angebliche Wohlleben der Offiziere begründet tiefgehende Spannungen im Verhältnis der Mannschaft zu den Vorgesetzten, die bis zum völligen Autoritätsverlust gehen können. „Wir wollen keinen Heller von den eroberten Gebieten, auch wenn wir sie noch so teuer erkauft haben mit unserem Leben und unserer Gesundheit. Es ist unser Ziel, Frau und Kind wieder zu bekommen ..." Auch dies nur eine frühe, aber keine vereinzelte Ablehnung aller Art von Kriegszielen, sie begegnen immer wieder.

Die Quellen zeigen bei den Mannschaften keine Spur von Kriegsbegeisterung; wohl Angebereien über geleistete Taten, aber eher die Genugtuung über bestandene Prüfung, Heroismus des Duldens, Klagen über Schikanen durch Offiziere, schlechte Verpflegung, aber kaum Haß auf den Feind.

---

[17] Sie wurden dem Kriegsministerium von einem Privatmann abschriftlich zur Kenntnis vorgelegt, MKr 13346, Stück 3.

b) Kasernenhof, Garnison

Die Zahl von Berichten über menschenunwürdige Behandlung der Soldaten ist unermeßlich. In einer Eingabe vom Februar 1915 schreibt der sozialdemokratische Abgeordnete im bayerischen Landtag, Süßheim, frühere Mitteilungen über Mißstände beim Regiment Leibrock seien mit der Briefsperre für die Soldaten beantwortet worden. Die Offiziere schlügen einen unmöglichen Ton an. Einem Manne, der keine Sohlen mehr an den Stiefeln hatte, rieten sie, Holzsohlen darauf zu nageln; als er sich dann wegen Erkältung krank meldete, erhielt er drei Pillen und mußte zur Front zurück. Die Behandlung der Soldaten sei soweit gegangen, daß sie sich von den Offizieren mit den Säbeln hätten schlagen und wegen Geringfügigkeiten an Bäume binden lassen müssen[18].

Bei dem SPD-Abgeordneten Hierl beklagen sich Angehörige des 2. und 3. Nürnberger Landsturmbatallions, das in Metz liegt, über wochenlangen 24stündigen Wachdienst und zu enge Quartiere. Die Betten werden umschichtig täglich 24 Stunden lang benützt, ohne daß jemals die Wäsche gewechselt würde. In der Freizeit müßten die Soldaten exerzieren. Der offizielle Beschwerdeweg über die unwürdige Behandlung sei ihnen verschlossen. „Kriegsmüde, sagt der Herr Feldwebelleutnant, seid ihr, den Geist der Willigkeit hat der Herr Feldwebelleutnant getötet, sagen wir[19]."

Die Zustände sollten sich bis Kriegsende noch verschlimmern. Es genügt, sie für die erste Kriegszeit anzudeuten; denn alle die Belastungen der seelischen Kraft des Soldaten treten da schon auf.

Die Behandlung der Kranken liegt besonders im Argen. In einer anonymen Eingabe beschreibt ein Amberger Bürger ein Wirtshausgespräch mit einigen Fronturlaubern, die von einem Bekannten erzählen, der aus Furcht vor Strafe keine Beschwerde wage über die miserable ärztliche Versorgung seiner beiden kranken Hände, „denn der Oberstabsarzt meint der Mann sei aus Eisen, also schlechter wie wie ein Stück Vieh"[20].

In einer Eingabe an Ministerpräsident Hertling vom 29. 9. 1914, deren Berechtigung dieser nicht bezweifelt, berichtet Heinrich Held, „alle die modernen Errungenschaften unserer Chirurgie ... scheinen spurlos an den mobilen Sanitätskorps vorübergegangen zu sein". In den Festungsschuppen Ingolstadts wurden 3000 deutsche und französische

---

[18] Stück 99 a des Aktes MKr 13346.

[19] *Hierl* an MKr., Herbst 1915, Stück 13 des Aktes MKr 13347.

[20] Anonymus an *Ludwig III.*, 3. 5. 15, MKr 13346.

Verwundete in Räumen ohne Wasser und Kanalisation so eng zusammengepfercht, daß die Räume kaum mehr begehbar waren, also keine wirkliche Krankenpflege möglich war. Sie lagen erst auf Stroh, dann auf Strohsäcken, durch die Fußbodenritzen fiel der Schmutz auf die Verwundeten im unteren Stockwerk. Held beklagt sich, daß das Rote Kreuz das Lazarettwesen einerseits monopolisiere, andererseits aber aus rücksichtsloser Sparsamkeit der Gesundheit eher schade als nütze, während in bestausgerüstete konfessionelle und klösterliche Anstalten höchstens Geschlechtskranke eingeliefert würden[21]. Das stellvertretende Generalkommando des III. bayerischen Armeekorps in Nürnberg geht mit dem lapidaren Satz darauf ein: „Bei dem gegenwärtigen geringen Zugang an Verwundeten ist es bei der großen Zahl der Lagerstellen (270 000 im Korpsbereich)[22] unmöglich, den Wünschen der Vereinslazarette auf stets volle Belegung derselben zu entsprechen[23]." Etwa um die gleiche Zeit liegen im Würzburger Lazarett 3800 Verwundete und Kranke[24].

Im Festungslazarett Germersheim wurde selbst die Genesung militärisch geregelt. „Im Interesse der baldigen Genesung der Verwundeten und der unbedingten Aufrechterhaltung der Disziplin", schreibt der Kommandant der Festung, Conradi, vor, daß nur die Verwundeten Ausgang erhielten, die im Stande seien, Uniform zu tragen und „militärische Ehrenbezeugung zu erweisen". Wirtshausbesuch und Tragen von Zivilkleidung sowie „schlechte Haltung" waren verboten[25].

Neben dem Zündstoff, der sich auf dem Kasernenhof und an der Front anhäufte, gehen die Vorwürfe gegen die Offiziere bis zu dem der Unterschlagung von Liebesgaben. Die Redaktion des Neuen Münchner Tagblattes gibt die Zuschrift eines Landsturmmannes aus Frankreich ans Kriegsministerium weiter: „Manche unserer Offiziere werden reich aus dem Kriege heimkehren, weil sie sich die Liebesgaben, welche sie an uns verteilen sollen, bezahlen lassen[26]." Das vergleichsweise bessere Leben wird zum Vorwurf[27], Spekulationen über den Sittenverfall besonders der Offiziere schließen sich an[28], und alles das verbindet sich mit der Wut des Unterdrückten gegen den Kasernenhoftyrannen. Das Ergebnis sind Haß und Autoritätsverlust oder wenig-

---

[21] *Held* an *Hertling*, 29. 9. 14, MKr 13346, Stück 1.

[22] Klammer im Original.

[23] St. G. K. III. b. AK. an MKr., 13. 11. 14, MKr 13346, Stück 114.

[24] Wochenbericht Reg. Ufr. an MInn., 4. 10. 15, MInn 66326.

[25] Gouvernement der Feste Germersheim an MKr., 2. 8. 15, MKr 13347, Stück 72.

[26] Neues Müchner Tagblatt an MKr., 26. 10. 1914, MKr 13346, Stück 5.

[27] Vgl. A. IV. 3. a.

[28] Fritz *Luther* an MKr., 10. 7. 1915, MKr 13347.

stens Gerüchte darüber. So wurde angeblich schon im ersten Kriegswinter ein Major wegen seines Verhaltens von Soldaten erschossen[29]. Im Sommer 1918, auf dem Höhepunkt der Frühjahrsoffensive ist es dann auch dieser Haß, dieser Autoritätsverlust, der sich in wüsten Krawallen in den Heimatgarnisonen Luft macht. Am 18. Juni zieht ein ungeordneter Haufen Soldaten von der Kaserne zum Münchner Hauptbahnhof. Ein Major, der einen Soldaten zur Ordnung rief, mußte sich anhören: „Was wollt Ihr Himmel-Herrgottsakramenter, ists nicht genug, daß wir für Euch ins Feld gehen, schikanieren wollt ihr einen auch noch, anpacken tu ich Dich, bei der Fotze nehm ich Dich, Du Blindgänger", die übrigen Soldaten schrien Beifall[30].

Der Soldat leidet unter denselben seelischen Belastungen wie die übrige Zivilbevölkerung, verstärkt noch durch die Zustände an der Front und in der Kaserne. Die häufigen Ausbrüche in den Krawallen der letzten Kriegsjahre erhalten dann ihre Heftigkeit durch die groben Umgangsformen reiner Männergemeinschaften, durch die Vertrautheit des ständigen Umgangs miteinander, dadurch, daß ein jeder voraussetzen darf, der andere habe die gleichen Gedanken, gleiche Reaktionsweisen.

Im Herbst 1917 war die Stimmung in den Garnisonen schlechter als an der Front. Alle verfügbaren Männer waren zum Heeresdienst eingezogen und steckten zum großen Teil in den heimatlichen Kasernen. Es wurde, wie der Zentrumsabgeordnete Giehrl ausführte[31], „hingenommen, daß alles, Handwerk, Gewerbe und Landwirtschaft, eingezogen werde", aber diese Leute, die an Arbeit gewöhnt waren, die wußten, daß sie zuhause dringend gebraucht würden, würden in einer Weise beschäftigt, „daß sie sich als überflüssig und unnötig vorkommen". Viele Soldaten fanden Zeit genug, aufs Land hinaus zu ziehen und zu hamstern.

Im November 1916 meldet das Bezirksamt Traunstein[32], manche Soldaten würden eigens in die Heimat beurlaubt, „mit dem Auftrage, Vorräte aufzukaufen und unter der unausgesprochenen, aber wohl verstandenen Zusage, bei gutem Erfolge weiteren Urlaub zu erhalten". Im Januar 1917 sieht sich Hellingrath gezwungen, der Truppe „das verbotswidrige Aufkaufen ... aufs strengste zu untersagen"[33].

---

[29] Punkt 5 einer Eingabe von Jacob *Stadler* an MKr., 26. 1. 1915, MKr 13346, Stück 80.

[30] Z. P. St. an MInn. u. Reg. Obb., 22. 6. 1918, MInn 66284, vgl. A. VI. 4.

[31] Niederschrift der Besprechung des Beirats für Aufklärungsfragen vom 3. 11. 1917, S. 12, MInn 66329.

[32] *Soden* an Reg. Obb., 5. 12. 1916, MInn 66445.

[33] Erlaß an die stellv. G. Ks., 5. 1. 17, MInn 66445.

Aber alle Verbote halfen nichts. Der Hungernde will essen, die Offiziere konnten das Hamstern schlecht verbieten, weil sie es selbst taten, tun mußten[34]. Der Aschaffenburger Wachtmeister Michael Braun findet bei einem Offizier in Uniform 21 Pund Mehl, 6 Pfund Linsen, 4 Pfund Honig, 17 Eier und eine geschlachtete Gans[35].

In der Umgebung der Garnisonen fanden sich unter den das Land durchkämmenden Hamsterarmeen „auffallend viele Soldaten"[36].

Sie ließen keine Möglichkeit ungenutzt. Flugzeugbesatzungen verwendeten im Bezirk Kaufbeuren Zwischenlandungen zum Hamstern[37]. In der Umgebung Dachaus veranstalteten „ganze Truppenteile während der Übungen regelrechte Streifen nach Lebensmitteln, insbesondere Butter, Schmalz und Eiern"[38]. Zur selben Zeit, im Mai 1917, spricht der Pfälzer Regierungspräsident[39] von der „Kartoffeljagd" der Feldgrauen.

Bis Kriegsende sollten die Soldaten ihr Bestes geben bei der Ausplünderung des Landes.

Die Hamsterei war es, die die Dämme der staatlichen Gesetzlichkeit an ihrer empfindlichsten Stelle zerbrach, dort wo Hunger und Gesetz kollidierten. Und der Hunger war stärker als das Gesetz. Nachdem aber die Soldaten, wie die übrige Bevölkerung, den Damm einmal zerbrochen hatten, nachdem sich die Schwäche der staatlichen Machtmittel gezeigt hatte, geriet die ganze staatliche Ordnung aus den Fugen, der alte Staat ging in die Brüche, zerbrochen von der anonymen Masse der Hungernden.

Schon 1914 sehen wir Soldaten, die am Kriege verzweifelten. In der Somme-Schlacht 1916 gab es Situationen, in denen die Unteroffiziere ihre Soldaten mit der Waffe in der Hand zum Angriff zwingen mußten[40].

1917 kommt es vor, daß hamsternde Soldaten, die der Bauer abweist, erklärten, „man solle die Franzosen hereinlassen, damit sie alles zusammenschössen"[41]. Man wird also nicht behaupten können, daß die

---

[34] *Hellingrath* an *Brettreich*, 13. 3. 17, MInn 66445.

[35] An Kriegswucheramt, 23. 10. 17, MInn 66448.

[36] Reg. Mfr. an MInn., 27. 4. 17, MInn 66445.

[37] *Brettreich* an *Hellingrath*, 21. 5. 17, MInn 66446.

[38] *Brettreich* an *Hellingrath*, 10. 5. 17, MInn 66445.

[39] Wochenbericht Reg. Pfalz, 14. 5. 17, S. 4, MInn 66446.

[40] Kriegsbriefe gefallener Studenten, hrsg. v. Philipp *Witkop*, München 1929, etwa S. 252.

[41] Pol. Dir. Mch., Kriegswucheramt, an MInn., 3. 6. 17, MInn 66446.

Soldaten insgesamt noch hinter dem Krieg standen, in dem sie kämpften, hinter dem Vaterland, dem Staat, der den Krieg führte.

Bei einer polizeilichen Zugkontrolle auf Hamsterer wünschte ein Soldat den Polizisten an die Front, als das Schlimmste, das er sich ausdenken konnte: „Ich gehe lieber in's Zuchthaus als in den Schützengraben[42]."

Sie wollten nicht mehr den Krieg führen. Sie lebten in der allgemeinen Abneigung gegen Preußen. Ein Anonymus beklagt sich im August 1915[43], daß die Germersheimer Landsturm-Fußartillerie-Batterien bei der I. Armee seit November 1914 ununterbrochen in vorderster Linie stünden und von Preußen unausgesetzt aufs äußerste beansprucht würden, insbesondere bei „den zahllosen Erdarbeiten, die nicht nur zur eigenen Sicherheit, sondern auch für preußische Batterien geleistet werden müssen". Sie fühlten sich ausgenützt, es war ärgerlich, daß sie auch für die Sicherheit preußischer Truppen arbeiten mußten.

Viele von ihnen hatten Grund zu der Annahme, daß preußischen Soldaten nichts an ihrem Leben, an ihren Mitkämpfern lag. Als während der Somme-Schlacht bayerische Soldaten sich ins Fort Thiaumont retten konnten, fanden sie es von Preußen besetzt. „Nicht einen Tropfen Wasser schenkten sie uns, — obwohl ich sah, daß sie eines hatten, — aus meinem Munde ging schon Schleim hervor. Manche waren ohnmächtig zusammengebrochen vor Durst, das kann ich niemals vergessen[44]." Irgendwann hatte fast jeder Soldat ähnliche Erfahrungen mit Waffenbrüdern machen müssen, nur daß bayerische Soldaten einfach auf Grund der Zahlenverhältnisse solche Erfahrungen hauptsächlich mit Preußen machten. Und so blieb ein tiefer Stachel fest in jedem Bayern stecken.

Es läßt sich nicht nachweisen, „daß die Bayern mehr ausgenützt und von der oberen Führung schlechter behandelt würden, als die preußischen Verbände und daß an den schwierigsten Stellen der Front gerade bayerische Divisionen vorzugsweise eingesetzt würden"[45]. Aber gerade diese Meinung setzte sich mit der Dauer des Krieges immer tiefer fest und wurde noch verstärkt durch das Wort von den „baye-

---

[42] Gendarmerie Hauptstation Gemünden an BA. Gemünden, 13. 6. 1917, MInn 66447.

[43] Anonymus an MKr., 23. 8. 15, MKr 13347, Stück 71 a.

[44] Zitat in der Schrift von H. *Gottinger*, Motto: Die Wahrheit ist die Tochter Gottes, Beilage zu Pol. Dir. Mch. an MInn., 26. 11. 17, MInn 66329.

[45] *Hellingrath* an die übrigen Minister und an das kgl. Kabinett, 29. 8. 18, S. 5, MK 19290.

rischen Hilfsvölkern", das eben immer wieder von Preußen zu hören war[46].

Es genügt zur Charakterisierung dieser preußischen Haltung die bekannte Berliner Anekdote, wonach ein französischer Offizier auf den Vorwurf, daß die Entente farbige, barbarische Truppen einsetzte, antwortete: „Und Ihr habt die Bayern." Der antipreußische Krawall, der in der Nacht vom 23. zum 24. August 1918 die Hauptbahnhofgegend in München heimsuchte, war ja von Soldaten ausgelöst worden[47].

Im Mai 1918 machte eine Schar Soldaten, die vor dem Abtransport an die Front stand, des Nachts Erlangen unsicher[48]. Als sie schließlich zum Zug marschierten, schossen sie unentwegt in die Luft „wie bei einem Peletonfeuer"; am Bahnhof warfen sie mit Schotterbasalt auf die anwesenden Vertreter der Staatsmacht. Endlich, in den Tagen der Revolution ist es soweit gekommen, daß die Soldaten selbst bestimmen wollen, wofür sie kämpfen.

Am 7. November 1918, am Tage des Umsturzes, war die Stadt auf die Revolution eingestellt, der Staat hatte das erdenklich Mögliche getan, sie niederzuschlagen. Jedoch, schon am Mittag müssen Polizeistreifen erfahren, „daß die Soldaten unter keinen Umständen bei etwaigen Unruhen auf die Bevölkerung schießen und den Befehlen der Vorgesetzten Folge leisten würden. Sie würden einfach davonlaufen"[49]; denn sie glaubten, sie müßten gegen die Sozialdemokraten kämpfen, ohne zu wissen, „daß die mil. Macht nur gegen den gewaltsamen Umsturz aufgeboten werde, den die Mehrheitssozialdemokratie selbst verwerfe und bekämpfe".

Der deutsche Kaiserstaat hatte sein wesentlichstes Machtmittel, eine der Säulen seines Seins[50] mit dem Militär verloren. An der Front führte es noch Krieg, im Innern war ihm mit dem Soldaten die Basis seiner Existenz entzogen. Die Soldaten versuchten noch, die Grenzen zu schützen, in den letzten Kriegstagen ließen sie sich noch an den Brenner fahren, aber es galt der Heimat und nicht mehr dem Staat.

4. Landbevölkerung

Die Lebensbedingungen der Landbevölkerung waren weniger durch den Hunger als von den indirekten Folgen des Krieges, wie unmäßige

---

46 Ebenda.

47 Vgl. A. IV. 1. a. η.

48 Stadtkommissär *Groll* von Erlangen an MInn., 25. 5. 18, zwei Berichte, MInn 66284.

49 Meldg. Pol.kommissär *Fauß* an Pol. Dir., 7. 11. 18, 12h, Best. 1914/18, St. G. K. I. b. AK., Fasz. 203.

50 Vgl. Otto *Voßler*, Die Revolution von 1848 in Deutschland.

Arbeit und Mangel an Dienstboten, Kunstdünger oder Maschinentreibstoffen und von der Überschwemmung des Landes mit Bettlern und Hamsterern bestimmt. Daneben beeinträchtigte der Krieg auf dem Lande mehr als anderswo die alten Gepflogenheiten und Geschäftsverbindungen.

Im selben Maße, in dem die Organisation der Kriegswirtschaft ausgebaut wurde, mußte der Bauer die persönlichen Geschäftsverbindungen zu altvertrauten Landhändlern abbrechen, um sie mit den ihn zugleich von Staats wegen kontrollierenden anonymen Kommunalverbänden weiterzuführen.

Im März oder April 1915 bitten zwei Bauern das Kriegsministerium[1] dringend um Saatgetreide, beide können ihre Felder nicht bestellen, weil sie nirgendwoher welches erhalten. Der eine hatte es sich bei einem Nachbarn besorgt; das wurde ihm beschlagnahmt, und auf Kredit gab es keines.

Zur selben Zeit bezeichnet ein Referent im Kriegsministerium eine Eingabe, die von Kaufbeuren aus an den Kaiser gerichtet war[2], als „klägliche Ergüsse eines kleinmütigen Anonymus", die keinerlei Beachtung verdienten. Immerhin hatte aber der Einsender die Behauptung aufgestellt, die Frauen auf dem Lande wollten die Felder nicht bestellen, weil die Männer fehlten und sie selbst bei ihrer schlechten Ernährung nicht so schwer arbeiten könnten. „Es wird aber nicht mehr lange dauern, so wird das Volk aufständig werden, dann wird der Krieg schon eine Wendung machen. Es gibt ... (unleserl.) deutschen Reich eine Revolution, die in Aussicht steht."

Am dritten Mai 1915 fordert Georg Heim und mit ihm der Bayerische Gesamtbauernverein[3] die Bauern und den Staat auf, sich rechtzeitig um Kohlen und Betriebsstoff für die Drescharbeiten zu bemühen und bittet die Militärbehörden, für die Zeit der Ernte requirierte Pferde zur Verfügung zu stellen.

Die Ernte war gefährdet, weil die Dreschmaschinen auszufallen drohten, und es standen heftige Proteste der Bauern bevor, weil die Biererzeugung für die Erntezeit nicht ausreichte. „Die Befriedigung des Bierbedarfs ist aber gerade für Bayern insbesondere in der jetztigen Erntezeit überaus wichtig[4]." Die Biererzeugung war in Deutschland

---

[1] Franz *Moosbauer*, Furth-Rettenbach, Post Saldenberg, an MKr., s. d. u. Xaver *Siebauer*, Ökonom, Plattling, an MKr., 14. 4. 15, MKr 12820.

[2] Aktenvermerk MKr., 7. 4. 15, MKr 13346, Stück 133.

[3] Notwendige wirtschaftliche Maßnahmen für die nächste Zukunft, Resolutionen ... gedruckt, Absatz B, MKr 12821, Stück 26.

[4] Finanzminister *Breuning* an MA., 30. 7. 15, MKr 12822.

auf 60 % der Vorkriegsmenge eingeschränkt worden, Streikdrohungen in Bayern waren die Folge[5]. Dann stand Anfang 1916 eine weitere Produktionseinschränkung bevor. Der Bayerische Brauerbund befürchtete deshalb ernstlich, es könnten besonders auf dem Lande Unruhen daraus entstehen.

Hausschlachtungen waren verboten. Die Bezirksämter wachten rigoros darüber[6], aber kein Wirt schlachtete mehr auf dem Lande, und die Metzger hatten ihre Tätigkeit stark eingeschränkt. Die Fleischvorräte der Bauern gingen zu Ende.

Die amtlichen Aufkäufer bedienten sich „allerlei unredlicher Mittel und Drohungen", manche versuchten, die festgesetzten Preise zu drükken. Den Bauern schienen die Preise für ihre Produkte zu niedrig. Im August 1916 beobachtete von der Thann, der kommandierende General des stellvertretenden Generalkommandos des 1. bayerischen Armeekorps in München[7], daß die „Milchlieferung nachläßt, weil die Erzeuger die Milch lieber selbst verbrauchen oder in Form von Schmalz aufspeichern". Manche Bauern tranken Milch als Bierersatz[8]. Viele von ihnen paßten sich in ihrer Lebenshaltung überhaupt der allgemeinen Not recht wenig an. Im Januar 1918 wurden in Niederbayern mehr Schmalznudeln als in früheren Zeiten „aus weißem Mehl unter Verwendung von großen Mengen Schmalz und Butter" gegessen[9], obwohl die Ernährung der Bauern genauso von Staats wegen geregelt war, wie die der übrigen Bevölkerung. Ihnen standen von ihren Erzeugnissen feste Rationen zu, die sie einbehalten konnten. Alle darüber hinausgehenden Mengen mußten abgeliefert werden. Diese Regelung wurde durch Hamsterei und Schwarzhandel, die allzu verlockende Preise boten, je länger je mehr, ausgehöhlt; die Lieferungen gingen zurück, ohne daß die Erzeuger deshalb ihren Verbrauch wesentlich einschränkten. Vor vollen Scheuern ist schlecht hungern — es gab nicht genug staatliche Vorratslager, die Ablieferungen wurden nach Bedarf abgerufen.

Dennoch waren die Bauern, obwohl sie sich in weitem Maße über sie hinwegsetzten, von der staatlichen Versorgungspflicht abhängig, insofern als sie laufend auf ihre Ablieferungstreue hin kontrolliert wurden und dem Staate in der Verteilung von Industrieprodukten ge-

---

5 Hierfür u. f. d. folgende: Bayer. Brauerbund an MA., 20. 1. 1916, MKr 12823.

6 Hierfür u. f. d. folgende: Bayer. christl. Bauernverein an MKr., 5. 6. 16, MInn 66327.

7 *v. d. Tann* an MKr., 7. 8. 16, MKr 12842.

8 Reg. Nb. an MInn., 6. 7. 17, MInn 66328.

9 Bayer. Kriegswucheramt an MInn., 10. 1. 1918, MInn 66449.

wisse Druckmöglichkeiten zur Verfügung standen. Jede Herabsetzung der Selbstversorgungsquoten mußte so Beunruhigung auslösen[10].

Besonders schlecht liefernden Gemeinden wurden die Zucker- und Petroleumkontingente gekürzt. Industriebetriebe und Schwarzhändler glichen diese Kürzungen nach wenigen Tagen gegen Lebensmittellieferungen aus[11] und machten die Maßnahmen damit nicht nur unwirksam, sondern verstärkten noch den bekämpften Zustand. Der Bauer aber hatte Grund, verärgert zu sein.

Die Ernährung auf dem Lande war durchaus ausreichend, in manchen Gegenden, bei manchen Bauern, war sie wohl ebenso gut wie bei einem Teil der großbürgerlichen Schichten.

Viel stärker als die Ernährungsnot wirkten der Arbeitskräftemangel, ständige behördliche Eingriffe in die traditionellen Produktionsmethoden und Geschäftsverbindungen, der Verfall der öffentlichen Sicherheit durch raubenden und plündernden Mob aus den Städten und die Überschwemmung mit Propaganda auf die Zustände und Stimmungen des flachen Landes ein.

Die militärischen Einberufungen hatten dem Land vielleicht noch mehr Männer entzogen als der Stadt. Im Frühjahr 1915 wurden erste Stimmen laut, die aus diesem Grunde von der bevorstehenden Revolution sprachen[12]; im Frühjahr 1915 zwang der Mangel an Dienstboten das Kriegsministerium „zur Sicherstellung der Ernährung von Heer und Volk“[13] für die Zeit der Frühjahrsbestellung und der Ernte jede einseitige Kündigung von Dienstboten zu verbieten. Der Erlaß wurde Jahr für Jahr wiederholt. Einen Monat später gab dieselbe Stelle bekannt[14], daß bei allen militärischen Einberufungen darauf geachtet werden solle, daß nach Möglichkeit landwirtschaftliche Kräfte nicht vor dem Ende der Frühjahrsbestellung eingezogen oder wenigstens in der Nähe ihrer Höfe stationiert würden, damit sie sich an dienstfreien Tagen um ihre Höfe kümmern und den Frauen bei der Arbeit helfen könnten; Knechte sollten für diese Zeit sogar bis zu vier Wochen beurlaubt werden, wenn es militärisch möglich und die Notwendigkeit nachgewiesen sei.

1916 verschärfte sich die Situation empfindlich, „da im Laufe des Jahres die Einberufungen fortgeschritten sind und der Leutemangel

---

[10] Volksstimmungsbericht *Sonnenburgs* für April 1918, MK 19290.

[11] Erlaß *Brettreich* an Kommunalverbände, 19. 2. 18, MInn 66449.

[12] Vgl. S. 110.

[13] Erlaß MKr. an St. G. Ks., 17. 3. 15, MKr 12819.

[14] Erlaß MKr. an alle milit. Stellen, 17. 4. 1915, MKr 12820.

auf dem Lande entsprechend größer geworden ist“[15]. Die Urlaubsgesuche für diese Arbeiten aber sollten zu großen Ungerechtigkeiten führen, weil an der Front kaum Beurlaubungen möglich waren, während andere nach Hause konnten, die nicht so notwendig gebraucht wurden.

Die Arbeitsüberhäufung auf dem Lande ließ viele Knechte in der Zeit der geringeren Beschäftigung, wenn sie kündigen durften, in die Industrie abwandern. Sie stellten ihren Dienstherren vielfach so hohe Geldforderungen, daß diese sie nicht länger behalten konnten[16]. Die Bauern bekamen Angst vor den Fabriken, die zwar kaum mehr bezahlten[17], aber wenigstens eine geregelte Arbeitszeit boten.

Bauernfunktionäre wie Dr. Heim oder Dr. Schlittenbauer forderten deshalb, „die Abwanderung der Arbeiter von der Landwirtschaft streng zu verbieten und Verfügung zu treffen, daß bereits Abgewanderte wieder dem Lande zugeführt werden“[18]. Jugendliche Landarbeiter begannen, so über die Stränge zu schlagen, daß es so manchem notwendig erschien, „durch Festsetzung der Polizeistunde die immer größer werdende Unbotmäßigkeit der jugendlichen Arbeiter zu verhindern“[19]. In der Umgebung Miesbachs wurde um diese Zeit geklagt, die „vorhandenen Dienstboten sind zum größten Teil minderwertig und leisten an Unbotmäßigkeit häufig unglaubliches und mit jeder Woche werden die Arbeiter weniger, wodurch sich mancher Bauer mit dem Gedanken vertraut macht, seinen Viehstand bis auf ein Minimum herabzusetzen oder womöglich das Anwesen zu verkaufen“[20].

Die Militärbehörden gaben jetzt Kriegsgefangene für die Landarbeit frei, brachten sie bei Bauern unter und gaben noch einen Verpflegungszuschuß von 60 Pfennig am Tag. Die Bauern wollten sie nicht wieder abgeben, versuchten sogar, sie über den Winter bei sich zu behalten und kamen überhaupt gut mit ihnen aus, denn sie brachten „als

---

[15] Protokoll vom 24. 1. 16 über die Sitzung zur „Sicherung der Frühjahrsbestellung“, Ausführungen des Vorsitzenden Generalmajor *Köberle,* S. 3 f., MKr 12823.

[16] Ein Knecht in der Umgebung Dachaus verlangte 270 Mark im Jahr, als sein Bauer nicht zahlen konnte, ging er in die Fabrik. *Melchner* an *Schlittenbauer,* 7. 1. 1916, MKr 12823.

[17] Bei neunstündiger Arbeitszeit und 25 Arbeitstagen erhielt ein Arbeiter der Dachauer Pulverfabrik 95,75 Mark, eine Arbeiterin 56,25 Mark monatlich; K. B. Feldzeugmeisterei an MKr., 25. 1. 1916. MKr 12823.

[18] Wie hier Anm. 15, Forderungen *Ackermanns, Heims* und *Schlittenbauers,* S. 7, MKr 12823.

[19] Wie hier Anm. 15.

[20] Patriotischer Bauernverein Tuntenhausen, an St. G. K. I. b. AK., 21. 1. 1916, MKr 12823.

selten billige Arbeitskraft den Landwirten großen Nutzen“[21]; daß sie im Winter wieder zurückgezogen wurden, rief große Erregung unter den Bauern hervor[22]. Insgesamt bedeutete der Einsatz von Kriegsgefangenen nicht mehr als einen Tropfen auf den heißen Stein. Im Sommer 1917 mußte Sonnenburg die Stimmung auf dem Lande als trostlos bezeichnen[23], wesentlich bestimmt durch den dauernden „Mangel an Arbeitskräften und die damit verbundene Abarbeitung der landwirtschaftlich tätigen Personen“.

Im Winter 1915/1916 hatte der Staat bereits das Vertrauen der Landwirte verloren, als er mitten im Winter die Höchstpreise für Getreide erhöhte und damit den gewissenhaften Ablieferer prellte und die Spekulanten begünstigte[24]; im Herbst darauf hielten die Bauern ihre Erzeugnisse zurück, „da sie für das kommende Frühjahr eine Erhöhung der Getreidepreise erhoffen“[25]. Die kriegswirtschaftlichen Vorschriften änderten sich ständig. Beschlagnahmungen von Lebensmitteln waren an der Tagesordnung; im Herbst 1916 kam es soweit, „daß die Vollzugsorgane sich nicht mehr auskennen und allenthalben von einem bedauerlichen Bureaukratismus gesprochen wird“[26].

Es war einfach nicht einzusehen für den Bauern, daß, wenn ihm die offizielle Propaganda unter Hinweis auf die Not der Städte ständig ins Gewissen redete, er solle abliefern was er nur immer könne, er seinen nächsten Verwandten oder Freunden in der Stadt nichts zukommen lassen dürfe. „Sobald ihm das nicht mehr gestattet ist und er sich hierwegen sogar polizeilichen Nachspürungen und Behelligungen ausgesetzt sieht“, wird er gewiß seine Ablieferungen nicht auch noch steigern wollen[27], weil der einfache Mensch personal denkt. Er fragt nicht: Hungert die Stadt? sondern, hungert meine Schwester in der Stadt? Er durfte nur der Stadt helfen, aber nicht seiner Schwester persönlich. Viele, auch die vernünftigsten Vorschriften, konnte er aus dieser Denkweise heraus nicht verstehen. Er mußte sie als bürokratisch oder schikanös empfinden und umging sie nach Kräften. Die Folgen wiederum waren häufige amtliche Vorratserhebungen und „Nachschau aller Art, Beschlagnahme und Enteignungen“[28], die zu der Arbeitsüberlastung

---

[21] Wirtschaftsoffizier Hauptmann *Rasp* an die Inspektion der Gefangenenlager, I. b. AK., 24. 10. 16, MInn 66327.

[22] Volksstimmungsbericht des St. G. K. I. b. AK. vom 5. 12. 1916, MKr 12842.

[23] Volksstimmungsbericht *Sonnenburgs* für Juli 1917, S. 1, MK 19288.

[24] Vgl. S. 29.

[25] Wochenbericht Reg. Schwaben u. Neuburg, 9. 10. 16, MInn 66327.

[26] Wie hier Anm. 21.

[27] *Knilling* an MInn., 8. 3. 17, S. 4, MInn 66445.

[28] Reg. v. Nb. an MInn., 6. 7. 17, MInn 66328.

weiteren Grund zum Unmut anhäuften. Für den Bauern hamsterte der Freund oder Verwandte nicht, der zu ihm kam und ihn um einen Mundvorrat bat, denn er konnte die blanke Not an ihm sehen; das Stimmungsproblem für ihn lag in jenen Hamsterern, die er nicht kannte, die ihm Lebensmittel abschwatzten, abwucherten oder abpreßten.

Im Herbst 1915 verbot der Bundesrat jedem Privatman den Erwerb von Eiern beim Geflügelhalter[29]. Die Regelung spielte sich ein, der Bauer lieferte überschüssige Eier[30] an die Sammelstellen ab.

Als im Jahre 1916 die Hamsterei und der Schwarzhandel zum ernsten Problem zu werden drohten, mußte eine neue Regelung gefunden werden, zumal sich die Städte wegen der niedrigen Versorgungsquoten um des Überlebens willen auf die private Zusatzversorgung des einzelnen angewiesen sahen.

Am 9. März 1917 gestattete das Innenministerium unter bestimmten Voraussetzungen den Verkauf von kleinen Mengen für den persönlichen Verbrauch an Freunde und Verwandte. Das Bezirksamt Weißenburg sah als Konsequenz, daß es gänzlich unmöglich sein werde, polizeilich festzustellen, wer befreundet oder verwandt ist: „Die Verwandten und die befreundeten Bekannten werden entstehen, wie die Pilze nach dem warmen Regen aus dem Boden wachsen"; die Sammeltätigkeit aber sollte zusammenbrechen, weil der Bauer jetzt nicht mehr an eine anonyme Behörde, sondern an Menschen abgeben konnte, die ihm bekannt waren.

Im Gefolge dieses Erlasses des Innenministeriums geriet die öffentliche Sicherheit auf dem Lande aus den Fugen. Das Bezirksamt in Kirchheimbolanden in der Pfalz beschwerte sich am 30. April 1917 bei den Bürgermeistern von Kaiserslautern und Ludwigshafen[31], während „mitleidige Bäuerinnen sich in den Keller begaben, um die geforderten Sachen heraufzuholen, haben ‚Sammler' Uhren, Butter und sonstige Gegenstände gestohlen. Bei Stetten ist ein außerhalb des Ortes gelegener Keller aufgebrochen und beraubt worden. Wenn Bauern sich geweigert haben, wurden sie von den ‚Sammlern' in gröbster Weise beschimpft. Die ‚Sammler' mußten wiederholt aufgefordert werden, das Haus zu verlassen, es mußten Nachbarn zu Hilfe gerufen werden. Unsere Bauern sagen bereits, es sei notwendig, daß eine Person von der Feldarbeit wegbleibe, um das Haus vor den ‚Sammlern'

---

29 Hierfür u. f. d. folgende: BA. Weißenburg an Reg. Mfr., 15. 3. 17, MInn 66445.

30 Er hatte je Huhn zwischen 20 und 50 Eier im Jahr abzuliefern, während die Legezahl auf 80 Stück jährlich geschätzt wurde.

31 MInn 66446.

zu behüten!" Die Stimmung gegen die Städter verschlechterte sich unter solchen Eindrücken beträchtlich.

Die horrenden Preise, die von Hamsterern geboten wurden, ließen manche Bäuerin trotz aller Propaganda, trotz der Möglichkeit, für treue Ablieferung das König-Ludwigs-Kreuz zu erhalten, an diese Horden, die das Land auf alles Eßbare hin durchkämmten, verkaufen[32].

Im Sommer 1917 war außer mit Gewalt „ohne irgendwelche Beziehungen zu den Erzeugern auf dem Lande in der Regel nichts mehr zu bekommen ...", stellte die Polizeidirektion München fest, die ihre Leute als Testhamsterer hatte ausschwärmen lassen[33]. „Das Netz von Beziehungen ist offenbar schon so fest gesponnen, daß die Leute ein Recht auf den Bezug der Lebensmittel zu haben glauben."

In Mittelfranken waren die Zustände besonders schlimm. In einem persönlichen Brief an Brettreich berichtet der dortige Regierungspräsident am 17. 6. 1917 von seinen Erfahrungen[34]: „Die Züge der Hamster (sic!) zählten oft hunderte von Personen." Sie traten noch in den entlegensten Weilern „mit äußerster Rücksichtslosigkeit" auf. Er selbst war „wiederholt mitten in solchen schreienden, schwitzenden und schleppenden Haufen gewesen", der Versuch eines Eingreifens hätte „sichere Lebensgefahr" bedeutet.

Die Landbevölkerung stöhnte und konnte sich nicht wehren, der Staat aber hatte keine Polizisten, sie zu schützen.

In den Augen des Bauern plünderte die Stadt das Land aus und der Staat versagte in seiner Aufgabe als Ordnungsmacht, zugleich aber schikanierte er den einzelnen, der den Hamsterhorden geopfert hatte, indem er rücksichtslos seine Tribute einforderte.

Unter dem Druck der Not in den Städten wurde der Bauer das gewichtigste Ziel der staatlichen Propaganda, deren einer Hauptzweck darin bestand, ihn zu größeren und willigeren Ablieferungen zu bringen, zum andern seinen Durchhaltewillen zu stärken.

Ausgangspunkt war der Vorwurf, „daß vielfach in den landwirtschaftlichen Kreisen, das Bestreben besteht, ihre Erzeugnisse zu außerordentlich hohen, ja ungemessenen Preisen zu verwerten"[35], und daß „vielfach auf dem Lande ... Vorräte zurückbehalten werden, die für

---

[32] BA. Sulzbach an Reg. Opf., 19. 5. 1917, MInn 66446.

[33] Kriegswucheramt an MInn., 3. 6. 17, MInn 66446.

[34] MInn 66446.

[35] Hierfür u. f. d. folgende: MKultus. an den bayer. Episkopat und an die protestantischen (Ober-)Konsistorien München und Speyer, 7. 7. 16, MInn 66327.

die Deckung des eigenen angemessenen Bedarfs ... nicht benötigt sind". Um diese Mißstände abzustellen, wandte sich das Kultusministerium im Juli 1916 an die hohe Geistlichkeit beider Konfessionen, um den niederen Klerus, der „sich schon bisher in dankenswerter Weise mit regstem Eifer der Aufklärung und Aufmunterung der Bevölkerung" gewidmet hatte, dazu zu bringen, „das Gewissen der Bevölkerung zu schärfen". Es geschah. Hirtenbriefe und Erlasse des protestantischen Oberkonsistoriums in München und des Konsistoriums in Speyer gingen hinaus, teilweise wörtlich übereinstimmend mit der Note des Ministeriums[36]. Die anschließende Aufklärungswelle sollte üble Folgen haben. Überall wurden „— unverkennbar von der Staatsregierung ausgehend — Vorträge gehalten ..., die ausschließlich für die Landwirte bestimmt, nur diesen gewissermaßen doch ‚ins Gewissen reden' sollen und damit ... der Anschauung, daß diese bisher ihre Pflicht nicht getan", beigetreten[37]. Für die Zukunft wurde versucht, den Staat als Veranstalter der Propaganda soweit als möglich zurücktreten zu lassen. Der üble Eindruck jedoch blieb.

Um die Ernte nicht zu gefährden, wurde in den Sommermonaten die staatliche Einflußnahme abgebremst. Es zeigte sich, daß sie in manchen Gegenden ohnehin nicht ernst genommen wurde. Die unterfränkischen Bauern, die sowieso besonders wenig Kriegsanleihe zeichneten, sagten von der Aufklärungspause im Sommer 1917: „Wenn sie wieder Geld brauchen, da kommen sie wieder uns Vorträge halten[38]."

Das Land steht den Kriegsanleihen aus einem in Gelddingen angeborenen Mißtrauen gegen alles Papier besonders skeptisch gegenüber. Im Bezirk Traunstein sah es im Herbst 1915 so aus, als ob die Kriegsanleihe gut gezeichnet würde; dem berichtenden Bezirksamtmann war es aber zweifelhaft, ob „die vermögenden Bauern in großem Umfang zeichnen werden"[39].

Im März 1916 berichtet Heim[40], daß die Bauern „wegen der selbstmörderischen Preispolitik der Reichsregierung" wohl kaum zeichnen werden.

Die Kriegsanleihe wurde zum politischen Papier; sie zu zeichnen erschien vielen Bauern als Bekenntnis für oder gegen den Krieg. Im Gebiet um Regensburg wurden die Bauern in ihrer Haltung von den

---

[36] Sie liegen in MInn 66327.

[37] Reg. Schwaben u. Neuburg an MInn., 29. 1. 17, MInn 66327.

[38] OB. Dr. *Matt* v. Aschaffenburg an Reg. Ufr., 20. 6. 1917, MInn 66328.

[39] BA. Traunstein an Reg. Obb., 18. 9. 15, MInn 66326.

[40] *Heim* an *Brettreich,* 11. 3. 16, MInn 66327.

Heeresurlaubern bestärkt, wenn sie sich auf den Standpunkt stellten: „Wenn wir nichts mehr zahlen, wird der Krieg schon aufhören[41].“

Im Mai 1917 berichtet ein Kiefersfeldener Bürger[42] über „wirre Gedankengänge und frevelhafte Reden“, die zwar noch „als Leistungen vereinzelter idiotischer oder aufgehetzter Gemüter angesehen und ignoriert“, in der Zukunft aber recht bedrohlich werden könnten. Er stellt fest, daß die Leute ihre Nahrungssorgen auf den Krieg schöben. Wäre der erst vorbei, dann gäbe es auch wieder zu essen. „Zwingen wir also die großen Herren, Frieden zu machen! Die essen sich satt und zwar nicht mit Schwarzbrot und Dotschen[43].“ Die „großen Herren“, „die da oben“, sie waren es, die es sich wohl sein ließen bei dem Krieg, den sie angezettelt hatten und auf dem Rücken des „kleinen Mannes“ austrugen. „Jetzt gehen uns die Augen schon allmählich auf. Zeichnet keine Kriegsanleihe, dann wird bald Schluß sein!“

Im Juni 1917 muß sich der Bezirksamtmann von Feuchtwangen heftig gegen Vorwürfe des Bauernvereins von Herrieden in Mittelfranken wehren, in ihrem Ort würden alle Kontrollen viel schikanöser durchgeführt, als in den Nachbargemeinden[44]. Der Bauernverein samt Ortsklerus habe deshalb beschlossen, die nächste Kriegsanleihe zu boykottieren; im übrigen sei die Erbitterung wegen der schlechten Behandlung so groß im Ort, daß revolutionäre Ausschreitungen zu befürchten seien. „Die Bauern würden überhaupt nichts mehr tun, ob sie russisch oder französisch würden, das sei ihnen gleich.“

Im Herbst dieses Jahres stellt Sonnenburg fest[45], daß neben der Zerreißung der auf dem Lande so starken Familienbindungen die Einschränkung der wirtschaftlichen Freiheit durch die Kriegsgesetze der Hauptgrund für die Sehnsucht nach Frieden ist, die soweit geht, daß darüber das nationale Schicksal völlig gleichgültig wird; das Land steht sowohl dem Geschehen an der Front gleichgültig gegenüber, als auch der Frage, ob der Krieg verloren oder gewonnen wird. Frieden muß sein. Überall wird Propaganda gewittert, selbst in den Berichten über die Front: „Die Siege werden ja doch nur wegen der Kriegsanleihe erfochten.“

In einigen Orten brachten die Bauern ihr Geld nicht mehr zur Bank um zu verhindern, daß es in Kriegsanleihe umgewandelt werde[46]. Im

---

41 Monatsbericht der Garnison Regensburg, 26. 9. 1916, MKr 12842.

42 D. *Nebeck* an *Brettreich,* 3. 5. 17, MInn 66328.

43 Dotschen sind Futterrüben.

44 BA. Feuchtwangen an Reg. Mfr., 1. 8. 17, MInn 66328.

45 Volksstimmungsbericht *Sonnenburgs* für Sept. 17, MK 12289.

46 Septemberbericht des st. G. K. I. b. AK., 8. 10. 17, an MKr., Best. 1914/18, St. G. K. I. b. AK., Fasz. 370.

Herbst 1917 hielten die Bauern im Bezirk Ebersberg den Krieg für verloren[47].

Im September 1918[48] wurde „allenthalben die Sicherheit der Kriegsanleihen wie allen Geldes überhaupt[49] stark in Zweifel gezogen" und deshalb allgemein im Volke abgeraten, sie zu zeichnen, denn wie schon lange glaubte man im „Mißlingen der Kriegsanleihe das beste Mittel zur baldigen Beendigung des Krieges zu sehen".

Wir können also feststellen, daß das Land spätestens seit 1916 begann, sich innerlich vom Kriege und von dem Staat, der ihn führte, zurückzuziehen. Der Krieg wurde in ihren Augen weniger von Deutschland geführt als von Preußen, gegen dieses Land aber sammelte sich so viel Haß und Groll an, daß die Vorstellung leicht fiel, sich eher unter die Herrschaft von Paris zu stellen, als weiter unter dem Berliner Joch zu seufzen; daß man bereit war, den Krieg verloren zu geben, noch bevor er verloren war, und daß man bereit war, sein Teil zu tun, um den Staat zu zwingen, den Krieg zu beenden; wie, das spielte keine Rolle.

Bayern war während des Krieges agrarisches Überschußgebiet. Es mußte daher zur Ernährung der Industriegebiete, der Gebiete mit unzureichender Nahrungsmittelerzeugung und zur Versorgung des Heeres überdurchschnittlich stark beitragen. Zudem wurden wesentliche Bereiche der öffentlichen Ernährungswirtschaft auch für Bayern über die Münchner Regierung hinweg von Berlin aus geregelt.

Deshalb verlor der Bauer das Vertrauen in die bayerische Regierung, die ja doch nur Erfüllungsgehilfe Berlins zu sein schien, und zusätzlich verbitterte ihn der Vergleich der ländlichen Zustände zu Hause und in Norddeutschland. Er meinte unter dem Eindruck der scharfen Repressalien, die bayerische Bauernschaft habe in allem „das Menschenmöglichste getan". Bei ihm würde „die Ablieferungspflicht für Milch, Butter und Eier oft rücksichtslos betrieben, die bäuerliche Bevölkerung mit Strafen überschüttet", während all das in Norddeutschland nicht so genau genommen würde, „der behördliche Vollzug sei lose und namentlich gegenüber den Großgrundbesitzern merkwürdig nachsichtig; von einem Strafenregen höre man nichts, die Preise der landwirtschaftlichen Erzeugnisse seien durch die Bank höher als bei uns, usw."[50].

---

[47] Ebenda. Daß die Kriegsleiden in Ebersberg besonders hart empfunden wurden, zeigt die großartige Heldenallee, ein kilometerlanger Weg, an dem für jeden Gefallenen ein Baum gepflanzt ist; jeder Baum trägt ein Schild mit Lebens- und Sterbedaten des Gefallenen.

[48] Josef *Vogel* an MInn., 4. 9. 18, MInn 66332.

[49] 1916 tauchen die ersten Berichte auf, daß Bauern ihr Papiergeld in Hartgeld tauschen.

[50] Roman *Mayr* an MKr., 25. 5. 18, S. 8, MInn 66328.

Man fühlte sich ausgenützt, vom Staate schikaniert, damit es nur ja den „Berliner Zwingherren“ an nichts fehle. Von der Not des Berliner Bürgers, der gegenüber sogar die Lebensverhältnisse des bayerischen Städters noch erträglich waren, hatte man keine Ahnung. Man sah ja nur die reich gewordenen Kriegsgewinnler aus dem Norden, denen es nichts ausmachte, in Bayern jeden Geldbetrag auf den Tisch zu legen, damit ihrem leiblichen Wohl nichts fehle.

Man kam sich vor, wie von einem fremden, feindseligen Staat beherrscht und ausgebeutet.

Staatsrat Gustav von Kahr hielt es deshalb schon 1916 für notwendig, den Menschen zu zeigen, wie es in Bayern zu Zeiten ausländischer Besatzung ausgesehen habe, um der „auf dem Lande leider mehrfach verbreiteten Ansicht entgegenzutreten, daß es gleichgültig sei, ob der Bauer seine Steuern nach Frankreich oder, wie es heißt, nach Berlin zu zahlen habe“[51]. Steuern sind hier wohl Tribute an einen fremden Staat. Soweit hatte sich der bayerische Bauer schon von Preußen entfernt, daß er es nicht mehr als Bundesstaat, sondern als lastende Herrschaft empfand, womöglich drückender als eine denkbare französische Besatzung. Er fühlte sich in einem Deutschland, das unter preußischer Herrschaft zu stehen schien, nicht mehr wohl.

Ein Leserbriefschreiber weiß im Frühjahr 1917 in der Münchner Post zu berichten[52], die Bauern lieferten deshalb so schlecht ab, weil „sie glauben, alles gehe ‚nach Preußen‘ “, und das sahen sie mit größtem Widerwillen.

Im Oktober 1918 erhält das bayerische Innenministerium vom Kriegsminister die Abschrift eines an den preußischen Kriegsminister gerichteten Schreibens des Herausgebers des Weseler Generalanzeigers, Wilhelm Müller[53], der sich über die defaitistische, „fast ANTI-deutsche“ Stimmung in der Maingegend beklagt; man sprach „in der katholischen Gegend längs des Mains ganz offen den Gedanken (aus) ..., daß es wenig ausmache, ob man nun bayerisch oder französisch sei, wenn nur der Krieg endlich zu Ende käme“. Man habe ja nichts vom Kaiserreich, und Bayern hätte (wohl im Gegensatz zu der Haltung Preußens) „von Alters her eine Vorzugsstellung bei den Franzosen eingenommen ..., diese würden sehr nett mit den Bayern verfahren“.

Es spricht sich darin kein „los von München“ aus, sondern die Gleichgültigkeit gegenüber bayerischer Staatlichkeit. Bei Frankreich gehe es halt auch nicht schlechter als unter irgendeiner deutschen Obrigkeit.

---

51 *Kahr* an Oberstleutnant *von Freyschlag*, 8. 11. 16, MInn 66327.

52 Mcher. Post, Nr. 77, 2. 4. 1917, „Zum Hamsterthema“, in: MInn 66445.

53 Übersandt MKr. an MInn., 3. 10. 18, MInn 66332.

Im Sommer 1917 war der Staatsglaube auf dem Lande weithin erloschen. Im August erfuhr das Kriegspresseamt in Berlin[54], daß in Bayern „auf dem Lande Leute, die früher im Ausland gearbeitet haben (Kellner etc.)[55], den Bauern (vorreden) ..., daß in Frankreich viel weniger Steuern als bei uns zu zahlen seien, daß es gleich sei, ob wir Deutsche oder Franzosen seien; im letzteren Falle brauchten wir den Kaiser nicht zu ‚bezahlen' ". Die monarchische Idee gilt nicht mehr viel. Der Kaiser wird als Unkostenfaktor betrachtet, der die Last, die der deutsche Staat in seinen Steuern bedeutet, noch drückender macht. Der deutsche Staat überbürdet seinen Bürger mit zu vielen Lasten. „Ubi bene, ibi patria" — bei Frankreich geht es uns zum mindesten auch nicht schlechter. Die republikanische Idee beginnt Wurzeln zu schlagen, auch weil die Erzählungen der französischen Kriegsgefangenen, die ja zum großen Teil als Landarbeiter bei den Bauern lebten, „über die republikanische Staatsform ihrer Heimat nicht ohne Einfluß auf die ländliche Bevölkerung geblieben" sind[56].

Im August 1918 berichtet eine Münchner Hausfrau über ihre Fahrten aufs Land und die Eindrücke, die sie dort gewonnen hat[57]. Sie schildert die meisten Bauern als „unverständig, hartherzig und wenig vaterländisch gesinnt". Ihrer Beobachtung nach sind sie der Meinung, sie könnten die Städter und die „Großkopfeten" zwingen, „auf eine Beendigung des Krieges zu dringen", indem sie sie aushungerten.

Die Schreiberin vermutet außerdem, sie wollten nicht verstehen, „was ein verlorener Krieg bedeutet" und stünden zumeist auf dem Standpunkt: „Als Engländer geht's uns auch nicht schlechter und es ist ganz Wurst, wer uns bezahlt, oder an wen wir Steuer zahlen."

Wir haben gesehen, wie sich im Kriege eine außerordentlich starke Abneigung gegen Preußen entwickelte — wir werden das an anderer Stelle noch eingehender betrachten —, die sich mit der immer stärker werdenden Sehnsucht nach Frieden verband und auf dem Lande in die absolute nationale Indifferenz einmündete.

Der bayerische Vorsitzende des Volksvereins für das katholische Deutschland und Chef der „Vaterländischen Volkshilfe", Pfarrer Dr. Meßmer, berichtet[58], er höre immer wieder die Meinung, *„daß Bayern heute im Krieg nicht mehr mitzugehen bräuchte*, da der Krieg ja doch

---

[54] Kr. Pr. A., Auskunftsstelle, 15. 8. 17, MInn 66329.

[55] Klammer im Original.

[56] Volksstimmungsbericht *Sonnenburg* f. Sept. 17, S. 2, MK 19289.

[57] Ida *Onnicke* an MKr., 12. 8. 18, MInn 66331.

[58] Am 28. 6. 1917, übersandt am 14. 7. 1917 von MKr. an MKultus., MK 19288.

nur für die Preußen geführt würde und die Feinde gegen Bayern nichts hätten". Die Aspirationen Ludwigs III. auf das Elsaß, überhaupt seine annexionistische Gesinnung, brachte den König in den Ruf, er sei ein „halber Preuße, wolle den Krieg für Preußen möglichst lang führen, habe sich verpflichtet, dafür, daß Elsaß an Bayern komme, unsere Lebensmittel an Preußen hinaufzuliefern".

Der König wurde in den Haß auf Preußen einbezogen, denn er schien Bayern um seiner dynastischen Interessen willen zum preußischen Hilfsgebiet zu machen, der preußische Vollstreckungsgehilfe in Bayern zu sein. Das Mißtrauen in Ludwigs dynastische Pläne entsteht aber nicht erst 1917.

Als 1915 die Verhandlungen um den Kriegseintritt Italiens liefen, tauchte im Berchtesgadener Land das Gerücht auf, Österreich solle für seine etwaigen Abtretungen an Italien mit Berchtesgaden und der Grafschaft Glatz entschädigt werden, „während Bayern durch Zuteilung eines Teiles vom Elsaß schadlos gehalten werden soll; dem bayerischen Hofe würden die Jagden im Bezirke Berchtesgaden, das Königliche Schloß und die Königliche Villa in Berchtesgaden vorbehalten"[59], Bayern also würde für den Frieden an der Südgrenze zahlen müssen, aber nicht der König.

Im September 1918 war die Siebenhundertjahrfeier Straubings geplant. Ende Juli hörte sich ein Regensburger Bürger ein Gespräch von etwa 25 Frauen an, die im Zug von Straubing nach Geiselhöring fuhren, und gab das Gehörte voller Entsetzen weiter[60]:„ Jetzt kommt der König zu uns — den braucha ma a no — der soll mit seine Trudeln daheim bleibn — Unser Bürgermeister, der Depp is extra nach München g'fahrn und hat'n eig'ladn — da schreins immer von den Schulden — de Dekration wird wieder a Geld kostn — a Festfressen wollns a gebn — mir braucha an Dr- — Der soll nur kema — mir habens scho ausgmacht — mit de fauln Kartoffeln wird er empfanga. De moana, wenns a Militär hinstelln, dös hilft eana was — die Soldaten helfa alle zu uns — dö ham von dem Schwindel a gnua!" Die Feier wurde „angesichts der Zeitläufte aufgegeben", war die Konsequenz des Stadtmagistrats Straubing[61]. Diese Stadt gehörte zu jenen fünf Orten, in denen am 7. November 1918 die Revolution ausbrach.

---

[59] BA. Berchtesgaden an Reg. Obb., 20. 3. 1915, MInn 66326.

[60] Hans *Erhard* an kgl. Garnisonskommando Regensburg, 1. 8. 1918, MInn 66331.

[61] Vermerk v. 27. 8. 18 auf einem Umlaufzettel, der mit diesem Brief am 22. 8. 18 vom Innenministerium nach Straubing und Regensburg zur Stellungnahme geschickt wurde.

5. Arbeiterschaft

Die Arbeiterschaft im Krieg war nicht mehr dieselbe wie in der Zeit des Friedens. Die Einberufungen hatten ihren gewerkschaftlich organisierten Stamm[1], oft die tüchtigsten Gewerkschaftsmitglieder, an die Front verpflanzt; die Arbeiterschaft bekam ein neues Gesicht und wandelte ihren Charakter, sie wurde bestimmt durch „orts- und berufsfremde Elemente, Frauen, Mädchen, Jugendliche, Ausländer und Kriegsgefangene".

Bauernknechte entflohen der übermäßigen Arbeit auf dem Lande und gingen in die Fabrik[2], die Werkstätten füllten sich mancherorts mit den Bewohnern besetzter Gebiete[3]. Sie wurden ebenso wie viele norddeutsche Arbeiter nach Bayern gebracht, um hier eine eigene Rüstungsindustrie aufzubauen.

Diese Norddeutschen, die auf militärische Anordnung hin — also nicht aus eigenem Entschluß — nach dem Süden kamen[4], neigten ganz besonders stark zur USPD hin, vermutlich nicht nur aus politischer Überzeugung, sondern auch aus Protest gegen die ihnen kaum verständliche Verpflanzung nach dem Süden. Sie sind es, die als die Protagonisten der bayerischen Januar-Streiks gelten, obwohl die amtlichen Akten, die während des Streiks entstanden, bei ihnen kein Verhalten zeigen, das von dem der einsässigen Arbeiterschaft unterschieden wäre.

Die Firmenleitung der Bayerischen Geschützwerke Friedrich Krupp verwahrte sich jedenfalls[5] energisch gegen den Pressevorwurf, die Streiks seien durch ihre „aus Norddeutschland übersiedelten Arbeiter hervorgebracht worden". Eine Richtigstellung sei zwar jederzeit möglich gewesen, wurde jedoch unterlassen, weil die Firma glaubte, „durch Übernahme des uns aufgelasteten Odiums wesentlich zur Ruhighaltung der übrigen Münchner Betriebe" beizutragen.

Die Lebensbedingungen der Arbeiterschaft wurden bestimmt von den Faktoren Arbeitszeit, Löhne, Lebenshaltungskosten und Lebensmittelrationierung.

---

[1] Hierfür u. f. d. folgende: Bericht Büro für Sozialpolitik vom 15. 9. 1917, S. 4, MKr 14029, Stück 67.

[2] siehe oben S. 113.

[3] Der Beauftragte der Kriegamtstelle München in Augsburg beklagt sich am 15. 8. 1917, daß die Gewerkschaft in den Gögginger Zwirnfabriken auch die belgischen Arbeiter in ihre Hetze einzuspannen versuchte. Best. 1914/18, St. G. K. I. b. AK., Fasz. 204.

[4] Bericht Reg. Schwaben üb. USPD-Verbreitung, 22. 5. 18, MInn 26284.

[5] Bayer. Geschützwerke Friedr. Krupp an *Brettreich*, 1. 3. 18, MInn 66283.

In der Dachauer Pulverfabrik[6] als beliebigem Beispiel bestand 1916 die Sechstagewoche mit neun Stunden Arbeitszeit täglich, wöchentlich also vierundfünfzig Arbeitsstunden. Ein ungelernter Arbeiter konnte im Januar 1916 in der Woche 23 Mark, eine Arbeiterin 13,50 Mark verdienen. Zur gleichen Zeit zahlte das Eisenbahnschwellenwerk Kirchseeon[7] bei gleicher Arbeitszeit 33,25 Mark in der Woche, im Monat 133 Mark. Ein Krankenwärter in der Nervenheilanstalt Eglfing erhielt bei freier Verpflegung und Wäsche 85 Mark monatlich. Im März 1917 beschwerte sich das Bezirksamt Kronach über die unverhältnismäßig hohen Löhne[8]; „junge Burschen und Mädchen von 14—16 Jahren verdienen wöchentlich bis zu 45 Mark; Familien, in denen mehrere Mitglieder arbeiten, kommen auf 4—600 Mark Monatsverdienst", und resümiert: „Ein Sparzwang wäre dringend zu wünschen." Im November 1917 betrug der Durchschnittslohn eines Arbeiters 4,50 Mark täglich[9], in der Woche also 27 Mark und monatlich 112,50 Mark. Die Januarstreiks gingen an der gesamten Oberpfalz spurlos vorüber. Nur in Burglengenfeld streikten zwanzig Frauen, weil sie ihren Stundenlohn von 35 auf 40 Pfennig erhöhen wollten.

Das Streikziel wurde nicht erreicht[10].

Die häufig wiederkehrende Anschauung, die Arbeiter verdienten zu viel — wir kennen den Vorschlag, einen Sparzwang einzuführen — ist wohl kaum verständlich. Man muß von der Vermutung ausgehen, daß er, da er hauptsächlich auf Jugendliche gemünzt ist, die tatsächlich mehr verdienen konnten, als unbedingt zum Leben nötig war, dem Gedanken des Jugendschutzes entspringt, der eben in dieser Kriegszeit erheblich an Bedeutung gewinnt und sich besonders gegen Alkohol- und Nikotinmißbrauch wendet und jugendliche Ausschreitungen mit besonderer Sorge betrachtet.

Die Lebenshaltung nicht nur der Arbeiterschaft war bestimmt vom verfügbaren Geld, von den Lebensmittelpreisen und der öffentlichen Versorgungswirtschaft. Sie wird beeinflußt von den verschiedensten Schwierigkeiten und Engpässen, die je nach Ort und Zeit verschieden sind.

Im Januar 1915 wendet sich der völlig verzweifelte Bürgermeister eines Industriedorfes an den Kriegsminister[11], weil er frühmorgens

---

6 K. B. Feldzeugmeisterei an MKr., 25. 1. 1916, MKr 12823.
7 Patriot. Bauernverein Tuntenhausen an MKr., 21. 1. 1916, MKr 12823.
8 BA. Kronach an Reg. Ofr., 10. 3. 1917, MInn 66445.
9 Landrat Linus *Funke*, Ausführungen bei der Sitzung des Beirats für Ernährungswesen, 3. 11. 1917, Protokoll S. 18, MInn 66329.
10 Wochenbericht Reg. Opf. an MInn., 4. 2. 18, MInn 66283.
11 Gemeindeverwaltung Grafenwiesen an MKr., 28. 1. 15, MKr 12819.

von fünfzig Arbeiterfrauen um Mehl für die Milchsuppe angegangen wurde. Er hatte keines und wandte sich an das Bezirksamt Kötzting. Der Bezirksamtmann entschied, daß, wer Mehl hätte, davon abgeben sollte. „Dieß (!) habe ich in der Gemeinde veröffentlicht, dieselben geben aber trotzdem keines her. Ich bitte um Rat."

Gerade solche eher anekdotischen Begebenheiten zeigen uns, wie angespannt und verkrampft die Ernährungssituation der Arbeiterschaft — aber nicht nur die ihre — war; von welch grotesken Erscheinungen oftmals die nächste Mahlzeit abhing.

Im März 1915 befürchtete die Pulverfabrik Ingolstadt[12], daß viele Arbeiter abwandern würden, weil der Fabrik monatlich nur noch 72 Hektoliter Bier — gegenüber 120 vor dem Krieg — für sie zur Verfügung standen; denn die Arbeiter wären mehr denn je auf das Bier als Nahrungsmittel angewiesen, weil der Brotverbrauch so stark eingeschränkt und das Fleisch zu teuer sei. Am 1. Februar dieses Jahres war der Mehlverbrauch für das ganze Reich auf 200 g täglich festgelegt[13].

Im August 1915 waren in der Pfalz in einem Vierteljahr die Fleischpreise um 50—70 % gestiegen. Der Bürgermeister von St. Ingbert kaufte deshalb für die Berg- und Eisenindustrie-Arbeiter „zur Beschaffung billiger Fleischnahrung für die minderbemittelte Bevölkerung" die Schlachtabfälle der benachbarten Feldschlächtereien auf[14]. Über die Beschaffenheit dieser Schlachtabfälle wird nichts gesagt; daß sie gegessen wurden, läßt uns den Hunger der Menschen ahnen. Der Einzelne war auf jedes Gramm Lebensmittel angewiesen. Die geringste Versorgungsstörung konnte Krawalle auslösen, so geschah es im Herbst 1916 in Neustadt an der Waldnaab, in ganz Franken drohten Unruhen wegen der schlechten Kartoffelversorgung[15].

Im Spätsommer 1916 wird der Durchschnittslohn eines Arbeiters im Reich mit 35 Mark in der Woche angenommen[16]; in einer Ausarbeitung über die Lebensverhältnisse eines Arbeiters, der für einen Fünfpersonenhaushalt sorgt — was wohl häufigen Verhältnissen entspricht, reicht der Verdienst gerade für das Allernötigste; für Taschengeld, Steuern, Bekleidung und Seife bleiben insgesamt 77 Pfennig übrig. Wenn die festen Ausgaben für Wohnungsmiete, Feuerung, Fahr-

---

12 Pulverfabrik Ingolstadt an K. B. Feldzeugmeisterei, 17. 3. 1915, MKr 12820.

13 Erlaß *Soden* an Bezirksämter, 21. 3. 1915.

14 Aktenvermerk MKr., 10. 8. 15, MKr 12822.

15 Monatsbericht des st. G. K. III. b. AK. Nbg., 2. 11. 1916, MKr 12842.

16 Hierfür u. f. d. folgende: Undatierter Volksstimmungsbericht des st. G. K. III. b. AK. in Nürnberg für September 1916, MKr 12842.

gelder und Versicherungen bezahlt sind, bleibt noch Geld für 45 Pfund Kartoffeln (3,15 Mark), 450 Gramm Butter (2,40 Mark), 17 1/2 Pfund Brot (3,90 Mark), knapp 6 Liter Milch (2,80 Mark), 2 1/2 Pfund Fleisch (6,25 Mark), 650 Gramm Zucker (60 Pfennig), 5 Eier (1,45 Mark), Salz, Essig, Zwiebeln, Kaffeersatz (zusammen 70 Pfennig). „Im Grunde genommen lebt die Familie anscheinend nur von Brot und Kartoffeln... Für Gemüse, Graupen, Grütze ist kein Pfennig mehr übrig. Kleider, Schuhzeug und Wäsche dürfen nicht erneuert werden, ja es reicht sogar nicht einmal dazu, die nötige Seife zum Waschen der Wäsche zu kaufen."

Die Situation ist also schon 1916 derart, daß für mehrköpfige Familien die Rationierung praktisch hinfällig wird, weil das Geld so knapp ist und die Preise so hoch sind, daß die durch die Rationierung gezogenen Grenzen ohnehin aus Geldmangel nicht überschritten werden können, andererseits bedeutet jede Einschränkung des Verbrauchs an Grundnahrungsmitteln Steigerung des Hungers, weil das unfreiwillig gesparte Geld für alle Ausweichversuche zu wenig ist. Derart existenzbedrohende Not aber provoziert unweigerlich bei jeder weiteren Einschränkung Krawalle, und sie sucht Schuldige.

Als im Winter und Frühjahr 1916/17 die Kartoffelvorräte nicht ausreichten und auch noch die Brotrationen gekürzt werden mußten, ohne daß Ersatz vorhanden gewesen wäre, wurde alles irgend verfügbare Vieh im großen „Schweinemord" geschlachtet, um Futter zu sparen und vor allem Ausweichlebensmittel auf den Markt zu bringen, „sonst wären Streiks von unabsehbarer Tragweite zu befürchten gewesen"[17].

Um die Arbeitskraft der Arbeiter zu erhalten, richteten größere Unternehmen Fabrikküchen ein. In Norddeutschland bezogen fast alle derartigen Unternehmen zusätzliche Nahrungsmittel mit staatlicher Duldung vom Schwarzen Markt. In Bayern erhielten sie zusätzliche Zuweisungen oder bessere Waren vom Staat. In Nürnberg erregte es großes Ärgernis, daß im Juli 1917 Kartoffeln nur noch für diese Fabrikspeisung zur Verfügung standen[18]. Als sich Kaiserslauterer Betriebe weigerten, Sonderzuweisungen von Klippfischen und Heringen anzunehmen, wurden sie für die Zukunft von weiteren Zusatzlieferungen ausgeschlossen.

Im Oktober 1917 hatten die bayerischen Behörden große Angst vor dem kommenden Winter, die Kohlen fehlten. Sonnenburg stellte diesen

---

[17] Rede *Brettreichs* bei der Besprechung mit Vertretern landwirtschaftlicher Organisationen, 28. 6. 17, S. 5, MInn 66328.

[18] Hierfür u. f. d. folgende: Volksstimmungsbericht *Sonnenburgs* f. Juli 1917, S. 29, MK 19288.

Mangel noch über die Ernährungsnot[19], bezeichnete ihn als die „ernsteste aller bisherigen, während der Kriegszeit zu überwinden gewesenen Schwierigkeiten". Für den Fall, daß es nicht gelänge, den Mangel rechtzeitig zu beheben, rechnete er mit den „allerernstesten Zwischenfällen", bei denen nicht abzusehen sei, „wo schließlich die entfesselte Leidenschaft und Verzweiflung hält". Die Gewerkschaftsführer erklärten für diesen Fall, daß ihnen dann die Massen entglitten. Die Revolution nahm greifbar Gestalt an. Die Januarstreiks waren deren Vorboten. Sonnenburg urteilte gewiß richtig[20], wenn er selbst sie, die doch in ihrer Zielrichtung so eminent politisch waren, letzten Endes auf das Ernährungsproblem zurückführte.

Jeder, der hungerte, sah, daß es auch Menschen gab, die genug zu essen hatten, sie wurden zum Haßobjekt. Ganz besonders deutlich wird das neben den Klassengegensätzen bei der Gegenüberstellung mit dem Fremdenverkehr.

Im Sommer 1917 mußte Brettreich feststellen[21], daß die „Gegensätze zwischen Fremden und Einheimischen ... in manchen Orten, namentlich mit Arbeiterbevölkerung schon einen für die öffentliche Ordnung wie für die politische Stimmung recht bedenklichen Grad erreicht haben", die immer weiter gesteigert werden, wenn die Fremden weiterhin in jeder Menge Lebensmittelpakete nach Hause schicken.

Die Gastwirte kamen den Ansprüchen der Fremden soweit als ihnen möglich entgegen und ignorierten alle behördlichen Anordnungen. Sie boten genügend Fleisch und nahmen häufig keine Marken. „Auf diese Weise kann sich der Fremde eine unverhältnismäßig gute Verpflegung verschaffen[22]." Der Einheimische schaute mit knurrendem Magen zu.

Im August 1918 konnten die Arbeiterführer in Füssen nur unter letztem persönlichen Einsatz einen Marsch der Arbeiter der Sailerwarenfabrik nach Hohenschwangau verhindern[23], wo sie die Fremden mit Gewalt vertreiben und die Vorräte der Gaststätten verspeisen wollten. Die Arbeiterführer verlangten vom Bezirksamt, das Gebiet sofort für den Fremdenverkehr zu sperren, sie könnten sonst „für keinen weiteren Tag die Verantwortung tragen, daß nicht Aufruhr und Gewalttat entstehe". In Pfronten druckten die Arbeiter zur gleichen

---

[19] Volksstimmungsbericht *Sonnenburg* für Oktober 1917, S. 2, MK 19289.

[20] Volksstimmungsbericht *Sonnenburg* für Februar 1918, S. 3 f., MK 19289.

[21] Rundschreiben *Brettreichs* an wichtige bayerische Zeitungen, 25. 8. 1917, MInn 66447.

[22] Bezirksamtsassessor Dr. *Woerner* bei der Sitzung in MInn. am 13. 7. 18 über Bekämpfung des Schleichhandels, Niederschrift S. 3, MInn 66449.

[23] BA. Füssen an MInn., 30. 8. 18, Best. 1914/18, St. G. K. I. b. AK., Fasz. 203.

Zeit Plakate, „die den Fremden den sofortigen Abzug bei Meidung von Gewalt“ befahlen[24].

Der Bezirksamtschef stellte schließlich fest, daß nur noch die „völlige Ausschaltung des gesamten Fremdenverkehrs“ einen „Aufstand der aufs höchste verbitterten Arbeiterbevölkerung“ verhindern könnte.

Hier wie so oft waren die SPD und die Gewerkschaften die Bewahrer der öffentlichen Ordnung.

Es ist notwendig, das Verhältnis der Arbeiterschaft zu ihnen kurz zu umreißen, um diese Einflußmöglichkeit der Arbeiterführer beschreiben zu können.

Die Bedeutung der christlichen und der nichtsozialdemokratischen Gewerkschaften tritt neben ihnen schon nach den Mitgliederzahlen weit in den Hintergrund. Zu ihnen gehört insgesamt nur etwa jeder zehnte organisierte Arbeiter. Die Zugehörigkeit zu ihnen hat politischen oder weltanschaulichen Bekenntnischarakter; denn nur darin kann ihre Existenzberechtigung bestehen, daß sie Sondergruppen versammeln, die bewußt nicht zur Sozialdemokratie, der einhelligt als berufene Interessenvertretung der Arbeiterschaft betrachteten Organisation, gehören.

Die beste Quelle für die Geschichte aller Gewerkschaften in der Zeit des Weltkrieges sind die Berichte des Büros für Sozialpolitik[25], das dem Preußischen Kriegsministerium unterstand. Diese Berichte ermöglichen äußerst informative Einblicke in die Geschichte der organisierten Arbeiterschaft während des Weltkrieges. Der Leiter dieses Büros, Prof. Dr. Ernst Francke, kann zu den bedeutenden deutschen Sozialpolitikern gerechnet werden. Er war im Laufe seines Lebens Generalsekretär der Gesellschaft für soziale Reform, gab während des Krieges die „Soziale Praxis“ heraus und war später Chefredakteur der Münchner Neuesten Nachrichten.

Bei Kriegsanbruch hatten die deutschen Gewerkschaften einschließlich der christlichen etwa 3 Millionen Mitglieder[26]. Durch die Einberufung zum Kriegsdienst verloren sie in den beiden ersten Kriegsjahren 65—70 Prozent ihres Mitgliederbestands[27]. Im Verlauf des Jahres 1917 kamen sie wieder auf etwa die Hälfte des Vorkriegsstandes. Mehr

---

[24] Wie hier Anm. 23.

[25] Diese Berichte sind u. a. gesammelt in dem Akt MKr 14029 und würden wohl verdienen, in einer eigenen Publikation veröffentlicht zu werden.

[26] Hierfür u. f. d. folgende: Bericht Büro f. Soz. pol. v. 15. 1. 1918, S. 1, MK 19289.

[27] Daraus läßt sich schließen, daß eben auch wenigstens 65—70 % aller Arbeiter eingezogen wurden.

als die Hälfte der neugewonnenen Mitglieder waren Frauen. So zeigt sich auch von dieser Seite her die innere Umschichtung der Arbeiterschaft während des Krieges. Dieser Mitgliederzuwachs rührt in erster Linie von zahlreichen Erfolgen der gewerkschaftlichen Lohnpolitik her, die die Gewerkschaften vor dem Hintergrund der allgemeinen Not recht attraktiv machten[28]. Das „Bewußtsein der Verbesserungsbedürftigkeit ihres Loses“ war ein zweifellos stärkerer Antrieb zum Beitritt als „das nicht à priori vorhandene Solidaritätsgefühl“[29].

Dabei bemühten sich die Gewerkschaften keineswegs nur um die Interessen der organisierten Arbeiterschaft, sondern traten auch sehr energisch für die Belange von Gruppen ein, die ihnen fernstanden, wie etwa für das ländliche Dienstpersonal.

So wandte sich das bayerische Gewerkschaftskartell am 24. März 1915 in zwei energischen Briefen an das Kriegsministerium gegen das Kündigungsverbot für landwirtschaftliche Arbeiter[30], indem es einmal auf die häufig recht unsoziale Arbeitgeberhaltung mancher Bauern hinwies und zum anderen wenigstens die Einrichtung von Schiedsgerichten bei ernsten Konflikten und die Festsetzung von Mindestlöhnen forderte.

Das starke Engagement der Gewerkschaften und der Sozialdemokratie für die wirtschaftlichen Interessen des Arbeiters war es wohl, die diesen dazu brachte, ihr als einer bewährten Macht in ihren Zielen und politischen Einsichten zu folgen, sie als berufene Führer auch in Fragen des politischen Wohls zu akzeptieren, solange sie durch die Erhaltung halbwegs erträglicher Lebensverhältnisse dieses Vertrauen rechtfertigte.

Als sich die Arbeiterschaft in Norddeutschland im April 1917, im ganzen Reich Ende Januar - Anfang Februar von der USPD und deren Vorläufern zu Streiks hinreißen ließ, waren es die freien Gewerkschaften und die SPD, die diese politisierten Hungerstreiks auf wirtschaftliche Ziele zurückschraubten und so erstickten.

Erst im Spätsommer 1918 begann die Arbeiterschaft, sich von der allzu eng mit dem Staat verknüpften Sozialdemokratie zurückzuziehen, ohne diesen Weg bis zu den Unabhängigen oder noch weiter nach links zu gehen. Der Gewerkschaftler hatte nur noch Macht über sie, wenn seine Bindungen an den Staat unsichtbar blieben.

---

[28] Bericht Büro für Sozialpolitik vom 15. 11. 1917, S. 3, MKr 14029.

[29] Bericht Büro für Sozialpolitik vom 15. 9. 1917, S. 1 f., MKr 14029.

[30] Beide Briefe in MKr 12820.

In einem Geheimschreiben an seine Ministerkollegen berichtet Brettreich am 21. August 1918[31] über ein Gespräch mit sozialdemokratischen Arbeiterführern aus Nürnberg - Fürth, die die Zuversicht der Regierung nicht mehr teilen konnten, „daß wir den Krieg wirtschaftlich durchhalten könnten“. Die Entbehrungen der Bevölkerung hätten einen Grad erreicht, in dem mit dem baldigen Zusammenbruch gerechnet werden müßte.

Die Gewerkschaften aber verlören das Vertrauen der Arbeiterschaft, weil sie zu einer Regierung hielten, „die ihre Versprechungen auf Besserung der Lage nicht einzulösen vermocht und statt dessen immer nur neue Opfer und Entbehrungen verlangt und dadurch das Vertrauen des Volkes verloren habe. Sie würden für diese Enttäuschung mitverantwortlich gemacht, weil sie durch ihre Mitarbeit keine Besserung erreicht hätten, und sie stünden daher vor der Gefahr, ihren Einfluß auf die Arbeiterschaft zu verlieren“. Für den Fall also, daß die Regierung keine Besserung der Ernährungslage herbeiführen könnte, müßten sie ihre Mitarbeit am Staate einstellen. Die Regierung konnte die Ernährungslage nicht bessern, und die Gewerkschaften stellten ihre Mitarbeit am Staate auch nicht ein, im Augenblick der Revolution hatten sie ihr Prestige verloren, bis dahin versuchten sie, sich äußerlich von ihr zu distanzieren, zugleich aber faktisch sie zu stützen. Am 30. Juli bat Erhard Auer im Innenministerium „von der Verleihung von Anerkennungsurkunden für Kriegsarbeit an die sozialdemokratische Presse und Gewerkschaften abzusehen“[32], und schon vorher, Mitte Juni, machte er sein Eingreifen bei drohenden Streiks in Nürnberg davon abhängig, daß ihn keinerlei amtliche Stelle bei seinen Bemühungen unterstütze; „denn es würde unter der Arbeiterschaft sofort die Meinung Platz greifen, daß es sich um eine zwischen der Regierung und ihm abgekartete Sache handle“[33].

Die Arbeiterschaft hatte sich nicht nur von der Regierung losgesagt, sie begann auch, „sich von ihrer Parteileitung freizumachen“[34].

Das Verhältnis der Arbeiterschaft zur Regierung ist damit für die Endphase des Krieges bereits gekennzeichnet. Es ist im wesentlichen indirekt und richtet sich nach der Stellung der Sozialdemokratie, die die wesentlichste Arbeiterinteressenvertretung ist. Für die Zeit vor 1918 gibt es nicht genügend ausreichend aussagekräftige Quellen, um über das bereits Gesagte hinausgehen zu können.

Ebenso spärlich wie für die Einstellung zur Regierung sind solche Quellen, mit denen sich eine besonders starke Sehnsucht nach Frieden

---

[31] MInn. geheim an MA. u. übrige Min., 21. 8. 18, MInn 66331.
[32] Aktennotiz Bezirksamtmann *Geiger*, 2. 8. 18, MInn 66331.
[33] Aktennotiz *Zetelmeier* in MInn., 14. 6. 1918, MInn 66284.
[34] Stimmungsbericht *Sonnenburg* für August 1918, S. 3, MK 19290.

oder revolutionäre Tendenzen nachweisen lassen. Wenigstens der Wunsch nach Frieden war gewiß vorher schon vorhanden. Die Berichte des Büros für Sozialpolitik bringen für den norddeutschen Raum viele Beispiele, aber für die bayerische Arbeiterschaft schweigen die Quellen bis zum Ausbruch des Januarstreiks, die immer wieder auf die drei Ursachen: Betätigung der Vaterlandspartei, Ernährungssorgen und Friedenssehnsucht zurückgeführt werden, wobei letztere gewiß wesentliche Folge des Hungers ist.

Das politische Gedankengut der Arbeiterschaft — nicht das ihrer politischen Vertreter — liegt ebenfalls stark im Dunkeln, es ist nirgends erkennbar, daß die zahllosen propagandistischen Beeinflussungsversuche von allen Seiten eine stärkere Wirkung hatten.

Am stärksten treten noch die Abneigungen, die sozialen Spannungen hervor. Im November 1916 berichtet der Kommerzienrat Wirth[35], daß sich das Verhältnis zwischen Arbeiter und Unternehmer „mit der langen Dauer des Krieges fortschreitend ungünstiger gestaltet habe". Der Arbeiter erkenne die Bemühungen der Unternehmer, seine wirtschaftliche Lage zu verbessern, nicht an und verärgere diesen so. „Das gegenseitige Verständnis unter den Angehörigen des einzelnen Betriebs ist verlorengegangen."

Die heftigen innenpolitischen Auseinandersetzungen des Jahre 1917 neutralisieren die staatliche Einigkeitspropaganda[36]. In der Vaterlandspartei sahen die meisten Arbeiter das „Bestreben des Kapitalismus, sich eine Stütze zu sichern für die Zeit nach dem Kriege"[37], denn der Arbeiter verstand 1917 den Krieg noch als einen Kampf „für Ideale, für Deutschlands Sicherheit und Freiheit, nicht aber für den Kapitalismus, der sich breit machen und auch staatlich geschützt werden werden wolle". Die Vaterlandspartei aber, deren Mitglieder hauptsächlich dem Großbürgertum zugehörten, vertrat doch in erster Linie Macht- und Wirtschaftsinteressen und rekrutierte sich außerdem noch vor allem aus den Kreisen, die mit ihren annexionistischen Programmen den Burgfrieden, zu dem sich die Sozialdemokratie leidenschaftlich bekannt hatte, am ärgsten gestört hatten. Der Arbeiter mußte die Besorgnis haben, „daß der Krieg, der noch Verteidigungskrieg sei, hinübergeführt würde auf die Wende des Eroberungskrieges".

Johannes Timm, der das ausführte, gehörte zu den führenden Sozialdemokraten Bayerns und so war er gewiß mit am besten informiert.

---

[35] In der 13. Sitzg. des Beirats für Ernährungswesen, MInn 66327.

[36] BA. Kronach an Reg. Opf., 10. 3. 17, MInn 66445.

[37] *Timm* bei der Sitzung des Beirats für Aufklärungsfragen, Niederschrift S. 7 f., MInn 66329.

Seine Ausführungen zeigen eben darin, daß die Arbeiter den Willen hatten, den Krieg als einen Kampf für Ideale zu sehen und deshalb zu ihm stehen, und daß sie die machtbesessene Vaterlandspartei bekämpften, daß der Arbeiter in Eroberungen, in Annexionen überhaupt, keinen Grund sah, Krieg zu führen; daß er vielmehr Eroberungen, die doch fast nur vom Großbürgertum in der Vaterlandspartei gefordert wurden, als eine Machtausweitung des Kapitalismus sehen mußte, die so, in der Machtsteigerung des Kapitals, letztlich seine Stellung schwächten. Durch seinen Charakter als Eroberungskrieg verlor der Krieg seine innere Berechtigung für den Arbeiter. Er betrachtete die Vaterlandspartei in ihrem Annexionswillen als Kriegsverlängererverein.

Im Januar 1918 sprengten Arbeiter eine Versammlung der Vaterlandspartei, als deren 3. bayerischer Vorsitzender, der Münchner Hygieniker Max von Gruber sprechen wollte, mit Zurufen wie „Kriegswucherer, Kriegsverlängerer, ... ‚Hunger hab'n ma', Wir wollen keinen Gewaltfrieden". Daneben gab es Hochrufe auf Trotzki und „Wir brauchen keinen König! Wir brauchen keinen Kaiser[38]!" Es besteht die Möglichkeit, Gruber ist von ihr überzeugt, daß es eine geplante Demonstration der äußersten Linken war, aber davon unabhängig unterstreicht die Episode die geschilderte Ablehnung der Vaterlandspartei und des Annexionismus als kriegsverlängernde Kräfte und kennzeichnet so die Friedenssehnsucht der Arbeiterschaft.

In dem Kampfe gegen die Vaterlandspartei kommt nicht nur Auflehnung gegen die Kriegsdauer zum Tragen, sondern auch ein mehr klassenkämpferisches Motiv nicht nur in Wirtschaftsdingen, sondern auch in der Frage der politischen Gleichwertigkeit des Angehörigen der Unterschichten, kurz: die Wahlrechtsfrage in Preußen. Nachdem Preußen das gewichtigste Glied des Reiches ist, wird an der Haltung dieses Staates zum Arbeiter die des ganzen Reiches gemessen. Deshalb kommt dieser Frage auch in Bayern große Bedeutung zu, sie hatte „auch in Süddeutschland verhetzend gewirkt"[39]. Zu den wirtschaftlichen und machtbedingten Gründen der Preußenfeindschaft fügte sie einen weiteren hinzu. Das Hamburger „Echo" sieht in ihr sogar die Hauptursache für den „Haß gegen Preußen, an dem heute der Haß einer ganzen Welt gegen Deutschland immer neue Nahrung findet und der sich begreiflicherweise auch *in den nichtpreußischen Gebieten Deutsch-*

---

[38] Max *von Gruber* an *Brettreich,* 21. 1. 18, MA 97580 Folio 44—54, Zitat Folio 49 f.

[39] Linus *Funke* bei der Besprechung des Aufklärungsbeirates vom 3. 11. 17, S. 16, MInn 66329.

lands und in den verbündeten wie in den neutralen Ländern immer mehr ausbreitet“[40].

In den Resolutionen der Januarstreiks steht die Frage nach dem preußischen Dreiklassenwahlrecht neben der Forderung nach Frieden denn auch in Bayern immer an der ersten Stelle.

[40] Ausgabe vom 25. 9. 18, Zitiert nach: Bericht Büro für Sozialpolitik, 1. 10. 1918, S. 1, MKr 14029.

V. Die Spannungen[1]

1. Nord — Süd, Preußenhaß

„Seit einer Reihe von Jahren und allmählich verstärkt im Lauf des Krieges sind gewisse preußische Kreise am Werk, um die föderative Verfassung des Deutschen Reiches zu lockern und Deutschland in ein unter überwiegender preußischer Zentralgewalt stehendes Reich mit erheblich gekürzten politischen Rechten der süddeutschen Völker und Dynastien umzuwandeln.

„Diese Bestrebungen entspringen wohl recht verschiedenen Beweggründen. Sicherlich gibt es einige Idealisten, die lediglich aus vaterländischen Erwägungen eine größere Zentralisierung herbeisehnen, da sie nur hierin die Gewähr für eine glückliche Weiterentwicklung Deutschlands erblicken. Für einen weit größeren Kreis von Leuten aber wird der preußische Machthunger ausschlaggebend sein wie auch die auf preußischer Selbstüberhebung beruhende Überzeugung, daß einzig der altpreußische Geist und die preußische Tüchtigkeit ein großes Staatswesen zu leiten vermögen. Eine dritte Gruppe fürchtet die überwiegend demokratische Weltanschauung Süddeutschlands, die im Falle ihres Übergreifens nach Norddeutschland die eigenen Interessen empfindlich beeinträchtigen könnte[2].“

Der bayerische Kriegsminister, der das im Februar 1917, drei Monate nach seinem Amtsantritt schreibt, gibt allgemeine Überzeugungen wieder: Preußen ist im Begriff, aus Idealismus, Machtstreben und Angst vor demokratischen Ideen[3] aus dem föderativen deutschen Reich einen Einheitsstaat zu bauen, dessen Konstruktion sich allein nach preußischen Erfordernissen richte und so die politischen Rechte der süddeutschen Völker und Dynastien erheblich beschneide. Das Ziel, das erkennbar vor allem von nichtamtlichen Kreisen gefördert werde, sei die „Bildung eines alle deutschen Bundesstaaten umfassenden ‚Großpreußen‘ “, seine Protagonisten seien „die preußischen Konservativen unter Heydebrand, die Schwerindustrie und Großkaufmannschaft unter Kirdorff, Thyssen, Krupp und Ballin“[4], insgesamt also

---

[1] siehe hierzu v. a. *Albrecht,* III. 4.

[2] *Hellingrath* an *Hertling*, geheim; 23. 2. 17, S. 1, MInn 66328.

[3] Hier sei nur auf das Dreiklassenwahlrecht verwiesen.

[4] a.a.O. (hier Anm. 2), S. 1 f.

gerade jene Kreise, die zugleich auch am stärksten für Annexionen eintraten.

Hellingrath kann diese Bestrebungen bei „amtlichen Personen“ nicht nachweisen, findet jedoch eine große Zahl von Indizien, aus denen zu schließen ist, daß auch unter ihnen viele an diesem Ziel partizipieren.

So entdeckt er in dem Streben der OHL, „ein unbeschränktes Verfügungsrecht über die bayerischen Generale und Generalstabsoffiziere für sich in Anspruch zu nehmen“, ein „Streben nach Aufhebung oder Einschränkung der Versailler Verträge“[5], also der Reichsverfassung. Besonders ausgeprägt fand er diese Tendenz bei der dem Kriegspresseamt angegliederten Preußischen Oberzensurstelle, bei der er die Absicht feststellt, „das gesamte deutsche Geistesleben nach den Berliner Richtlinien zu zentralisieren und die Provinzpresse in Abhängigkeit von der Berliner Presse zu bringen“[6]. Als Belege gibt er die Tatsache an, daß der Nachdruck aller in der Berliner Presse erschienenen Artikel zensurfrei sei, daß die Heeresberichte nach den Zweckmäßigkeiten der Berliner Presse veröffentlicht werden; manche Zeitungen der Hauptstadt brauchten sich nicht an bestimmte Zensurrichtlinien zu halten. Es ging so weit, daß Provinzblätter manche aktuellen Nachrichten erst bringen durften, wenn sie von Berliner Zeitungen veröffentlicht waren. Um Schwierigkeiten mit bayerischen Behörden aus dem Wege zu gehen, wandte sich die preußische Oberzensurstelle sogar direkt an bayerische Blätter, obwohl das keineswegs in ihren Kompetenzen stand, und versuchte, bei diesen Blättern die bayerische Zensur schlechtzumachen.

Als dann kurze Zeit später das preußische Kriegspresseamt in Verbindung mit neugeschaffenen Propagandabehörden die Aufklärungstätigkeit auch in Bayern übernehmen wollte, konnte Hellingrath das ebenso verhindern wie er vorher die Einflußnahme der Zensurbehörden auf die bayerische Presse unterbunden hatte. Er mußte die Ausdehnung preußischer Ämter auf bayerisches Gebiet bekämpfen, denn anders wäre eine „empfindliche Beeinträchtigung des Ansehens der bayerischen Staatsregierung“ wohl unabwendbar gewesen[7], strebten doch diese Stellen den „unmittelbaren Verkehr mit allen bayerischen Behörden bis zum Landbürgermeister“ herab an[8], ohne sich darüber im klaren zu sein, „wie unbeliebt und wie schädlich für die Stimmung in Bayern derartige Eingriffe in bayerische Verhältnisse sind“.

---

[5] a.a.O. (hier Anm. 2), S. 2.

[6] a.a.O. (hier Anm. 2), S. 3 f.

[7] *Hellingrath an Hertling*, geheim, 25. 5. 1917, S. 4, MInn 66328.

[8] *Brettreich* an *Hertling*, 10. 7. 17, MInn 66328.

„Mag das Deutsche Reich als solches seine Zentrale in Berlin ersehen, so sind wir doch absolut selbständige Bayern, haben unseren König, unser Ministerium, haben unsere Post und vor allem unsere unbeugsame, aber schon ganz unbeugsame Eigenart, und an dieser zu rütteln ist sehr schlimm[9]."

Das aber versuchten preußische Behörden durch ihre Zentralisierungstendenzen. Ungeheure Spannungen nicht nur zwischen den Regierungen waren die Folge; zu den historischen Rivalitäten kamen verfassungsrechtliche und wirtschaftliche neu hinzu. Bayerns Revolution von 1918 richtete sich wenigstens so sehr gegen Preußen wie gegen die Fortführung des Krieges.

Schon ein Jahr, bevor Hellingrath die Zentralisierungstendenzen Preußens beklagte, hatte sich sein Vorgänger Kreß in einem Schreiben an Hertling gegen dieselbe Erscheinung gewandt[10], indem er vorbildliche Ansätze der süddeutschen Staaten zu einer sinnvollen Ernährungsorganisation[11] als Möglichkeit der Stärkung des Föderalismus pries, die aber durch ihre Übernahme durch die Berliner Zentralstellen letztlich den Zentralismus stärkten[12].

Im Mai 1918 berichtete Sonnenburg, die „dauernde Beeinträchtigung der staatsrechtlich gewährleisteten Selbständigkeit Bayerns auf allen Gebieten der Kriegswirtschaft und das Übergreifen dieser gleichmacherischen Zentralisierungstendenzen auf eine Reihe anderer Gebiete sowie die Anzeichen, daß diese Vereinheitlichungsabsichten auch in die Friedenszeit übergreifen sollen, haben allmählich in der ganzen Öffentlichkeit Bayerns und namentlich auch in der Presse starke Beunruhigung entstehen lassen[13]."

Dieser Hang zum Unitarismus war aber nicht nur deshalb so ärgerniserregend, weil er die bayerische Eigenständigkeit bedrohte, sondern auch deshalb, weil die Leitung der politischen und wirtschaftlichen Geschäfte in Berlin von Unfähigkeit gekennzeichnet zu sein schien. Anders läßt sich Hellingraths Wort, daß Bayern „tiefes Mißtrauen in die Fähigkeit und Objektivität der Berliner Zentralstellen" und der Reichsleitung schlechthin hatte, nicht verstehen[14].

Wir wollen die verschiedenen Ursachenstränge im einzelnen verfolgen, nicht sie auf ihre Berechtigung hin untersuchen, sondern davon

---

[9] Ausarbeitung H. *Gottinger,* Motto: die Wahrheit ist die Tochter Gottes, vertraulich, etwa Nov. 17, S. 3, MInn 66329.

[10] *Kreß* an *Hertling,* 28. 5. 16, MInn 66327.

[11] die ich in den Akten nicht entdecken konnte.

[12] Über diese Berliner Zentralstellen siehe *Albrecht,* II. 5.

[13] Pressebericht *Sonnenburg* für April 1918, S. 7, MK 19290.

[14] *Hellingrath* an *Dandl,* 29. 8. 18, passim, Zitat S. 10, MK 19290.

ausgehen, wie sie im einzelnen empfunden wurden und so wirkten. Wir wollen nicht prüfen: was war, sondern: „was sah man und wie wurde es beurteilt, wie wirkte es?"

Der Krieg war Preußens Werk und Bayern wollte Frieden. Diese Anschauung begann spätestens 1916 in manche Köpfe einzudringen. Ein Einsender aus Passau forderte im Dezember dieses Jahres den König auf[15], in „Anbetracht der vielen Familienväter und Söhnen (sic!) die ihr Leben für den Preußischen Größenwahn lassen müssen ..., unser schönes Bayerland von den (sic!) Ruin zu retten, dieser willkürlichen Menschenschlächterei ein Ende zu machen"; der König sollte also dem bayerischen Heer Befehl geben, „zu den Feinden Preußens überzugehen", andernfalls komme die Revolution, die Kugeln sind bereits „für Euch Alle (sic!) gegossen". Zugleich mit der preußischen Kriegsschuld wird der bayerische König der Komplicenschaft beschuldigt und, sollte er nicht bessere Taten zeigen, in den Haß auf Preußen einbezogen. Wir werden dieses Problem, daß sich der Haß auf Berlin gegen die bayerische Regierung richtet, noch näher betrachten.

Im Sommer 1917 war die Anschauung, „*Bayern muß den Krieg nur für Preußen führen,* es hätten die Bayern nicht mitgehen brauchen, der Krieg hätte sie nichts angegangen"[16], bereits soweit verbreitet, daß ihr mit Flugblättern entgegengetreten werden mußte, in denen auf die vielen Vorteile verwiesen wurde, die Bayern durch seine Zugehörigkeit zum Reich genieße, als ob die Abneigung gegen Preußen zugleich Verdrossenheit gegen deutsche Staatlichkeit bedeutet hätte.

Während sich einerseits der Gedanke vom preußischen Krieg, in den Bayern hineingerissen worden sei, verbreitete, entwickelte sich in eigenartiger Paradoxie aus der stolzen Beobachtung heraus, daß bayerische Truppen den preußischen gleichwertig waren, daß sie sich in einzelnen Schlachten bravourös geschlagen hatten, geradezu ein Überheblichkeitsgefühl des bayerischen Soldaten gegenüber dem preußischen, das dann, unter dem Eindruck von Übergriffen, Anmaßungen und Taktlosigkeiten preußischer Offiziere gleichfalls starke Ressentiments gegen Preußen hervorbrachte[17], die sich soweit steigern konnten, daß der bayerische Soldat als preußisches Kanonenfutter betrachtet wurde, daß gerade er immer an den gefährlichsten Frontabschnitten eingesetzt würde[18].

---

[15] Abschriftlich undatiert u. ohne Unterschrift, adressiert an „Eure Majestät König Ludwig von Bayern" beigelegt einem Schreiben MA. an Stadtmagistrat Passau, Dez. 1916, MInn 71519.

[16] Abschrift des Flugblatts von Dr. *Meßmer*, „Ist was Dran?", übersandt von ihm als Anlage zu dem Schreiben vom 28. 6. 17, MK 12988.

[17] *Hellingrath* an *Hertling*, 23. 2. 17, S. 5 f., MInn 66328.

[18] *Hellingrath* an *Dandl*, 29. 8. 18, S. 4 f., MK 19290.

Im Sommer 1917 stellte der Regierungspräsident von Schwaben[19] für sein Gebiet tiefe Resignation fest, der Krieg werde verloren gegeben: „Die Mainlinie taucht wieder überall auf." Das bedeutet wenigstens: Die Bevölkerung kehrt sich ab von Preußen, sucht, die Fesseln zu lösen, und zwar unter dem Eindruck des Krieges, der allzu sehr drückt und dem man durch die Trennung von Preußen glaubt entfliehen zu können.

Wer ihm nicht die Schuld am Kriege gab, hatte andere Ursache, auf Preußen erbost zu sein. Ihm stellte sich die Frage, ob Bayern an der Kriegskonjunktur im selben Maße beteiligt sei, wie an den Kriegsopfern, und er verneinte sofort. Der Fürther Diplomingenieur Otto Ballerstedt fürchtete, daß sich Preußen mit der Erwerbung des Baltikums „auf Kosten der nichtpreußischen deutschen Bundesstaaten bereichern" will, daß es seine eigene Macht „und nicht die des Deutschen Reiches vergrößern" wolle[20].

Man konnte der preußischen Politik „weder Gerechtigkeitsliebe, noch objektive Würdigung, noch gar eine wohlwollende Förderung gegenüber Bayerns berechtigten Ansprüchen und Lebensinteressen" zugestehen[21], man glaubte einfach — mit gutem Grund — „daß die bayerische Kriegsarbeit in Berlin nicht nach ihrem wahren Wert gewürdigt, anerkannt und eingeschätzt werde". Man war sogar der Meinung, Bayern würde systematisch ausgepumpt, „um es auch in Zukunft nicht hochkommen zu lassen", es bestünde die Absicht, „die dummen Bayern nach Kräften niederzuhalten".

Im einzelnen bestanden die Befürchtungen, daß Bayern bei einer Aufteilung des Elsaß womöglich leer ausgehe, und Preußen zu seinen übrigen Annexionen auch dieses Gebiet an sich reiße[22], so daß die kleineren Bundesstaaten „zu kläglichen Schwanzstücken eines preußischen Kolosses" zu werden drohten und die bundesstaatlichen Regierungen „zu Präfekturen des allmächtigen Berliner Zentralwillens herabsinken" müßten.

Gleichgültig also, ob der einzelne Bayer den Krieg verfluchte und den Frieden herbeisehnte, gleich wie er aussehe, oder aber ob er den in erster Linie großbürgerlichen Anhängern des Sieg- und Annexionsfriedens zugehörte, er hatte in beiden Fällen seinen Hader mit Preußen, entweder weil es am Krieg schuld sei oder an der Kriegsdauer,

---

19 Reg. Präs. Schwaben, Wochenbericht v. 9. 7. 17, MInn 66328, vgl. *Albrecht*, III. 4.

20 Otto *Ballerstedt* an *Ludwig III.*, 23. 4. 18, MA 97587.

21 Hierfür u. f. d. folgende: Ausarbeitung Roman *Mayrs* an MKr., 25. 5. 18, MInn 66331.

22 Wie hier Anm. 21.

oder weil es die Kriegsgewinne für sich alleine beanspruchte und so seine Präponderanz im Reich noch verstärkte, beziehungsweise Bayern relativ verkleinerte und zur Bedeutungslosigkeit herabzudrücken drohte.

Beide gemeinsam konnten sie aber verärgert sein über die ständigen Versuche preußischer Behörden, nach Bayern hineinzuregieren und so die bayerische Staatlichkeit — nicht von Reichs, sondern von Preußens wegen — zu durchlöchern.

Neben diesen eher verfassungsgebundenen Ursachen der Abneigung standen, wohl noch gewichtiger, wirtschaftliche. Über den Nahrungsmittelausfuhren, die natürlich die eigene Ernährung noch verknappten, vergaß der einfache Mann die industrielle Abhängigkeit vom Norden[23], im Sommer 1917 kann man bereits von „landläufigen Vorurteilen gegen die Kriegswirtschaft sprechen", die allgemein geläufig seien[24]; die Kriegswirtschaft aber wurde hauptsächlich von den Berliner Kriegsgesellschaften organisiert, und die wieder vernachlässigten die bayerische Industrie bei der Auftragsvergabe, jedenfalls bedachten sie den Norden reichlicher, weil Bayern reichlicher zu essen hätte[25], darüber aber vergrößerte sich auch für die Friedenszeit der Kapazitätsvorsprung der norddeutschen Industrie vor der bayerischen[26]. Es entstanden geradezu groteske Mißverhältnisse; während manche Tageszeitungen in Berlin das Papier für drei Ausgaben täglich erhielten, mußten manche süddeutschen Gewerkschaftsblätter wegen Papiermangel ihr Erscheinen einschränken[27].

Die bayerische Regierung war gezwungen, sich einem Vertrag mit Österreich über den Abbau der Agrarzölle zu widersetzen, weil die bayerische Bauernschaft für die Zeit nach dem Krieg die österreichische Konkurrenz fürchtete. Ein solcher Vertrag hätte hauptsächlich der norddeutschen Großindustrie genützt — niedere Zollbelastung ihrer Produkte in Österreich und billige Ernährung der Arbeiterschaft — und hätte bayerischen Interessen geschadet. Eine solche Regelung mußte in Bayern um so schärferem Widerspruch begegnen, „als die Bevorzugung Norddeutschlands in der gesamten Kriegswirtschaft und die Pläne norddeutscher Kapitalistenkreise, die auf eine weitgehende Vertrustung bei Überleitung der zentralisierten Kriegswirtschaft in die

---

23 *Meßmer:* „Ist was dran?", siehe hier Anm. 16.

24 *Meßmer*, Bericht vom 28. 6. 17, MK 19288.

25 OB. *v. Borscht*, Mch., auf der 13. Sitzg. Beirat f. Ernährungswesen am 6. 11. 1916, MInn 66327.

26 *Brettreich* bei der 30. Ernährungsbeiratssitzung, 22. 8. 17, S. 46, MInn 66328.

27 *Timm* bei der Sitzg. des Aufklärungsbeirats am 3. 11. 17, S. 23 f., MInn 66329.

Friedenswirtschaft gerichtet sind, ohnehin schon genügend Zündstoff für Mißstimmung bieten"[28].

Im Mai 1918 sah Sonnenburg voraus, „daß das weitere Außerachtlassen begründeter bayerischer Wünsche auf wirtschaftlichem Gebiete geeignet ist, auch politisch zu schweren Erschütterungen zu führen", denn nachdem Bayern auf allen Gebieten seine Kriegsopfer „gern und reichsfreudig" gebracht habe, war es der Bevölkerung unerträglich, „sich immer wieder auf allen Gebieten des Kriegswirtschaftslebens abhängig oder gar zurückgesetzt zu wissen"[29].

Wir finden den ausgeprägten Wirtschaftsneid des industrialisierungswilligen Bayern auf den industrialisierten großen Bruder, der sich mit seiner politischen Macht immer größere wirtschaftliche Vorteile erobert und so den Abstand immer größer werden läßt, dieselbe Erscheinung, die auf politischem Gebiet bei einem Annexionsfrieden so stark befürchtet wurde, und die sich hier als prophetisch erweisen sollte: Erst in unseren Tagen kann Bayern den wirtschaftlichen Abstand verringern. Wichtiger als die Frage der industriellen Wirtschaft war die der Ernährung. Zwischen Nord- und Süddeutschland bestand ein traditionelles Preisgefälle für landwirtschaftliche Erzeugnisse. Außerbayerische Aufkäufer überschwemmten den für sie so billigen bayerischen Markt und entzogen ihm über die bayerischen Ablieferungsquoten — den Ernährungsausgleich des Reiches und die Lieferungen für das Heer — hinaus, alles Eßbare, dessen sie habhaft wurden. Wenn die bayerischen Behörden sie erwischten und bestraften — sie kauften ja außerhalb des reglementierten Marktes — waren die Strafen niedriger als die Gewinnspannen und hatten keine abschreckende Wirkung. Im Sommer 1915 sah sich Soden bereits gezwungen, die stellvertretenden Generalkommandos zu bitten, auf Grund der Kriegsgesetze mit erhöhten Strafen gegen außerbayerische Viehhändler vorzugehen, die das „für die Viehmärkte bestimmte Vieh schon an den Ausladerampen der Bahnhöfe und auf dem Wege zum Viehmarkt" aufkauften[30].

Im Januar 1916 beklagte sich der bayerische Brauerbund über die dauernden Einschränkungen der Braukontingente, in denen er eine Benachteiligung Bayerns sah; denn in Norddeutschland, wo hauptsächlich Schnaps getrunken würde, hätten die Brennereien ein Zusatzkontingent von 40 000 Doppelzentnern Roggen erhalten, während die Brauereikontingente an Gerste jetzt auf 40 Prozent des Vorkriegsverbrauchs gekürzt werden sollten, obwohl das Bier in Bayern „allgemein

---

[28] Stimmungsbericht *Sonnenburgs* für Dezember 1917, S. 3, MK 19289.

[29] Stimmungsbericht *Sonnenburgs* für April 1918, S. 2, MK 19290.

[30] *Soden* an st. G. Ks., 2. 7. 15, MKr 12821.

nicht nur als Stärkungsmittel bei anstrengenden Arbeiten, sondern in vielen Gegenden Bayerns, namentlich bei der ärmeren Bevölkerung in ländlichen Bezirken in Verbindung mit Brot geradezu als Nahrungsmittel" gelte; während die Reichsbehörden alles Verständnis für norddeutsche Belange aufbrächten, seien ihnen süddeutsche Notwendigkeiten völlig fremd[31].

Als im Laufe des Jahres 1917 die Bekämpfung des Hamstererunwesens auf vollen Touren lief, begannen sich viele zu fragen, was denn mit den beschlagnahmten Waren geschehe, und sie kamen zu dem Ergebnis, die Nahrungsmittel flössen zu den amtlichen „Wucherern" am Kommunalverband, oder sie gelangten nach Preußen[32]. Bauern, die nicht abliefern wollten, gebrauchten häufig das Argument: „Wir müssen alles nach Preußen liefern[33]."

Die Lebensmittelpreise lagen in Bayern ebenso wie die Löhne und Gehälter niedriger als im übrigen Reich. Die Zentralisierung der Ernährungswirtschaft bei den Berliner Zentralstellen brachte naturgemäß die Tendenz zu einer *„Uniformierung aller Preise* fürs ganze Reich" mit sich, was für Bayern neben der allgemeinen Geldentwertung eine zusätzliche Verteuerung der Lebenshaltungskosten bewirkte. So nahm die „Erbitterung gegen die Zentralisierung der gesamten Lebenshaltung in Berlin" von Tag zu Tag zu[34].

Berlin konnte auf dem Gebiet der Versorgungswirtschaft in alles hineinregieren, man sprach dann von der „Rücksichtslosigkeit, mit welcher Berlin fort und fort enteignend dekretiert"[35], es beschlagnahmte das Obst von den Bäumen, „und die Marmeladefabriken brauen daraus ein Kriegsmus zusammen, welches unerschwinglich teuer und miserabel hergestellt, ungenießbar ist". Im Frühjahr 1918 blieben die Ingolstädter Lebensmittelhändler auf dieser Ware sitzen[36], trotz aller Not.

Das Prestige der Münchner Regierung war ungleich höher — 1917. „Die Leute sollen Brennessel sammeln, Berlin diktiert — Die Weiber wollen nicht. Würde München anordnen, es geschähe. Berlin bietet schändliche Preise dafür, verarbeitet sodann das Material und liefert die daraus erzeugte Ware zu Wucherpreisen an uns zurück[37]."

---

[31] Bayerischer Brauerbund an MA., 20. 1. 1916, MKr 12823.
[32] Johann *Götz* an *Brettreich*, 30. 6. 17, MInn 66446.
[33] Flugblatt: „Ist was dran?"; vgl. hier Anm. 16.
[34] Stimmungsbericht *Sonnenburgs* für September 1917, S. 3, MK 19289.
[35] Hierfür u. f. d. folgende: *Gottinger*, a.a.O., hier Anm. 9.
[36] Magistrat Ingolstadt an MInn., 4. 4. 18, MInn 66331.
[37] siehe hier Anm. 35.

Das war es, man hatte das Gefühl, Berlin regiere überall hinein und mache alles teurer, dabei hatte es den Anschein, als stehe hinter dem allem überhaupt kein Konzept, alles sei planlos[38].

Berlin war an allem schuld. „Jede Angelegenheit, die Ernährungsmaßnahmen usw., alles wird auf das Konto der bösen Preußen gesetzt", gleichgültig was auch geschah, jedesmal „sind die bösen Preußen schuld daran, daß die Brotrationen herabgesetzt, der Fleischverbrauch in Bayern eingeschränkt wurde"[39]. Es war eine weitverbreitete Ansicht: „Wir Bayern hätten Brot genug, wenn wir nicht so viel Getreide nach Norddeutschland abgeben würden", berichtet der Bezirkslehrerverband im Sommer 1918[40]. Es standen die ärgsten Versorgungskürzungen des Krieges bevor, und darüber ging in vielen Herzen die Reichseinheit in die Brüche.

Außerordentlich verschärft wurde die durch administrative Maßnahmen geschaffene Situation durch die Auswüchse des Fremdenverkehrs und der privaten Lebensmittelausfuhr, deren Anfänge wir 1915 bei den Praktiken der Viehhändler beobachten konnten.

Die Gästezahlen aus Norddeutschland stiegen im Kriege sprunghaft an. 1916 sah das stellvertretende I. bayerische Generalkommando dem Winter mit Besorgnis entgegen, weil die Fremdenanmeldungen für die Wintersportgebiete „sich im Vergleich zu der bisher gewohnten Besucherzahl derart gemehrt" hatten und geeignet waren, „große Beunruhigung in die Bevölkerung zu tragen und die Stimmung gegen Norddeutschland nicht gerade günstig zu beeinflussen". Auf Grund der Erfahrungen des eben vergangenen Sommers sei es angebracht, den Fremdenstrom einzudämmen, weil es unmöglich sei, „die Fremdenbetriebe zu jenem Maße sparsamer Ernährungswirtschaft zu erziehen, wie es die Rücksichtnahme auf die Versorgung und den notwendigsten Lebensbedarf der einheimischen Bevölkerung erforderte"[41]. Kurz, die Fremden konnten sich in den Gaststätten besser verpflegen als die Einheimischen, die Wirte schafften das Nötige aus dunklen Kanälen herbei, und die Einheimischen konnten knurrenden Magens zusehen. Die Fremden aber fuhren heim und erzählten, wie gut es sich in Bayern leben lasse, und im nächsten Jahr schwollen die Fremdenzahlen weiter an.

---

[38] *Brettreich* auf der Besprechung des Aufklärungsbeirats, 3. 11. 17, S. 28, MInn 66329.

[39] Ausführungen Dr. *Eiseles* von der Kölnischen Volkszeitung auf der Pressebesprechung vom 21. 5. 18 des Kriegspresseamtes; vertrauliche Aufzeichnungen Nr. 377, MK 19290.

[40] Bezirkslehrerverband Mch. an MInn., 10. 6. 18, MInn 66331.

[41] St. G. K. I. b. AK. an MKr., 8. 10. 16, MKr 12842, Stück 16.

Als die Fremdensaison im Allgäu 1917 begann, zeigten sich denn auch sogleich „die aus dem Vorjahre bekannten Unzuträglichkeiten". Unter der Arbeiterschaft des Bezirks Füssen machte sich gegen die Fremden „eine erregte und feindselige Stimmung geltend"[42], die Arbeiterschaft hatte ja an den Fremden am allerwenigsten zu verdienen, stellte sich dagegen auf den Standpunkt, daß das, was die Fremden essen, eigentlich dem Lande, damit ihr, zustünde; 1918 konnten dann in Füssen Ausschreitungen gegen die Fremden nur mit Mühe verhindert werden[43].

Waren die Fremden einmal hier — es handelte sich fast nur um Reiche, „denn der gewöhnliche Mann des Volkes kann sich keinen Aufenthalt in Berchtesgaden, Gmein oder Reichenhall usw. gönnen"[44], so konnte es geschehen, daß sie die Kühe auf der Weide abmolken oder auf Hamstertour zogen und geradezu „märchenhafte Preise für Eier, Butter, Schmalz, Geselchtes" boten. Eine Bäuerin erhielt für einen geräucherten Schinken 400 Mark. Und dann schickten sie unter Deckadressen, militärischer Titelanmaßung und vielen anderen Tricks nach Hause, was nur immer greifbar war.

In den Kurorten des Oberlandes entstand große Erbitterung über das *„maßlose Hamsterunwesen der Fremden,* die großenteils unter taktlosester und rücksichtsloser Umgehung der bestehenden Verfügungen und unter zum Teil maßloser Überschreitung der Höchstpreise die Gegend planmäßig ausplündern"[45]. Der Fremdenverkehr wurde immer mehr eingeschränkt und von Staats wegen erschwert, es half nichts, infolge der Auschreitungen der Fremden nahm „die *Stimmung gegenüber den Norddeutschen* einen auch politisch nicht unbedenklich hohen Grad der Erbitterung und Feindseligkeit" an.

Als ein Kölner Journalist sein Dienstmädchen nach Bayern zur Erholung schickte, war es solchen Anfeindungen ausgesetzt, daß es sich nach Norddeutschland zurücksehnte, man meinte, „die Norddeutschen kämen nach Süddeutschland geströmt, um sich von der organisierten Hungersnot Norddeutschlands zu erholen"[46], und in der Tat, es war eine weitverbreitete Ansicht — in Preußen wie in Österreich — daß in Bayern noch immer „paradiesische Zustände herrschen"[47].

---

42 Wochenbericht Reg. Schwaben u. Neuburg, 25. 6. 17, MInn 66328.

43 Vgl. S. 127 f.

44 *Gottinger,* a.a.O., hier Anm. 9, auch f. d. folgende.

45 Bericht *Sonnenburg* für August 1917, S. 10, MK 19289, auch für das folgende.

46 *Eisele,* a.a.O., siehe hier Anm. 39.

47 Hierfür u. f. folgende: Bericht *Sonnenburgs* für Juli 1918, S. 3 f., MK 19290 und *Hellingrath* an *Dandl,* 29. 8. 18, S. 11, MK 19290.

Es war nicht mehr der *„erholungsbedürftige entgegenkommende Gast* früherer *Zeiten“*, der nach Bayern kam, „sondern der wohlgenährte Emporkömmling der Kriegskonjunktur, dessen wohlgefüllter Geldbeutel es ihm erlaubt, auf *Kosten der notleidenden Bevölkerung* gut und reichlich sich zu nähren“. Der Fremdenverkehr begann, die gesamte öffentliche Ernährungswirtschaft mit dem Zusammenbruch zu bedrohen und trieb die Preise derart in die Höhe, daß bayerische Bürger sich keinen Urlaub mehr in Bayern leisten konnten, „weil sie die Preise, die durch den Kriegsgewinnler systematisch in die Höhe gedrückt werden, für Unterkunft und Verpflegung nicht erschwingen können“.

Die bayerischen Grenzen wurden für die private Lebensmittelausfuhr gesperrt, die der Fremdenverkehr und das Profitstreben der Schwarzhändler so stark forciert hatten, daß die bayerische Ernährung ernstlich in Gefahr geriet. Ab Juni 1917 wurde begonnen, die Versendung von Lebensmitteln mit Bahn und Post nach außerhalb Bayerns zu kontrollieren und, soweit greifbar, zu beschlagnahmen. Es mögen, die Angaben schwanken zwischen 5 und 20 Prozent[48], höchstens 10 Prozent aller dieser Waren aufgefunden und beschlagnahmt worden sein, nachdem einmal die Ausfuhrmethoden immer raffinierter wurden, andererseits das Kontrollverfahren nur langsam eingeführt wurde. Uns liegen Listen vor über die Gesamtmenge der beschlagnahmten Lebensmittel[49]; ihnen zufolge wurden von Juni 1917 bis zum 28. September 1918 aufgefunden:

4021,53	Zentner Fleisch und Fleischwaren
917	Zentner Butter und Schmalz
525	Zentner Käse
2970,56	Zentner Getreide, Mehl und Backwaren
693,82	Zentner Kartoffeln
433906	Eier
1	Schlachtrind
12	Schlachtpferde
6	Schweine
4	Ziegen
1324	Gänse
618	Hühner

[48] *Brettreich* beziffert das Verhältnis der entdeckten zu den ausgeschuggelten Mengen mit 1 : 20. Brettreich an Kriegsernährungsamt Berlin, 21. 1. 18, MInn 66449.

[49] In: MInn 66449.

Dazu vieles andere, beispielsweise 2 Fässer und 115,39 Hektoliter Branntwein oder etwa 8 Liter Speiseöl.

Das ergibt wenigstens 4 Millionen Eier und 4600 Tonnen Lebensmittel innerhalb eines Jahres, was alleine in Postpaketen und mit Bahnfracht verschleppt wurde. Dazu kamen die Viehherden, die über die Grenzen getrieben wurden und die anteilmäßig unverhältnismäßig hohen Verzehrmengen im Lande.

Man kann ohne weiteres behaupten, daß allein die Verzehrmengen und die illegale Ausfuhr einer Verbesserung der Ernährung der einheimischen Bevölkerung um ein Viertel bis ein Drittel entsprochen hätten, wenn man bedenkt, daß der Einheimische, unabhängig vom Nährwert, etwa 2 Pfund Lebensmittel täglich erhielt und die ausgeführten Sachen den höchsten Nährwert hatten, denn es waren hauptsächlich Fleisch, Fett und Getreide, während als Hauptgericht auf jedem Speiseplan Kartoffeln standen (wöchentlich 8 bis 9 Pfund).

Zusätzlich zu diesen wirtschaftlichen Querelen taten sich zwischen Preußen und Bayern auch klassenkampfartige Spannungen auf. Wir sahen bereits, welche Antipathien das Dreiklassenwahlrecht dem preußischen Staat in der bayerischen Arbeiterschaft bescherte, wie sehr der doch in erster Linie an das preußische Großbürgertum geknüpfte Annexionismus — trotz der bayerischen Annexionisten — Preußen mit dem Makel der Kriegsschuld oder Kriegsverlängerung belastete, denn die mittleren und unteren Schichten Bayerns schrien nach Frieden, und Preußen schien den Krieg zu machen, so daß die bayerischen Unterschichten gegen die preußische Oberschicht standen[50].

Die bayerische Mißstimmung, der Haß auf Preußen blieb nicht ohne Echo, aber es war nicht sehr laut. Die unendlich zahlreichen Norddeutschen, denen das Geld fehlte, nach Bayern zu kommen, hielten es entsprechend den Berichten ihrer Presse und dem wohlgenährten Aussehen derer, die in Bayern waren, wohl tatsächlich für das Land, wo Milch und Honig fließt, das weit mehr abgeben könnte, es aber aus beschränktem Egoismus nicht tue; die antipreußische Stimmung drohte 1918 als Abneigung gegen Bayern nach Preußen überzuschlagen[51].

Die Nr. 31 von 1918 des „Ulk“, einer Beilage des Berliner Tagblatts, zeigte auf einer ganzseitigen Karrikatur eine satt-zufriedene bayerische Bauernfamilie vor gefüllten Schüsseln mit Würsten und Knödeln,

---

[50] Vgl. den „Brief eines bayerischen Juristen“ in der Münchner Post 1918, Nr. 36, abgedruckt im Presseberícht *Sonnenburgs* für Februar 1918, S. 15 f., MK 19289.

[51] *Lerchenfeld* an *Dandl*, 7. 6. 18, zitiert in: *Dandl* an *Brettreich*, 12. 6. 18, MInn 66331.

der Duft zieht zum Fenster hinaus, das von hohlwangigen Fremden belagert wird. Der Obertitel hieß: „In einigen Orten Bayerns sind für die Fremden fleischlose Wochen eingeführt worden", der Text der Karrikatur: „Schau, Sepp, hab' a Mit'gfühl mit unsre liab'n Gäst! Geh', mach's Fenster zua[52]!"

Die bayerische Presse konnte nicht verächtlicher hassen und zum Haß aufrufen.

Im September 1918, mit dem Rückzug der deutschen Truppen an der Westfront begann der Umsturz, tauchte an vielen Orten Bayerns mit Berliner Poststempel ein Flugblatt auf, dessen Herkunft ungeklärt blieb; von einer Verbreitung in Preußen ist nichts bekannt. Es trug den Titel: „Preußenherzen hoch" und war unterzeichnet von einem „Bund der Kaisertreuen", für den ein Major von Knobelsdorf zeichnete, und einem Preußenbund, zu dem der Name Dr. Rocke gehörte[53]. Der Inhalt: Bayern bedroht „unser vielgeliebtes Preußenland" mit „todernster Gefahr". Es hat mit Hertling die Reichsgewalt an sich gerissen. „Ein Süddeutscher Reichskanzler, ein Süddeutscher Vizekanzler (von Payer), ein Süddeutscher Reichstagspräsident, ein Süddeutscher Minister des Äußern ..., alle wichtigen Ämter in den Händen von Bayern." Ebenso wie für Bayern alles Norddeutsche preußisch ist, so ist für dieses Flugblatt alles Süddeutsche bayerisch.

„Ist es da ein Wunder, wenn die Politik auf eine völlige Lahmlegung Preußens, der Kaiserkrone und der Heeresleitung gerichtet ist, und die, Gott sei's geklagt, Preußen und Deutschland an den Abgrund geführt hat." Hertling vernichte Preußen, indem er das gleiche Wahlrecht fordere, Bayerns partikularistischer Haß wolle in Preußen herrschen, es wollte im Kriege nur noch mitgehen um den Preis von Hertlings Kanzlerschaft; bayerische Truppen zerrissen die Heeresdisziplin und Kronprinz Rupprecht deckte sie, preußische Truppen erlitten so die größten Verluste.

Nach diesem Flugblatt ist Bayern der ärgste Reichsfeind, Ludwig II. widersetzte sich der Reichsgründung und der Kaiserkrone bei den Hohenzollern. „Man hat ihn erst zwingen müssen, ... seine Pflicht als Bundesfürst zu tun. Jetzt, wo das Vaterland wieder in der größten Gefahr schwebt, sind es wiederum die Bayern, die versagen und die Gefahr vergrößern", doch wenn schon Deutschland durch Bayerns Schuld zugrunde gehen soll, dann „soll doch Preußen weiterbestehen! Alle Mann auf Deck! Die preußische Sturmfahne gegen den innern und äußern Feind entrollt"! Wie weit das Flugblatt verbreitet war, ist

---

[52] In: MA 94823.

[53] In: MInn 66284.

unbekannt, daß es verheerend wirken mußte, versteht sich von selbst, denn es rührte an bayerische Grundüberzeugungen, indem es Halbwahrheiten zu ganzen Verleumdungen machte. So wie sich der Preußenhaß nicht gegen Deutschland richtete, bedeutete der Partikularismus kein Ausscheren aus dem Zusammenhalt Deutschlands, sondern Betonung der eigenständigen Art innerhalb des Ganzen.

Der Preußenhaß begann, sich gegen die eigene Regierung, gegen den König zu richten, die mehr und mehr der Komplizenschaft und der Unterordnung unter Preußen bezichtigt wurden.

So wie im Dezember 1916 Ludwig III. an der preußischen Kriegsschuld partizipiert und Bayerns Lebensinteressen verleugnet haben sollte[54], konnte 1917 ein Beschwerdebriefschreiber behaupten: „Der Norden und das Kapital befiehlt (sic!) und die bayerische Regierung hat zu gehorchen, alles Uebrige hats Maul zu halten[55].“ Die bayerische Regierung stellt sich als abhängige Erfüllungsgehilfin Berlins dar, der Haß auf den Norden wendet sich gegen sie. Im Sommer 1917 gehen in Niederbayern und der Oberpfalz Gerüchte um, Ludwig III. sei „wegen seiner allzu preußenfreundlichen Haltung auf dem Riemer Rennen ausgepfiffen worden“, und „die Münchner seien auf den König so verbittert geworden, daß er bereits nach Sachsen geflohen sei“; die Erbitterung war im bayerischen Wald so groß gegen Ludwig, daß sie ihn dort allgemein als halben Preußen bezeichneten, der den Krieg für Preußen möglichst lange führen wolle und, um das Elsaß zu bekommen, die bayerischen Lebensmittel nach Preußen hinaufliefere[56].

Ludwig war Annexionist[57], um so bezeichnender ist die Forderung an ihn, alle Annexionen Preußens im Baltikum zu verhindern, wenn „Euer Majestät nicht selbst das Königreich Bayern vernichten, zum machtlosen Vasallen Preußens machen wollen ...“[58].

Diese Verquickung der bayerischen Krone und der bayerischen Regierung mit dem Haß auf Preußen wird auch von der bayerischen Regierung erkannt. In einem geheimen Erlaß Brettreichs vom 4. 10. 1918 an die Distriktsverwaltungsbehörden[59], in dem er auf die Möglichkeit einer bevorstehenden Revolution hinweist und Bekämpfungsmaßregeln gibt, hebt er als besondere Gefahr hervor, „daß Preußen und der angeblichen Verpreußung der bayerischen Regierung die Schuld an der

---

[54] Vgl. S. 137.

[55] „Das Volkskommite. Zur Aufklärung des Volkes“ (anonymer Grollverein) an MInn., 9. 3. 17, MInn 66445.

[56] Bericht *Meßmers* vom 28. 6. 17, MK 19288.

[57] *Albrecht*, IV. 1. a.

[58] Otto *Ballerstedt* an *Ludwig III.*, MA 97587.

[59] MInn 66284.

gegenwärtigen Lage zugeschoben wird". Er sollte recht behalten. Die Revolution richtete den angestauten Haß auf Preußen gegen den König und die bayerische Regierung.

Daß ein Staatsumsturz aus Preußenhaß möglich war, zeigen ja die Vorgänge in Füssen[60] und mehr noch der Krawall in München[61].

2. Stadt — Land

Die Spannungen zwischen Stadt und Land in Bayern haben keine so große Bedeutung für die Stimmung wie die zwischen Bayern und Preußen. Sie sind weit eher Ausdruck der Zerrüttung einer Gesellschaft, in der schließlich fast jede Gruppierung mit jeder anderen zerfallen war, und die so jedes inneren Zusammenhaltes entbehrte. Das Zerwürfnis zwischen Stadt und Land hat mehrere Ursachen: Die ungleiche Ernährung und Lebensweise. Der Durchschnittsstädter sah die bessere Ernährung der ländlichen Bevölkerung und der Bauer sah bei seinen Besuchen in der Stadt den unverhältnismäßigen Aufwand in der Lebenshaltung der Reichen. Bei seinen Hamsterfahrten meinte der Städter bäuerliche Hartherzigkeit zu beobachten und der Bauer wiederum stand vor der Unsicherheit der Eigentumsverhältnisse durch die Überschwemmung des Landes mit Hamsterern. Der Bauer stöhnte unter den Lasten, die ihm die Ernährung der Städte verursachte, und den Städter drückten die hohen Preise, die das Land für seine Erzeugnisse erhielt.

Die Preise erregten bereits 1914 großes Ärgernis. Man vermutete, die Gestehungskosten der Landwirtschaft seien bei der letzten Ernte niedriger gewesen als jemals, aber der „Bauer bereichert sich in diesem so schweren Kriege, er hätte Getreidepreise in diesem Jahr wie noch nie zuvor ...", und die Milchpreise könne die arme Bevölkerung in Stadt und Land schon nicht mehr erschwingen[62], ihre Höhe war unverständlich, „weil die Kuh im Kriege gerade soviel Milch gebe wie im Frieden"[63].

Im Laufe des Jahres 1915 kam zum Vorwurf des Preiswuchers die Ansicht, daß „von der Bauernbevölkerung Milch, Eier und Butter zurückbehalten werden", so daß besonders die ärmere Stadtbevölkerung die unentbehrlichsten Lebensmittel nicht mehr kaufen könne[64].

---

[60] Vgl. S. 127 f.

[61] Vgl. A. IV. 1. a. η.

[62] P. *Bachlehner*, Zimmermeister, Großraitingen, 10. 12. 14, MKr 12819.

[63] Aktenvermerk MKr. (Köberle), 10. 5. 15, MKr 12821.

[64] Aktenvermerk MKr., 26. 11. 15, MKr 12822.

Im Februar 1916 schreibt dann der Kriegsminister Kreß in einer Note an seine Ministerkollegen, die von der zunehmenden Zerrüttung der öffentlichen Zustände im Reich spricht und vor deren Übergreifen auf Bayern warnt, von den „immer mehr sich vertiefenden Gegensätzen zwischen Stadt und Land“[65], die durch die allgemeine Unruhe noch verstärkt würden.

Im Juli 1916 richtet Kultusminister Knilling die Bitte an die hohe bayerische Geistlichkeit beider Konfessionen[66], das Gewissen der ländlichen Bevölkerung zu schärfen, damit sie aufhöre, ihre Waren überteuert abzuliefern oder in spekulativer Absicht zurückzuhalten, denn Mangel und Preiswucher beeinträchtigten „die frohe Zuversicht auf den glücklichen Ausgang“ des Krieges und verschärften „die Gegensätze zwischen Stadt und Land“.

Die von den geistlichen Oberbehörden in der Folge dieser Note erlassenen Anschreiben an ihren Klerus lehnen sich eng an den Inhalt der Vorlage an[67].

Zur gleichen Zeit aber, als diese geistliche Kanzelpropaganda anlief, begannen die Bauern mit den ihnen gebotenen staatlichen Festpreisen unzufrieden zu werden und fingen an, die Milch selbst zu verbrauchen, anstatt sie weiter zu verkaufen[68] und verschärften die Situation noch weiter.

Im September 1916 wird es nötig, die Landbevölkerung durch „sachdienliche Aufklärung über die Lage der Stadtbevölkerung“ zu verstärkter und billigerer Ablieferung bei gleichzeitiger Einschränkung der eigenen Lebenshaltung zu bewegen, weil sich sonst „die Kluft zwischen Stadt und Land“ mehr und mehr verbreitere[69].

Im November 1916 beginnt das Bild von den Ursachen der Spannungen bereits, sich abzurunden. Soden, der Innenminister, stellt wiederum fest, daß die Stadtbevölkerung dem Lande die Schuld für die Lebensmittelnot zuschiebt, während die Bauern der Stadt ihre Hochmütigkeit während des Friedens und allgemein mangelndes Verständnis „für die Opfer und außerordentliche Arbeit“ der Bauern im Kriege vorwerfen, und von den Beobachtungen her, die sie bei Stadtbesuchen

---

[65] Rundschreiben *Kreß*, streng geheim, 1. 2. 16, MInn 66327.

[66] Wie A. IV. 4., Anm. 35.

[67] Sie sind fast alle im Juli 1917 hinausgeschickt worden und liegen in MK 19288.

[68] St. G. K. I. b. AK. an MKr., 7. 8. 16, MKr 12842.

[69] Undatierter Volksstimmungsbericht, wohl vom st. G. K. III. b. AK. für September 1916, MKr 12842.

in Cafés und Gastwirtschaften gewannen, den Eindruck hätten, „daß von einer Not in den Städten keine Rede sei“[70].

Ebenso aber, wie der Bauer von seinen Eindrücken in der Stadt über die Lebenshaltung der Städter urteilte, meinten diese, wenn sie nur irgendwie einen oberflächlichen Blick in ein Bauernhaus werfen konnten, „daß der Landwirt in Überfluß lebt und für andere Bevölkerungskreise nichts abgibt“[71].

Die Presse schloß sich diesen Vorwürfen gegen die Landwirtschaft an, sie waren „teilweise außerordentlich hart und kränkend und übersteigen vielfach alles Maß und Ziel“, in manchen Blättern arteten sie „geradezu in eine Hetze aus“. Das Land war wiederum darüber verärgert, noch dazu, weil diese Vorwürfe mit den staatlichen Bemühungen zusammentrafen, Verständnis für die Belange der Städte zu wekken und der Landwirtschaft „ins Gewissen“ zu reden[72].

Um die Jahreswende von 1916 nach 1917 begann die Hamsterei zum Stimmungsproblem auf dem Lande zu werden, denn sie brachte nicht nur einen Rückgang der Ablieferungen mit sich, sondern beeinträchtigte auch die öffentliche Sicherheit auf dem Lande erheblich. Die Belästigung des einzelnen Bauern und der Dorfgemeinschaft gerade an Feiertagen, wenn der größte Teil der Städter arbeitsfrei hatte, aber in geringerem Ausmaße an jedem anderen Tag auch, ließ eine „beklagenswerte Störung des Einvernehmens zwischen Stadt und Land“ befürchten[73].

Wenn die staatliche Propaganda gerade einiges Verständnis für die Lage der Städter erreicht hatte, wurden diese Fortschritte durch die Hamsterei gleich wieder zunichte gemacht. In der Pfalz mußte die Stimmung der Bauernschaft gegen die Städter im April 1917 bereits als „eine sehr gereizte“ bezeichnet werden[74], und das wäre nicht zu verwundern, wenn es in der Pfalz genauso aussah wie im Gebiet um Mühldorf, wo die Hamsterer aus München den Leuten solange mit „Geheul und Geschrei, ja mit Drohungen“ zusetzten, „bis sie etwas hergaben“[75].

Der Bauer mußte im ganzen den Gürtel im Kriege enger schnallen, nur nicht so sehr, wie der Städter. Aber Hunger tut weh, und wenn

---

[70] *Soden* an Regierungspräsidenten, vertraulich, 3. 11. 16, MInn 66327.

[71] Ausführungen Oberbürgermeisters *von Borscht* — München auf der 13. Sitzung des Ernährungsbeirats am 6. 11. 16, MInn 66327.

[72] Reg. Schwaben u. Neuburg, 29. 1. 1917, MInn 66327.

[73] Reg. Mfr. an MInn., 13. 4. 17, MInn 66445.

[74] BA. Kirchenheimbolanden an Bürgermeister von Kaiserslautern und Ludwigshafen, 30. 4. 17, MInn 66446.

[75] BA. Mühldorf an b. Landesfettstelle Mch., 23. 5. 1917, MInn 66446.

der Bauer hungert, fragt er sich doch auch, ob das nötig ist. In der Oberpfalz wurde der Zustand so unangenehm, daß man glaubte, die Städter hätten mehr zu essen als der Bauer selbst, „weil die Städter mehr Krach machen“[76]. So war es die größere Beweglichkeit des Städters, die ihn leicht zur Autorität in politischen Fragen werden ließ, die ihn andererseits in den ungünstigen Ruf brachte, rücksichtsloseres Durchsetzungsvermögen zu besitzen und so durch lautes Schreien auf Kosten der armen oberpfälzer Bauern mehr zu erhalten als ihm eigentlich zustünde.

Dazu kommt die eigenartige Tatsache, daß dem Bauern der Städter ein im Grunde unnötiger und unproduktiver Nichtstuer ist, es ging über „den Gesichtskreis des gewöhnlichen Landbewohners hinaus“, daß die Städter, zwei Drittel des deutschen Volkes, keine schmarotzenden Unnütze seien[77]. Daß man den Krieg für eine Veranstaltung der Städte hielt, meinte, man müsse die Städte aushungern, um sie zum Frieden zu zwingen, waren verbreitete Gedankengänge[78]; die Stadt war das Fremde, in ihrer Enge, Seelenlosigkeit und Betriebsamkeit unheimlich, sie war am Kriege schuld; er erschien doch vielen als eine unheimliche, „geheimnisvolle Veranstaltung weniger ‚Großen‘ ..., nur damit die Leute weniger würden“[79], denn er war ebenso unergründlich in seiner Herkunft wie in seinen Formen und genauso unverständlich und unnatürlich wie die Städte, man stand ihm ebenso hilflos ausgeliefert gegenüber wie diesen, mit ihrer Unersättlichkeit und Nutzlosigkeit. Und die „Großen“, „Großkopfeten“, sind Inbegriff der Macht und der Städte, aus der Stadt heraus regieren die Großen, aus der Stadt heraus machen die Großen den Krieg. Die Großen, das ist Regierung, Stadt und Krieg, sie „fragen nicht darnach, wie lange der Krieg dauert, sie können gut leben, und je länger er dauert, desto mehr verdienen sie“[80].

Während sich die eigene Situation unaufhaltsam verschlechterte, sah man, wie in eben dem Maße die Löhne der Arbeiterschaft stiegen, man sah, daß sich der Staat um diese Schicht mehr bemühte als um jede andere, daß die Arbeiter, wie man meinte, „überall auf die weitgehendste Nachgiebigkeit rechnen können, und daß der Zweck, sie bei guter Stimmung und bei gutem Willen zu halten, doch nicht erreicht“ wurde, denn die Arbeiter hatten ja im Januar gestreikt[81]; der Affekt gegen die Streiks ist nicht so sehr Kritik an der Ordnungs-

---

76 Bericht *Meßmer* vom 28. 6. 17, MK 19288.

77 Arbeitsbericht des Feldgeistlichen *Eggersdorfer*, Anlage zu dem Schreiben MKr. an MInn. vom 30. 11. 17, MInn 66329.

78 Vgl. A. IV. 4.

79 Wie hier Anm. 77.

80 Volksstimmungsbericht *Sonnenburg* für Februar 18, S. 2, MK 19289.

81 BA. Kronach an Reg. Ufr., 2. 2. 18, MInn 66283.

widrigkeit, am Verstoß gegen das staatliche Gesetz und die Kriegsnotwendigkeit, als Ausdruck der Abneigung gegen den Moloch Stadt, und die andere Inkarnation der Stadt, den Arbeiter, die beide in ihren Ansprüchen unersättlich sind.

Während also die Haltung des Städters dem Bauern gegenüber von der Meinung bestimmt wurde, daß das Land die Ernährung absichtlich verteuere und ungenügend abliefere, war die Stellungnahme der Landbevölkerung weit existenzieller, indem sie sich gegen die Stadt als Daseinsprinzip wandte, sie mit Staat und Krieg identifizierte und für das Elend der Zeit verantwortlich machte.

3. Sozial

a) Auf dem Land

Das Leben als Knecht oder Magd auf einem Bauernhof wurde bereits zu Kriegsbeginn so wenig erstrebenswert, daß ein Kündigungsverbot für die Zeit des größten Arbeitsanfalles erlassen wurde, um der Landflucht vorzubeugen und die Abwanderung in die Industrie zu verhindern[82], denn die Arbeitslast war fast unerträglich und die Ernährung so schlecht, daß selbst die Arbeiterversorgung in der Industrie noch erstrebenswert war[83]; die Arbeitslust war also denkbar gering; Aufsässigkeiten der Dienstboten wurden in manchen Gebieten zur Regel und machten den Bauern das Leben zur Qual[84].

Der Lebenszuschnitt der ländlichen Dienstboten war wohl unter allen Berufsgruppen am stärksten durch den Krieg beengt. Ihre Freizügigkeit war wesentlich eingeschränkt, die Kost war schlechter als die der Bauern, mit denen sie den Tisch teilten, die Arbeitslast vervielfachte sich und die Lohnentwicklung stand in keinem Verhältnis zur Teuerung. „Dazu kommt, daß sie unter der Neigung vieler Bauern leiden, ihren eigenen Mangel an gutem Willen hinsichtlich der Ernährungsfrage auf das Schuldkonto der Dienstboten zu setzen[85].“ Im Winter 1917/18 zahlten die Bauern im Bezirk Dachau einen Jahreslohn von 150 bis 200 Mark, damit ließ „sich der Aufwand für Kleider und Schuhe nicht mehr bestreiten“[86].

---

[82] siehe A. IV. 4.

[83] Aktennotiz MKr. etwa 15. 3. 15, MKr 12820.

[84] Patriotischer Bauernverein Tuntenhausen an st. G. K. I. b. AK., 21. 1. 16, MKr 12823.

[85] Geschäftsstelle des Vereins katholischer ländlicher Dienstboten für das rechtsrheinische Bayern an MInn., 31. 10. 17, MInn 66329.

[86] Reg. Obb. Wochenbericht an MInn., 4. 2. 18, MInn 66283.

Trotz dieser unwürdigen Lebensbedingungen kennen wir keine Tatsachen außer der Abwanderung in die Industrie, die darauf schließen lassen, daß das politische oder soziale Bewußtsein des ländlichen Proletariats vom Krieg irgendwie berührt wurde. Es handelt sich doch um eine gesellschaftliche Schicht, die Gruppenbewußtsein wohl kaum je besaß, in gewissem Sinne kaum besitzen konnte und erst im Krieg zu einer Organisation fand, die aber ganz streng den Staat bejahte: dem Verein katholischer ländlicher Dienstboten in Bayern, der 1917 etwa 25 000 Mitglieder zählte[87]. Es sind Tastversuche hin zum Selbstverständnis als Gruppe, die noch zu keinen Folgen gelangt sind, wohl aber aus im Krieg verstärkten Reibungen resultierten.

b) In der Stadt

Wie die meisten Probleme des Weltkrieges entzündeten sich auch die sozialen Spannungen in der Stadt an der Ernährungsfrage.

Im Herbst 1914 wurde der Verbrauch von Weizenmehl stark eingeschränkt. Weißbrot war kaum mehr zu bekommen. Aber die Konditoreien verkauften im ersten Kriegswinter noch immer ihre Erzeugnisse, „die doch nicht für das gewöhnliche Volk gehören, sondern in der Regel für das sogenannte bessere Publikum"; ein Einsender beschwerte sich nicht ohne Grund darüber[88], denn es bedeutete doch, daß die bescheidenen Genüsse des kleinen Mannes vom Markt verschwanden, während ungleich bessere Dinge gegen entsprechende Bezahlung noch zu haben waren.

Dem durch die knappe Rationierung und die hohen Preise aufs äußerste eingeengeten Lebenszuschnitt der Armen stand die Lebenshaltung vieler Reicher gegenüber, „für die der Krieg nicht existiert. Sie haben ihre Gastereien wie im Frieden und gewinnsüchtige Geschäftsleute ermöglichen diese Schlemmereien durch heimliche Zusendung der nötigen Leckerbissen"[89]. Es machte gewiß keinen guten Eindruck, als im Winter 1915/16 in München ganze Wagenladungen von Gemüse polizeilich aus den Lagern der Händler entfernt und vernichtet werden mußten, weil es die Händler mit Rücksicht auf die Preissteigerungen und den damit verbundenen Profit so lange zurückgehalten hatten, bis es verfault war. Es konnte geschehen, daß mitten in der Not des Krieges eine wohlhabende Dame um eine Milchkarte für ihre Katze nachsuchte, und eine andere sich in einem vollen Laden

[87] Wie hier Anm. 85.

[88] Jakob *Stadler*, Landshut, an MKr., 26. 1. 1915, MKr 13346.

[89] Hierfür u. d. f. folgende: Vortrag Pol. Präs. *Grundherr* von Anfang 1916, MInn 66327.

darüber entrüstete, daß ihr der Verkäufer neun Pfund Haferflocken für den Schoßhund verweigerte. Es wird nicht berichtet, was die anderen Besucher des Geschäftes von der Kundin dachten, womöglich waren sie in Gedanken bei ihren hungernden Kindern.

Es ist schon mehr als Verstimmung, wenn ein Anonymus sich darüber aufhält, daß die „besitzenden Klassen Lebensmittel aufgehäuft (hätten), daß nie ein Mangel eintreten kann" und wenn er meint, sie seien von der Rationierung ausgenommen oder erhielten für alles Bezugsscheine, „und die Lebensmittel werden ins Haus geliefert"[90].

Der Innenminister von Brettreich drängte nicht zuletzt wegen dieser Spannungen, die in der ungleichen Versorgung lagen, auf die Bekämpfung von Hamsterei und Schleichhandel. „Denn wenn die Bevölkerung nichts zu essen hat oder wenn gewisse Bevölkerungsgruppen ständig sehen, daß der Vermögliche und Skruppellose durch Umgehung gesetzlicher Vorschriften sich reichlich mit Nahrungsmitteln versehen kann, während sie darben müssen, werden Unruhen unausbleiblich. Dann aber ist der Krieg verloren[91]."

Wir sahen bereits an anderer Stelle, daß sich durchaus nicht alle Angehörigen der vermögenden Schichten auf dem schwarzen Markt versorgten, daß es sogar Menschen gab, die eher verhungerten als die Gesetze zu übertreten[92], aber das war eine kleine Minderheit, die am Bild der gesamten Oberschicht recht wenig änderte. Die Ungleichheit der Versorgung blieb deutlich sichtbar, so daß sich die Kluft zwischen Arm und Reich von Tag zu Tag vertiefte. Es ist ein natürlicher Gedankengang, daß sich die Erbitterung gegen die besser Versorgten schließlich gegen alle Vermögenden richtete, „von denen viele die Aufforderung zum Durchhalten und das Verlangen nach einem starken Frieden ständig im Munde führen, während sie sich selbst über alle gebotenen Einschränkungen und Entbehrungen hinwegsetzen"[93]. Auf diese Weise wurden alle Kriegsziele wegen ihrer Propagandisten moralisch diskreditiert, die Friedenssehnsucht und die allgemeine Unzufriedenheit über die Zustände des Krieges noch vertieft. Der Reiche wurde in den Augen des Armen zum Schmarotzer an der Volksernährung und zum Schuldigen am Krieg.

Diese Ressentiments gegen die einheimischen Reichen verbanden sich nur zu leicht mit dem Haß gegen die norddeutschen Besucher

---

[90] Das Volkskommite (sic!). Zur Aufklärung des Volkes, an MInn., 9. 3. 17, MInn 66445.

[91] *Brettreich* an *Seidlein*, 8. 1. 17, MInn 66445.

[92] A. IV. 1. a. α.

[93] Volksstimmungsbericht *Sonnenburg* für Februar 1918, S. 1, MK 19289.

Bayerns, die sich zum größten Teil ebenfalls über alle Beschränkungen hinwegzusetzen suchten und die ebenso wie die bayerische Oberschicht im Ganzen dem Gedanken des starken, des Sieg- und Annexionsfriedens anhing, so daß im Ergebnis der bayerische Großbürger ebenso wie die Staatsregierung und der König in den Augen der Bevölkerung zum Büttel, Statthalter und Bundesgenossen Preußens wurde und so in den Preußenhaß einbezogen wurde, der letzten Endes die Negierung aller vorhandenen staatlichen Macht, der tatsächlichen Verfassung Deutschlands bedeutete.

VI. Das Ende der Staatsautorität

1. Geldwert und Kriegsanleihen

Teuerung und Geldentwertung sind in ihrer Auswirkung für den einzelnen Bürger dasselbe. Wenn die Teuerung mit einem Rückgang der Einkommen zusammentrifft, wird die Lebenshaltung von zwei Seiten her eingeengt. Dieser Zustand tritt vor allem in der ersten Kriegsphase vor dem Einsatz aller Arbeitsfähigen in der Kriegsindustrie bei jenen zutage, deren Berufe für die Kriegsführung unwichtig sind, also vor allem bei dem gewerblichen Handwerk und der Bauwirtschaft.

Im Januar 1915 finden wir die Bittschrift einer Frau, deren Mann als Maler beschäftigungslos ist, und die nun, da sich manche Preise bereits verdoppelt haben, nicht mehr weiß, woher sie genug trockenes Brot für ihre Kinder nehmen soll[1].

Bis zum Mai 1915 hatten sich die Ausgaben für Nahrungsmittel in München um 31 Prozent erhöht, die Gesamtausgaben für die Lebenshaltung waren in der gleichen Zeit um 20 Prozent angestiegen[2].

Im Dezember 1915 waren die Lebensmittelausgaben um fast 40 Prozent höher als vor dem Krieg[3].

Im Juli 1916 kann man bereits von einer „ungemessenen Preissteigerung" sprechen[4], im Jahr darauf mußte man die „Erhaltung des Geldwertes" wegen der Verbitterung, die die Geldentwertung mit sich brachte, als eine „militärische zwingende Notwendigkeit" ansehen, „der alle anderen Rücksichten untergeordnet werden müssen"[5].

Diese Verbitterung richtete sich nun gegen den Staat, der als berufener Schützer des Geldwertes versagte und so an der Not mitschuldig wurde; zugleich erschütterte sie das Ansehen des Staates, denn

---

1 Thekla *Riedle* an MKr., 18. 1. 15, MKr 12819.

2 Ausarbeitungen des Statistischen Amtes der Stadt München, MKr 12822, Stück 155.

3 Ausarbeitung des Statistischen Amtes der Stadt München, Beilage 2 zu einem fehlenden Stück, handschriftlich, MKr 12823.

4 Erzb. Ord. Bamberg, 13. 7. 16, an sämtl. Dekanate der Erzdiözese, MK 19288.

5 Volksstimmungsbericht *Sonnenburg* für Juli 1917, S. 4, MK 19288.

nirgendwo als in der Ernährungsfrage und der Erhaltung des Geldwertes zeigte sich seine Machtlosigkeit deutlicher[6], und er sah sich außerstande, vor dem Ende des Krieges eine wirkliche Änderung einer Preispolitik einzuleiten, die sich wegen ihrer Unorganisiertheit darauf beschränken mußte, an Symptomen zu kurieren[7]. Im Januar 1918 ist die Preissteigerung soweit gediehen, daß Sonnenburg fürchtet, „die Schäden für das staatliche Leben" würden allmählich unheilbar[8].

Die Preissteigerungen kamen erst bei der Einführung der Rentenmark zur Ruhe, bis dahin waren sie ein dauerndes existenzbedrohendes Ärgernis.

Dem Verfall des Geldwertes entsprach das Mißtrauen, mit dem ihm begegnet wurde. Der Kriegsbeginn bedeutete zugleich einen tiefen Einbruch in die Zahlungsmoral.

Es war gar keine so seltene Vorstellung, daß es Kriegsgesetz sei, „daß man weder seine Wohnung noch andere Dinge zu zahlen habe"[9]. Sie war das Ergebnis u. a. eines Erlasses des Innenministers Soden[10], in dem zwar einerseits die zahlungskräftigen Leute zur baldigen Begleichung ihrer Schulden, zugleich aber zur Rücksichtnahme auf Ärmere, insbesondere Wohnungsmieter, bei der Schuldeintreibung aufgefordert wurden.

Bereits am 3. August 1914 verschickt das Berliner Kriegsministerium ein Telegramm[11], nach dem es viele Ladeninhaber ablehnen, Papiergeld anzunehmen. Wenige Tage darauf sieht sich Soden gezwungen, unter Hinweis auf die Landkriegsordnung die Hortung von Hartgeld zu bekämpfen und die Bevölkerung aufzufordern, ihr Bargeld auf die Sparkasse zu bringen, wo es am allersichersten aufgehoben sei, auch wenn der Feind das Land besetze[12].

Wenn es also zu Beginn des Krieges eher die Unsicherheit des Eigentums war, die den einzelnen zur Hortung von Metallgeld trieb, war es später der Materialwert, die größere Wertstabilität als bei Papiergeld. 1916 wurde bekannt, „daß die Bauern Silber- und Nickelmünzen

---

6 Bericht *Sonnenburg* für August 1917, S. 3, MK 19289.

7 Rede *Brettreichs* vor dem Landtag, 10. 10. 17, Auszug im Volksstimmungsbericht *Sonnenburgs* für Okt. 17, S. 1, MK 19289.

8 Volksstimmungsbericht für Dez. 1917, S. 1, MK 19289.

9 Aktennotiz *Sonnenburg*, 1. 11. 14, MKr 13858, Stück 1.

10 „Bekanntmachung über das Verhalten der Bevölkerung und der Behörden im Krieg", Bayer. Staatsanzeiger Nr. 188, 12. 8. 14, S. 4.

11 In: MKr 12819.

12 siehe hier Anm. 10.

zu sammeln suchen in der Meinung, daß das Papiergeld nach dem Krieg nichts mehr wert sei"[13].

1917 wird es zu einem Hauptargument der Kriegsanleihewerbung, „daß diese Kapitalanlage bei hoher Verzinslichkeit größte Sicherheit bietet, da das Reich mit seinem ganzen Vermögen und seiner ganzen Steuerkraft für die Anleihen gutsteht"[14].

In allem spricht sich so ein tiefes Mißtrauen gegen die Sicherheit des Geldes und damit auch gegen die Stabilität des Staates aus, zu dessen vornehmsten Eigenschaften es ja gehört, über die Geldwertgleichheit die Eigentumssicherheit zu verbürgen. Man beginnt, sich im Sinne des Tauschprinzips lieber auf die „bare Münze" in der eigenen Hand zu verlassen, als auf alle staatlichen Garantien, ohne sich ihres Wertes doch ganz sicher zu sein; denn als im Frühjahr 1917 die Nachricht durch die Presse ging, die Reichsleitung wolle die Silbermünzen außer Kurs setzen, kam in Mittelfranken plötzlich wieder Silbergeld zum Vorschein[15]; vorher war es fast restlos in den Sparstrümpfen verschwunden.

Das Mißtrauen gegen die Geldpolitik des Reiches ging schließlich im Herbst 1917 so weit, daß im Gebiet um Augsburg gefordert wurde, erst solle der Weiterbestand der Darlehenskassen des Reiches, denen die Rückzahlung der Kriegsanleihen übertragen war, für einige Jahre nach dem Krieg gesetzlich festgelegt werden, bevor weiterhin Kriegsanleihe gezeichnet werde. „Reine diesbezügliche Versprechungen fänden keinen Glauben." Im selben Gebiet war die annexionistische Propaganda wirkungsvoll genug gewesen, einen Zusammenhang zwischen dem Erwerb von Annexionen und der Sicherheit der Kriegsanleihen herzustellen, so daß die Friedensresolution des Reichstags und die pazifistische Propaganda die Überzeugung weckten, „ihr Geld sei, wenn wir keine Entschädigung (von den Feinden) bekommen, verloren", und also zeichneten viele keine Kriegsanleihen mehr[16].

1918 schließlich drückte sich das Mißtrauen gegen das Papiergeld in Zahlen aus, die uns den Wertverlust des Geldes und den Umfang der allgemeinen Preissteigerung ahnen lassen. Aufkäufer zahlten im März für ein goldenes Zwanzigmarkstück 55 Papiermark[17], so daß wir einen Verfall der Papiermark auf vier Elftel ihres Wertes vor dem Krieg feststellen müssen.

---

13 Monatsbericht st. G. K. III. b. AK., 2. 11. 16, MKr 12842.

14 Erlaß MInn. an Reg. Präs., 26. 1. 17, MInn 66327.

15 Wochenbericht Reg. Mfr., 21. 5. 17, MInn 66446.

16 Septemberbericht des st. G. K. I. b. AK. an MKr. vom 8. 10. 17, Best. 1914/18. St. G. K. I. b. AK., Fasz. 370.

17 Armeeabteilung MKr. an MInn., 22. 3. 18, MInn 66330.

Um die Glaubwürdigkeit der Kriegsanleihen stand es noch bedenklicher als um die des Papiergeldes. Im Sommer 1918 haben jüdische Spekulanten in Niederbayern großen Erfolg mit der Legende, die Kriegsanleihen würden nach dem Krieg erheblich an Geldwert verlieren und kauften das 100 Mark-Papier für 80 bis 85 Papiermark auf[18]. Der Wertverfall der Kriegsanleihen war demnach noch größer als der des Papiergeldes.

Im September 1918 schließlich versuchen viele Menschen, sich von ihrem Geld zu trennen. Sie erwarten den Zusammenbruch der Währung. Mancher Hypothekengläubiger weigerte sich, das zurückbezahlte Geld anzunehmen, „weil ihm nur mehr die Hypothek sicher genug erscheint". In der Oberpfalz verschleuderte die bäuerliche Bevölkerung das Geld, weil sie kein Vertrauen mehr besaß. Es wurden fast alle Schulden zurückbezahlt; „denn man will im Falle des Krachs wenigstens schuldenfrei sein"[19].

Der finanzielle Bankrott des Staates galt als ebenso sicher wie der moralische und militärische. Die staatliche Autorität und Glaubwürdigkeit auf dem Gebiete der Wirtschaft gehörte der Vergangenheit an. Denn das Verhältnis des Bürgers zum Geld ist nichts anderes als der Spiegel seines Vertrauens zum Staat.

2. Hamsterei

Nirgendwo zeigte sich die Ohnmacht des Staates, der Staatsmacht, so deutlich, wie in seinem wirtschaftlichen Versagen, das wiederum aber weniger zu seinen Lasten ging als zu Lasten der wirtschaftlichen und moralischen Überbürdung des deutschen Volkes und Staates durch die Kriegslasten. Die Probleme waren, gleich mit welcher Regelung, nicht zu bewältigen. Bei einem Volke, das auf einer hohen Wirtschaftsstufe stand und in dem wohl jeder einzelne Bürger auf den Frieden als bessere Zeit zurückschauen konnte, in dem aber auch fast jeder Bürger gewohnt war, sich der starken und fürsorglichen Hand der Obrigkeit anzuvertrauen, mußte diese Überforderung Zweifel an dem Staat erwecken, der seinen Anspruch auf Autorität nicht aufgeben, aber auch die Probleme nicht lösen konnte. Wenn ein Staat, der die Existenzsicherung seiner Bürger als wesentliche Staatsaufgabe nicht nur betrachtet, sondern auch — wie in der Sozialversicherung — proklamiert, diese ureigenste Aufgabe nicht mehr erfüllen kann, sich aber auch nicht von ihr trennt, weil das unmöglich ist, so verliert er

---

18 Hans *Erhard* an kgl. Garnisons-Kommando Rgbg., 1. 8. 18, MInn 66331.

19 Amtsgerichtsobersekretär Josef *Vogel*, Cham, an MInn., 4. 9. 18, MInn 66332.

mit zunehmender Not und Ungleichheit und mit dem Verlust der Machtmittel, dieser Not und Ungleichheit zu steuern, in den Augen seines Volkes die Existenzberechtigung. Von der Duldung der Staatsform bis zu ihrer revolutionären Beseitigung ist es dann nur noch ein kleiner, fast unwesentlicher Schritt.

Nirgends wird aber der Verlust der staatlichen Machtmittel deutlicher als dort, wo sie zur Bekämpfung eines von allen Seiten anerkannten Mißstandes nicht mehr ausreichen. Dieser Mißstand waren Hamsterei und Schwarzhandel, die Ernährungspiraterie des Einzelnen auf Kosten der Gesamtheit.

Wenn der Geldverfall nur Ausdruck des Autoritätsverlustes ist, so sind Hamsterei und Schwarzhandel sowohl eine Ursache als auch Ausdruck und Folge.

a) Hamsterer und Schleichhändler

1914 gab es noch keine Hamsterei. Die Verwilderung des Wirtschaftslebens trat zuerst auf dem Gebiet des Handels auf. Es waren Versuche, die alten Handelsgepflogenheiten trotz der kriegswirtschaftlichen Bestimmungen weiterzuführen oder aus der Not ein Geschäft zu machen, indem man Mangelwaren, und bald war ja alles Mangelware, zu Phantasiepreisen auf den Markt brachte.

Durch die Pferderequirierungen entstand bald ein fühlbarer Mangel an landwirtschaftlichen Arbeitstieren. Der private Pferdehandel wurde alsbald verboten, aber die Bestimmungen wurden so geläufig umgangen, daß bereits im März 1915 Verbotsverschärfungen abgefaßt werden mußten[1].

Dann versuchten im selben Jahr außerbayerische Händler, außerhalb der Märkte Vieh aufzukaufen. Es mußte verboten werden[2], um den Abfluß bayerischer Lebensmittel außerhalb des Reichsausgleiches zu verhindern. Schließlich war das Netz der Ausfuhrverbote außerhalb der amtlich festgesetzten Mengen innerhalb der Organisation der Kriegswirtschaft so eng, daß Bayern ein in sich abgeschlossenes Wirtschaftsgebiet bildete, über dessen Grenzen Waren nur noch mit Hilfe eines ausgeklügelten Kontroll- und Genehmigungsverfahrens gebracht werden durften. Das Preisgefälle hatte diese Entwicklung notwendig gemacht, weil der bayerische Markt billiger war als der im übrigen Reich. Diese Absperrung wurde natürlich umgangen, soweit es irgend möglich war.

---

1 St. G. K. II. b. AK. an MKr., 30. 3. 15, MKr 12821.
2 Soden an st. G. Ks., 2. 7. 15, MKr 12821.

Im Laufe des Jahres 1915 gesellte sich die Hamsterei, der Kleineinkauf für den Eigenbedarf direkt beim Erzeuger, zum Schleichhandel; dementsprechend tritt eine weitere Gesellschaftsschicht hinzu. In der Umgebung Ingolstadts sind es die Arbeiter der Munitionsfabriken, die auf den Tauschhandel gehen[3]. Von den Eisenbahnern wird behauptet, jeder verstecke irgendwo eine Schachtel mit Eiern.

1916 kommen zu den Händlern und Arbeitern die Soldaten. Es wird berichtet, daß manche Truppenteile Soldaten auf Hamsterurlaub in die Heimat schicken[4]. Ganz allgemein läßt sich sagen, daß ab 1916 die ärmeren Schichten die Hauptmenge der Hamsterer stellte, daß aber ebenso Offiziere bis hinauf zum General, das Bürgertum bis in die höchsten Spitzen von Verwaltung, Wirtschaft und Wissenschaft daran beteiligt war, nur daß eben die letzteren die Beschaffung nicht selbst übernahmen, sondern sich versorgen ließen, sei es von den eigenen Gütern, sei es von berufsmäßigen Schleichhändlern, die in erster Linie mit Gaststätten und Hotels zusammenarbeiteten.

Selbst die Vertreter der Staatsmacht fühlten sich nicht an die Höchstpreisregelung gebunden. Im Winter 1915/16 wurde den Intendanturen des Heeres vom Reichskanzler die Überbietung der Höchstpreise für Kartoffeln gestattet[5], ähnliche Vorgänge sind zahlreich, sie bedeuteten nichts anderes als staatliche Hamsterei und Schleichhandel, die ja darin bestanden, daß sie sich nicht an die staatliche Preisregelung hielten. Im März 1917 erwischte ein Polizist einen Angestellten Herzog Ludwigs in Bayern bei der Hamsterei. Sein Dienstherr hatte ihm eine schriftliche Hamsterberechtigung ausgefertigt, die der Polizist respektierte[6]. Es bedurfte eines Einspruchs des Innenministers, daß die herzogliche Adjutantur den, „einer Notlage entsprungenen", Erlaubnisschein einzog[7].

Im Herbst 1917, nachdem endgültig alle private Lebensmittelausfuhr verboten war und Hertling Reichskanzler wurde, ließ Brettreich über den Verkehrsminister die entsprechenden Postämter anweisen, die Lebensmittelsendungen an Hertling unbeanstandet und ungeprüft passieren zu lassen[8]. Der Vorgang ging durch die ganze deutsche Presse und erregte gebührendes Aufsehen; war es doch so, daß ausgerechnet

---

[3] Hierfür u. f. d. folgende: Protokoll der 21. vollberatenden Sitzung der Preisprüfungsstelle — München vom 30. 3. 1916, MKr 12823.

[4] Wochenbericht Reg. Obb. an MInn., 27. 11. 1916, MInn 66445.

[5] siehe A. II. 4.

[6] Stefan *Bartelmann*, Gendarm, an BA. Wasserburg, 6. 3. 17, MInn 66 445.

[7] Adjudantur des Hzgs. *Ludwig* in Bayern an *Brettreich*, 30. 3. 17, MInn 66 445.

[8] Pers. Brief *Brettreichs* an *Seidlein*, 8. 10. 17, MInn 66448.

der Chef der deutschen Regierung (sowohl Reichsleitung als auch Bundesrat) nicht an die amtlichen Regelungen gebunden war.

Die Akten lassen nicht erkennen, daß die Feststellung der Zentralpolizeistelle Bayern[9], die Leiterin der Sammelstelle des Kommunalverbandes Schongau, Gabriele Kätzler, betreibe „einen schwunghaften Schleichhandel mit Lebensmitteln", irgendwelche Folgen hatte. Es war so außergewöhnlich nicht, wenn maßgebliche Personen der Versorgungsorganisation auch persönlichen Vorteil aus ihrer amtlichen Tätigkeit zogen und den Schleichhandel belieferten[10].

Die Rüstungsarbeiter wurden in der Ernährung stark bevorzugt. Im Reiche wurde die illegale Schleichversorgung in den großen Industriegebieten stillschweigend geduldet. Als sie im Frühjahr 1918 unterbunden werden sollte, trug man sich ernsthaft mit dem Gedanken, diese Ernährungsverluste der Arbeiterschaft durch offizielle Zusatzzuweisungen auszugleichen, gleichsam als staatliche Legitimierung der dauernden Verletzung staatlicher Regelungen[11].

So wie die Regierungen — nicht die bayerische — die Schleichversorgung der Industriebetriebe duldeten, waren sie auch recht machtlos dagegen, daß einzelne Städte von Amts wegen Schleichhändler über Land schickten, um so die öffentliche Ernährung in ihrem Gebiet aufzubessern.

Brettreich urteilt ganz richtig, wenn er feststellt: „Wenn und solange solche Dinge bei Behörden möglich sind, wird der Schleichhandel niemals aus der Welt geschafft werden können[12]." Diese Vorgänge zeigen aber auch, wie emsig staatliche Behörden bemüht waren, selbst den Ast abzusägen, auf dem sie saßen. Und es war nicht nur Not, die sie zwang, sich unglaubwürdig zu machen, wenn sie sich in einzelnen Personen oder Ausnahmeregelungen über die eigenen Vorschriften hinwegsetzten.

b) Hamster- und Schwarzhandelspraktiken

Es ist eine bunte Mischung von Praktiken, die die Hamsterer und Schleichhändler anwandten, um an die Waren heranzukommen und sie an allen Kontrollen vorbeizuschleusen. Sie geben ein buntes Bild von dem Verhältnis zwischen Bürger und Obrigkeit in jener Zeit.

---

[9] Z. P. St. Bayern an MInn., 25. 2. 18, MInn 66283.

[10] Erlaß *Brettreichs* an Kommunalverbände, 8. 6. 18, MInn 66449.

[11] 38. Sitzung des Beirats für das Ernährungswesen vom 4. 3. 18, S. 7 f., MInn 66449.

[12] *Brettreich* an Kriegsernährungsamt Berlin, 3. 8. 18, MInn 66449.

Wir finden nebeneinander Gewalt und Köpenickiade, Tauschhandel und Bettelei, Verkleidung und sozialen Machtanspruch.

So berief sich ein Schleichhändler 1916 auf die Sonderaufkaufsgenehmigung eines imaginären Kommandanten, als er die offizielle Aufkäuferin aus dem Eiergeschäft drängte, so beluden sich Arbeiter mit Zucker und Tee, um sich bei den Bauern einzuschmeicheln und auch bei den nächsten Besuchen Eier oder Fett zu erhalten[13].

Wer das nötige Geld hatte, fälschte oder kaufte zusätzliche Fleischkarten[14]; Arbeiter aus dem Saargebiet lieferten Düngemittel an pfälzische Bauern und erhielten dafür Lebensmittel; andere zahlten so hohe Preise, daß sie mit dem Gekauften ganze Rucksäcke, ja sogar Fuhrwerke beladen konnten und bei Nacht und Nebel in Schmugglermanier über die Grenzen gingen[15]. Gerade die Pfalz hatte besonders unter der Hamsterei zu leiden. Diebstähle und Trickbetrug waren häufig. Schleichhändler aus den größeren Städten warteten an den Bahnhöfen auf die Hamsterzüge und kauften deren Waren ab; schulpflichtige Kinder gingen statt in die Schule zum Kartoffelsammeln[16]. Die Hamsterkolonnen wurden an den Sonn- und Feiertagen des Frühjahrs 1917 so groß, daß keine Kontrollen mehr möglich waren[17].

Wer das nötige Geld hatte, kaufte Bauernhöfe auf, um sich so zu versorgen[18]. Im Mai 1917 streuten Hamsterer im Gebiet um Mühldorf das Gerücht aus, „jetzt dürfe 14 Tage lang jeder Private so viel Eier als er wolle, beim Bauern aufkaufen“[19].

Die meisten Hamsterer brachten ihre Beute selbst nach Hause, die reicheren schickten sie mit der Post. Soldaten stellten sich in die Dienste von Schleichhändlern, hamsterten in Uniform und benützten sogar die Feldpost zum sicheren Tranport ihrer Waren[20].

Allmählich verließen die Hamsterer die Straßen auf dem Lande, um den Kontrollen aus dem Wege zu gehen, und benützten die Feldwege[21]. Sie zogen familienweise aufs Land von Dorf zu Dorf, deponierten an

---

13 Wie hier Anm. 3.

14 St. G. K. I. b. AK. an MKr., 8. 10. 16, MKr 12842.

15 Bericht der Bayer. Lebensmittelstelle, 11. 1. 1917, MInn 66445.

16 BA. Kirheimbolanden an Bürgermeister von Kaiserslautern und Ludwigshafen, 30. 4. 17, MInn 66446.

17 Wochenbericht Reg. Mfr. an MInn., 14. 5. 17, MInn 66446.

18 Schriftleitung MNN. an MInn., 10. 5. 17, MInn 66446.

19 Mühldorfer Anzeiger Nr. 118 v. 23. 5. 17, MInn 66446.

20 Pol. Dir. Mch. — b. Kr. Wu. A. an MInn., 3. 6. 17, MInn 66446.

21 Gendarmeriehauptstation Gemünden an BA. Gemünden 14. 6. 17, S. 4, MInn 66446.

jedem Ort, was sie aufgetrieben hatten, und ließen es dann mit Fuhrwerken zur Bahn bringen. Bahnbeamte ließen sich bestechen und warnten die Hamsterer vor der Polizei[22].

Manche Berliner arbeiteten bei der Versendung ihrer Beute nach Hause mit angemaßten militärischen Titeln, wechselten dabei ständig Name und Absendepostamt und entgingen so der Postkontrolle[23].

Kommunalverbände gaben Ausweise, die zum Aufkaufen von Lebensmitteln berechtigten, an Männer aus, die diese Papiere zum Hamstern großen Stils verwendeten, Schleichhändler und Hotels versorgten[24].

Es konnte soweit kommen, daß Saatgetreide aufgekauft und schwarz vermahlen wurde, weil Kommunalverbände Saatkarten an Personen ausgaben, die keinen eigenen Boden besaßen[25]. Der Tauschhandel — Textilien und Brennstoffe gegen Lebensmittel — ist im Winter 1917/18 so weit verbreitet, daß das Kriegsministerium ihn bei einer Strafandrohung bis zu einem Jahr Gefängnis verbieten muß[26].

Wörishofener Kurgäste gingen dazu über, junge Leute vom Lande als Dienstboten anzustellen, um auf diese Weise Beziehungen zu Bauern anzuknüpfen, von denen sie sich mit zusätzlichen Lebensmitteln beliefern ließen. Manche butterten in ihren Zimmern. „Die Postbeamten dort führen schwere Klagen über die Überlastung mit Paketsendungen, die von dort abgehen[27].

Mühlen zweigten von dem Getreide, das sie in amtlichem Auftrage zu mahlen hatten, bestimmte Mengen ab und brachten sie auf den Schwarzen Markt[28].

Frauen versteckten ihr Hamstergut in Taschen in der Unterwäsche. Sie konnten nicht kontrolliert werden. Ein Polizist versuchte, ihren Körper mit dem blanken Säbel abzustreifen und so die Verstecke zu finden. Wegen der befürchteten Unannehmlichkeiten wurde das Verfahren eingestellt. Eine Kontrolle war nicht mehr möglich, weil es nicht genug weibliche Hilfsbeamten gab[29].

---

[22] Ba.-assessor *Schleder,* S. 6 f. des Berichts des BA. Gemünden an Reg. Ufr., 15. 6. 17, MInn 66446.

[23] Bericht *Gottinger,* MInn 66329.

[24] Bericht ans Kriegswucheramt, Bad Kissingen, 5. 9. 17, MInn 66447.

[25] Erlaß *Brettreichs* an Kommunalverbände, 7. 12. 17, MInn 66448.

[26] Erlaß *Hellingrath* vom 9. 2. 18, MInn 66449.

[27] Pol. Dir. Mch., Kriegswucheramt, an MInn., 10. 1. 18, MInn 66449.

[28] Eraß MInn. an Reggen. u. Kommunalverbände, 25. 4. 18, MInn 66449.

[29] Gend. Hauptstation Ebern an Gend. Abteilg. v. Ufr., 4. 7. 18, samt dem anschließenden Briefwechsel, MInn 66449.

Im Jahre 1917 wuchs sich der Zug aufs Land zu einer ernsten Gefahr für die öffentliche Sicherheit aus. Diebstähle häuften sich[30], ein Bezirksamtmann sprach von den „Plünderungszügen" der Städter durch das Land[31]. Die Kartoffel- und Gemüseernte 1917 war in Gefahr, weil zu befürchten stand, die Hamsterer würden den Bauern die Erntearbeiten abnehmen[32], in manchen Dörfern in der Pfalz mußte Polizei die Felder schützen[33], Viehdiebstähle, Lebensmittelkartendiebstähle und -fälschungen waren an der Tagesordnung[34], in vielen Gegenden mußten die Kirchen tagsüber geschlossen werden, „um ihren Inhalt vor Diebstahl zu schützen"[35].

c) Schwarzmarkt- und Hamsterpreise

Die Entwicklung der Hamsterpreise zeigt die fortschreitende Geldentwertung noch deutlicher als die Steigerung der Preise auf dem offiziellen Markt, außerdem aber wird an der Preisentwicklung der Warenabfluß von dem offiziellen Markt erklärlich.

Im Juni 1915, bevor die Eier gleichmäßig bewirtschaftet wurden, kostete auf dem Münchner Viktualienmarkt das Stück 12 Pfennige[36]. Im März 1916, zur Zeit der Eierschwemme, kosteten sie bereits über 13 Pfennige[37], zur selben Zeit zahlten Ingolstädter Arbeiter für das Pfund Schmalz 2,30 bis 2,40 Mark[38], im November stiegen die Angebote bis auf drei und fünf Mark[39]. Im Juni 1917 stand in Frankfurt/M der Schwarzmarktpreis für Kartoffeln auf 30 Mark je Zentner[40]. Etwa zur selben Zeit berechnete ein Schleichhändler seinen Kunden in Bad Kissingen für Butter vier Mark, Mehl eine Mark, Kalbfleisch zwei Mark und geschlachtete Gänse vier Mark je Pfund, für das Ei erhielt er 35 Pfennig[41]. In Mittelfranken boten die Hamsterer zur gleichen Zeit 25 Pfennig für das Ei und 4,50 Mark für das Pfund Schmalz. Im

---

30 siehe A. IV. 4. und A. V. 2.

31 Wochenbericht BA. Sulzbach an Reg. Ofr., 19. 5. 17, MInn 66446.

32 Gend. Hauptstation Gemünden an BA. Gemünden, 14. 6. 17, S. 4, MInn 66449.

33 Bericht Dr. *Hofstetter*, Anlage zum Schreiben Bayer. Lebensmittelstelle an MInn., 5. 8. 17, MInn 66447.

34 Volksstimmungsbericht *Sonnenburg* für Juli 17, S. 32, MK 19288.

35 Bericht *Sonnenburg* für Jan. 18, S. 4, MK 19289.

36 Frl. *Stauber*, Viktualin, an MKr., 11. 6. 15, MKr 12821.

37 siehe hier Anm. 3.

38 siehe hier Anm. 3.

39 Wochenbericht Reg. Obb. an MInn., 27. 11. 16, MInn 66329.

40 siehe hier Anm. 32.

41 siehe hier Anm. 24.

Oktober waren die Preise in Aschaffenburg für Mehl und Getreide bei einer Mark und für Hülsenfrüchte bei zwei Mark je Pfund angekommen[42]. Im Sommer 1918 zahlten die in die Oberpfalz evakuierten Elsässer für Butter acht Mark je Pfund, für Milch 50 Pfennig je Liter und 40 Pfennig für ein Ei[43]. Im selben Monat Juli 1918 konnte es geschehen, daß norddeutsche Kurgäste 50 Mark für ein Pfund Butter anboten[44].

Im August 1918 verlangte der Bauer gewöhnlich 10 bis 15 Mark für das Pfund Butter, Rauchfleisch und Speck kosteten 9 bis 12 Mark, der Liter Butterfett stand auf 17 bis 21 Mark und das Ei auf 40 bis 45 Pfennigen[45]. Im Oktober endlich kauften Schmuggler im Bezirk Regen Weizen für 30 bis 70 Pfennige je Pfund auf und lieferten ihn für ein bis zwei Mark nach Böhmen[46].

Die Schwarzmarktpreise waren also bei Kriegsende um etwa das vier- bis fünffache höher als die Ladenpreise vor dem Krieg, und sie dürften wenigstens doppelt so hoch gewesen sein, wie die Preise auf dem rationierten öffentlichen Markt.

Es ist offensichtlich, daß sich demnach die große Masse der Hamsterer, sofern sie nicht für Schwarzhändler arbeitete, nur gelegentlich eine zusätzliche Versorgung leisten konnte und daß zu einer wirklich ausreichenden oder gar guten Versorgung finanzielle Mittel gehörten, die einfach nur der kleinen Gruppe der Wohlhabenden zur Verfügung standen; wir können ebenso mit den meisten zeitgenössischen Beobachtern annehmen, daß die Hauptmenge der gehamsterten Güter über den Schleichhandel dieser kleinen Gruppe zufloß, auch wenn Belege für diese Behauptung in ausreichender Menge fehlen, weil diese Schleichhändler viel zu ausgefeilte Geschäftsmethoden hatten, als daß die Polizei ihnen auf die Schliche hätte kommen können.

d) Hamsterei — Schwarzhandel — Mengen

Ebenso wie wir die unscheinbarsten Quellen heranziehen mußten, um eine Entwicklung der Preise zeigen zu können, sind wir auf sehr heterogene Berichte angewiesen, wenn wir etwas über die Mengen von Lebensmitteln aussagen wollen, die der Schleichhandel dem staatlichen Zugriff entzog.

---

[42] Michael *Braun*, an Kriegswucheramt, 22. 10. 18, MInn 66448.

[43] MKr. an MInn., 9. 7. 18, MInn 66331.

[44] Volksstimmungsbericht *Sonnenburg* für Juli 1918, S. 3, MK 19290.

[45] Ida *Onnicke*, Bericht vom 12. 8. 18, MInn 66331.

[46] BA. Deggendorf an MInn., 6. 11. 18, MInn 66449.

Im März 1916 wurde geschätzt, daß tagtäglich etwa 20 000 Eier allein mit dem Abendzug aus Dachau nach München gebracht würden[47]. Wenn wir diese Zahl auch für die wesentlichsten anderen Bahnlinien, die nach München führten, annehmen, so sind es täglich wenigstens 50 000 bis 60 000 Eier, die privat nach München gebracht wurden.

Durch die Zunahme der Hamsterei Anfang April 1917 gingen die Butterlieferungen in Bayern innerhalb von drei Wochen von 1416 auf 543 Zentner zurück[48]. Im Bezirk Sulzbach wurden Hamsterer aufgegriffen, die „mehrere Hundert Eier auf ihren Beutezügen erhamstern“[49]. Immerhin wurde im Juni dieses Jahres damit gerechnet, daß jeder Hamsterer auf einer Fahrt wenigstens ein halbes Pfund Butter und fünf Eier heimbringt[50].

Bei der Einführung der Paketkontrolle für Pakete, die aus Bayern hinausgehen sollten, wurden allein in den ersten vier Tagen im Bereich des Befehlsgebietes des stellvertretenden Generalkommandos des I. bayerischen Armeekorps — etwas mehr als Oberbayern und Schwaben — 17 Zentner Käse, 4 1/2 Zentner Butter und Schmalz, 3 Zentner Fleisch, 2 1/2 Zentner Honig, fast 3 Zentner Mehl und 4659 Eier beschlagnahmt. Dabei waren kleine Mengen Lebensmittel noch nicht eingerechnet, denn sie wurden durchgelassen[51].

Als Polizisten am Bahnhof Gemünden einen Hamsterzug kontrollierten, griffen sie die dreizehn am schwersten bepackten Frauen heraus. Bei ihnen fanden sich wenigstens fünf Zentner Kartoffeln[52]. Es ist das die Zeit, wo einzelne Hamsterer ihre Beute bereits mit Fuhrwerken abtransportieren.

Ein einzelner Hamsterer, der für ein Kissinger Hotel arbeitete, konnte in einem Sommer 1917 mit seinem Kunden über mehr als 16 Zentner Fleisch, 2 1/2 Zentner Mehl, einige Zentner Gerste, 150 Eier, 130 Pfund Butter und 200 Gänse abrechnen[53].

Präzise Zahlen über die Lebensmittelmengen, die innerhalb Bayerns verschoben wurden, haben wir nicht. Aber wir können an dem Beispiel des Rückgangs der Butterlieferungen beim Einsetzen der Ham-

---

47 siehe hier Anm. 3.

48 Bayer. Landesfettstelle an MInn., 23. 4. 1917, MInn 66446.

49 Wochenbericht BA. Sulzbach an Reg. Ofr., 19. 5. 17, MInn 66446.

50 Pol. Präs. Mch. — b. Kr. Wu. A., an MInn., 3. 6. 17, MInn 66446.

51 Niederschrift üb. d. Besprechung vom 25. 6. 17 beim st. G. K. I. b. AK., MInn 66446.

52 Gend. Hauptstation Gemünden an BA. Gemünden, Ufr., 13. 6. 17, S. 1, MInn 66446.

53 siehe hier Anm. 24.

stersaison um fast zwei Drittel annehmen, daß wenigstens ein Drittel aller erzeugten hochwertigen Lebensmittel nicht vom Staat erfaßt werden konnte, und daß etwa die Hälfte davon wiederum Bayern verließ[54]. Bei gleichem Verteilungsschlüssel innerhalb des Reichsernährungsausgleichs hätten der bayerischen öffentlichen Ernährungsorganisation und damit jedem einzelnen Bürger insgesamt also fast um die Hälfte mehr Lebensmittel zur Verfügung gestanden, wenn der Staat den Schleichhandel und die Hamsterei hätte ausschalten und alle Erzeugnisse erfassen können; für Brettreich war es ganz offensichtlich, daß bei Butter, Käse und Eiern ein „außerordentlich großer, nicht selten der größere Teil der erzeugten Mengen" von Hamsterern, Schleichhändlern und Fremden verschleppt wird[55].

e) Gaststätten

Der Gastwirt wurde im Kriege von drei Seiten in seinem Betrieb beeinflußt:

1. von der staatlichen Versorgungsregelung,
2. von seiner Tradition, die Gäste gut zu versorgen,
3. von seinem Profitstreben.

Diese drei Faktoren zwingen ihn je länger, je mehr in die Illegalität, denn sie sind unvereinbar.

Als erstes wurde es den Wirten unter dem Eindruck des Weizenmangels verboten, Weißbrot auf den Tischen bereitzustellen. Sie durften es nur auf Verlangen abgeben[56]. Dann erhielten sie nur noch ein Drittel bis ein Viertel der Brotmenge zugeteilt, die sie vor dem Krieg verbraucht hatten, denn es war sonst zu leicht möglich für den Vermögenden, sich für das Brot, das er im Laden nicht mehr erhielt, in der Gastwirtschaft schadlos zu halten. Die Wirte gerieten arg in die Klemme, als sie von Arbeitern vor die Alternative gestellt wurden: entweder Brot und Bier oder keines von beiden[57]. Sie gaben das Brot ab und mußten sehen, wie sie die Zuteilung überschreiten konnten.

Genau denselben Druck übte der Fremdenstrom auf die Wirte aus. Es war nicht möglich, „die Fremdenbetriebe zu jenem Maß sparsamer Ernährungswirtschaft zu erziehen, wie es die Rücksichtnahme auf die

---

[54] siehe S. 144 f.

[55] Etwa *Brettreich* an Präs. Kriegsernährungsamt Berl., 18. 8. 17, S. 3, MInn 66447.

[56] MInn. an MKr., 10. 10. 14, MKr 12819.

[57] St. G. K. I. b. AK. an MKr., 26. 4. 15, MKr 12821.

Versorgung und den notwendigsten Lebensbedarf der einheimischen Bevölkerung erforderte“[58].

Mit der Begründung, daß das Leben in den Gastwirtschaften „vielfach mit der Enge unserer Nahrungswirtschaft und mit dem Ernste unserer Zeit in einem Mißverhältnisse“ steht, das berechtigten Unwillen hervorrufe, verfügt Brettreich am 14. Januar 1917 gewichtige Einschränkungen des Gaststättenbetriebs, die uns in ihrer Absicht die äußerste Knappheit aller Lebensmittel anschaulich illustrieren[59].

Brot und Mehlspeisen dürften nur noch gegen Brotmarken abgegeben werden, dienstags und freitags sollte keinerlei Fleisch auf den Tisch kommen, montags und donnerstags durfte der Wirt kein Fett zum Kochen verwenden. Mehr als eine Fleischspeise stand keinem Gast zu; das Menü durfte höchstens aus Suppe, fleischloser Vorspeise, Hauptgericht mit Fleisch oder Fisch sowie Nachtisch bestehen. Schlachtfeste, Schlachtschüsseln und Metzelsuppen wurden verboten. Um Fett zu sparen, wurde die Verwendung von Vorlegegeschirr untersagt. Der Hotelgast erhielt keine Frühstücksbutter mehr, Sahne in jeder Form stand ihm nicht mehr zu, Fleisch und Eier gab es nur noch gegen die entsprechenden Marken, die Kartoffelabgabe wurde eingeschränkt, Bier sollte nur stundenweise ausgeschänkt werden.

Der Erfolg war, daß die Wirte mehr denn je zu Kunden des Schwarzen Marktes wurden; die Einschränkungen griffen ja sowohl Berufsehre als auch Profit an. Im April geriet die Butterversorgung des Bezirks Traunstein in Gefahr, aber kein Wirt brauchte mit Fett zu sparen[60]. In Bad Kissingen erhielt das Hotel Löwinsky von einem einzigen Zulieferer während der Fremdensaison weit über zwanzig Zentner Fleisch, Geflügel, Fett und Mehl[61].

Manche Lokale wurden zu ausgesprochenen Schwarzhandelszentralen. Das Café „Deutsches Theater“ in München entwickelte sich zu einem Treffpunkt, in dem „Angehörige der verschiedensten Gesellschaftskreise, insbesondere bessere Kaufleute und Offiziere in Zivil, aber auch Zuhälter, Unterhändler und Agenten verkehren. Die Mehrzahl der Gäste sind Juden“. Die Polizeidirektionen kannten einen guten Teil der Stammgäste als Lebensmittelschieber und zweifelte nicht im geringsten daran, daß dort „mit Lebensmitteln Handel getrieben wird“[62], nur konnte sie es nicht nachweisen.

---

[58] St. G. K. I. b. AK. an MKr., 8. 10. 16, MKr 12842, Stück 16.

[59] Konzept des Erlasses an die bayer. Polizeibehörden, MInn 66445.

[60] BA. Traunstein an MInn., 13. 4. 17, MInn 66445.

[61] siehe hier Anm. 24.

[62] Pol. Dir. Mch. an MInn., 26. 9. 17, MInn 66447.

Es scheinen sich nicht allzu viele Restaurants an die einschränkenden Bestimmungen gehalten zu haben, denn im März 1918 ordnete Brettreich mit Hinweis auf die vielen Klagen über Gastwirtschaften, die sich über die Einschränkungen hinwegsetzten, die verstärkte Überwachung und als letzte Konsequenz die Schließung der Lokale an[63]. Es war offensichtlich, daß ihre Versorgung „in weiten Grenzen auf die Wirksamkeit des Schleichhandels aufgebaut war“[64], und um den Schleichhandel zu treffen, war es nötig, den Wirten auf die Finger zu sehen. In den Fremdenverkehrsorten und den Sommerfrischen ganz besonders hatte die Hamsterei der Gaststätten „einen ungeheuren Umfang angenommen“. Die teureren Restaurants konnten so Markenpflicht und Abgabeeinschränkungen weitgehend ignorieren. Wollte man ihre Küchen genauer überwachen, mußte man mit der Einrichtung von Nebenküchen rechnen. „Die gute Verpflegung der Gastwirtschaften in den Sommerfrischen ... (zog) den Fremdenstrom in großen Massen an[65].“

Von den vielen Gedanken, die man sich zur Bekämpfung dieser Zustände, die ja naturnotwendig heftigste Spannungen zwischen Arm und Reich mit sich bringen mußten, machte, erwies sich keiner als durchführbar. So wie die Hamsterer zu zahlreich waren, als daß man ernsthaft etwas gegen sie hätte ausrichten können, waren die Schleichhändler und jene Wirte, die mit ihnen zusammenarbeiteten, zu raffiniert, als daß die Polizei ihnen hätte auf die Schliche kommen können. Die Behörden sahen, was ist, aber sie sahen keine Möglichkeit, es zu verhindern.

f) Hamsterbekämpfung

Bereits im Frühjahr 1916 kontrollierte die Polizei Hamsterer. Der private Aufkauf war bei Eiern verboten[66]. Im April sieht sich Kriegsminister Kreß genötigt, in der Presse einen Erlaß gegen das Hamstern und Ansammeln von Lebensmitteln zu veröffentlichen. „Wer dieses erste Gebot für unseren ‚Sieg in der Heimat‘ nicht beachtet, der schädigt nicht nur *seine minderbemittelten Volksgenossen* in unverantwortlicher Weise, er wird auch zur Ursache *gemeingefährlicher Preistreibereien.*“ Er behauptet, daß die militärischen Befehlshaber über die nötige Macht verfügten, „rücksichtslos einzuschreiten und die aufgestapelten

---

[63] *Brettreich* an Polizeibehörden, 20. 3. 18, MInn 66449.

[64] Rundschreiben des Kriegsernährungsamtes Berlin, 21. 3. 18, MInn 66449.

[65] Besprechung in MInn. über Bekämpfung des Schleichhandels am 13. 7. 1918. Ausführungen *Woerner*, S. 2 ff., MInn 66449.

[66] siehe hier Anm. 3.

Vorräte zwangsweise dem Markte wieder zuzuführen"[67]. Der Erlaß richtet sich eindeutig gegen die vermögenden Schichten, denn im Mittelstand und der Arbeiterschaft war einfach das Geld zur Lebensmittelhortung nicht vorhanden. Damit ist der Beginn der illegalen Versorgung eindeutig als Schleichhandel bestimmt. Die Massenhamsterei setzt um diese Zeit ein. Von einer ernsthaften Bekämpfung dieser Erscheinungen hören wir aber 1916 noch nichts, sie setzt erst mit dem Ministerwechsel im Dezember 1916 ein.

Am 8. Januar 1917 bittet Brettreich Verkehrsminister Seidlein, den Polizeibeamten den Zutritt zu den Bahnhöfen und Postämtern und die Überprüfung des Paketverkehrs der Post sowie des Reisegepäcks, des Expreßgutes und Stückgutes auf der Eisenbahn zu gestatten[68]. Seidlein gesteht der Polizei die Durchsuchung auf dem Gelände der Bahnverwaltung zu, sofern die Bahnverwaltung unbeteiligt bleibe, der Eisenbahnbetrieb nicht gestört werde, die Stationsvorsteher vorher verständigt und etwaige Durchsuchungen unauffällig und nicht direkt vor den Schaltern vorgenommen würden. Innerhalb der abgesperrten Bahnhofsbezirke und auf den Bahnsteigen sollte die Polizei nur in unumgänglichen Notfällen auftreten. Die Durchsuchung des Reisegepäcks war nur von Stück zu Stück nach jeweiliger amtlicher Beschlagnahme erlaubt. Die Züge selbst sollten nicht durchsucht werden, es sei denn äußersten Falles auf den Bahnhöfen, für Kontrollen auf der Fahrt ist die jeweilige Genehmigung der Eisenbahndirektion und eine gültige Fahrkarte nötig.

Eingriffe in das Postgeheimnis, also eine Kontrolle des Paketverkehrs, konnte Seidlein nicht dulden[69].

Damit wandte sich der Versand von Lebensmitteln immer mehr von der Bahn ab und der Post zu, denn hier kamen sie sicher ans Ziel[70]. Dann lockerte Brettreich am 9. März 1917 das allgemeine Hamsterverbot mit der Begründung, „daß in der Tat manche Mengen von Lebensmitteln, auch von Butter und Eiern, anders als durch private Zuweisung der Erzeuger an Verwandte und Bekannte nicht den Weg in die Stadt finden würden". Kleine und kleinste Mengen sollte der einzelne unbehelligt in die Stadt bringen dürfen. Brettreich bekennt offen, daß die Pression der Städte ihn zu diesem Schritt gezwungen habe[71]. Die Lockerung des Hamsterverbotes hatte einen wesentlichen

[67] Konzept eines Erlasses an die Presse und an militärische Oberbehörden in Bayern und Preußen, MKr 12823.

[68] *Brettreich* an *Seidlein*, 8. 1. 17, MInn 66445.

[69] *Seidlein* an MInn., 19. 1. 17, MInn 66445.

[70] BA. Wegscheid an Reg. Nb., 20. 3. 17, MInn 66446.

[71] *Brettreich* an Reg. Mfr., 22. 3. 17, MInn 66445.

Rückgang der Ablieferung von Eiern und Butter zur Folge, denn die Polizei war einfach nicht in der Lage, den kleinen Hamsterer vom Zulieferer eines Schleichhändlers zu unterscheiden und mußte also beide laufen lassen, die Vollzugsschwierigkeiten waren unüberwindbar[72]. „Die mit Arbeiten aller Art überhäufte Gendarmeriemannschaft ist dem Massenandrang der Hamsterer nicht mehr gewachsen und ich habe den Eindruck, daß sie nur noch da eingreift, wo ein Auftrag sie zwingt, im übrigen aber ihre Kraft dankbareren Aufgaben zuwendet“[73], schreibt ein Bezirksamtmann.

Am 1. August beauftragte das Innenministerium die Polizeibehörden, sich besonders der Überwachung des Reisegepäcks an den Bahnhöfen zuzuwenden, beispielsweise das Betreten der Bahnanlagen zu verbieten, solange das Gepäck nicht durchsucht sei[74].

Polizisten gingen in die Postämter und beobachteten den Dienstbetrieb, um verdächtige Pakete abzufangen, bevor sie hinter dem Schalter verschwunden waren. Die Münchner Oberpostdirektion wies ihre Postämter an, „Versuchen der Polizeibeamten, sich zwecks Kontrolle der Aufgabe von Postsendungen kürzere oder längere Zeit in den Schaltervorplätzen aufzuhalten ... mit allem Nachdruck entgegenzutreten“. Ohne Genehmigung der Oberpostdirektion sollten selbst gerichtliche Beschlagnahmebeschlüsse nicht befolgt werden[75]. So behinderten sich die Staatsbehörden gegenseitig, die Verkehrsverwaltung schützte offensichtlich, um Postgeheimnis und Betriebssicherheit zu wahren, Hamsterei und Schleichhandel.

Im Sommer 1917 wurde das Verfahren eingeführt, alle Pakete, die Bayern verlassen sollten, über zentrale Postanstalten laufen zu lassen, wo sie in militärischem Auftrag vom Kriegswucheramt untersucht wurden, ob sie unzulässige Mengen Lebensmittel enthielten[76]. Im Laufe eines Jahres wurden auf diese Weise etwa 10 000 Zentner hochwertige Lebensmittel beschlagnahmt[77]. Die Verkehrsverwaltung mußte sich diesem Verfahren beugen, denn es war auf den bayerischen Kriegszustandsgesetzen aufgebaut, ohne daß sich allerdings eine juristisch einwandfreie Begründung hätte finden lassen.

---

[72] Vgl. BA. Weißenburg an Reg. Mfr., 15. 3. 17, MInn 66445.

[73] BA. Mühldorf an b. Landesfettstelle, 23. 5. 17, MInn 66446.

[74] MInn (i. A. *Brand*) an Pol. beh., 1. 8. 17, MInn 66447.

[75] Erlaß der OPD. Mch. an Postanstalten, 22. 8. 17, Abdruck an BA. München, MInn 66447.

[76] Pol. Dir. Mch. an MInn., 18. 8. 17 und MKr., geheim, an st. G. Ks. II. u. III. b. AK., 26. 8. 18, MInn 66447.

[77] siehe S. 144 f.

Die Kontrolle des Straßen- und Bahnverkehrs, die persönliche Durchsuchung des einzelnen, stieß oft auf unüberwindliche Schwierigkeiten, sei es, daß die Polizisten durch die Übermacht der Hamsterer oder des Publikums gezwungen wurden, ihr Vorhaben aufzugeben[78], sei es, daß die Kontrollierten sich als Offiziere[79] oder gar als Generäle[80] jeder Kontrolle energisch widersetzten und die Polizisten noch beschimpften, jedenfalls sich auf Grund ihrer sozialen Stellung einfach über die polizeilichen Forderungen hinwegsetzten, sei es, daß Bahn- oder Postbeamte auf ihrem Hausrecht bestanden und weitere Kontrollen verboten. Der einzelne Polizist versah seinen Dienst wegen dieser Widerstände und der allgemeinen Anfeindung, der er ausgesetzt war, allmählich so lustlos und nachlässig, daß Georg Heim schließlich vorschlagen konnte, ihn an der von ihm beschlagnahmten Hamsterbeute prozentual zu beteiligen, die Hamsterjagd in sein persönliches Interesse zu stellen[81]; der zuständige Referent des Innenministeriums hielt diesen Vorschlag trotz der Möglichkeit, so „eine größere Zahl von Schleichhandelsfällen als heute zu ermitteln" insbesondere deshalb für bedenklich, weil die Polizisten dann so gehässigen Angriffen ausgesetzt sein würden, daß ihre Arbeit eher noch schwerer würde. „Hinweise auf die Raubritterzeiten, die heute schon in Beschwerden von Hamstern vorkommen, würden geradezu herausgefordert[82]."

Die Beschwerden, insbesondere über die Beschlagnahme von Paketen, häuften sich im Frühjahr 1918 so sehr, daß sie den Betrieb des Kriegswucheramtes lahmzulegen drohten[83].

Im ganzen hatten die Versuche, Hamsterei und Schleichhandel zu bekämpfen, keinen erkennbaren Erfolg. Der Zustand ist 1918 derselbe wie 1917. Nur in einzelnen Gebieten bot der Staat seine ganze Macht auf. Die Pfalz war schließlich von einem Netz von Überwachungsstationen überzogen, die von Gendarmerie und Feldgendarmen gemeinsam besetzt waren. Die Feldjäger „patrouillieren meist zu Rade, wobei sie mit Karabiner und Seitengewehr ausgerüstet sind sowie weiße Armbinden mit Aufdruck tragen ... Auch mit Revolvern versehene Infanterie-Mannschaften üben derartigen Überwachungsdienst aus"[84].

---

78 siehe hier Anm. 22.

79 Bericht Wachtmeister Michael *Braun* an Kr. Wu. A., 23. 10. 17, MInn 66448.

80 *Brettreich* an MKr., 19. 10. 17, MInn 66447.

81 *Heim* an *Brettreich,* 23. 2. 18, MInn 66449.

82 Marginal *Woerner* zum Brief *Heims* (siehe hier Anm. 81) am 25. 2. 18 MInn 66449.

83 Pol. Dir. Mch., Kr. Wu. A., an MInn., 27. 5. 18, MInn 66449.

84 Pfälzische Rundschau, Nr. 137, 5. 6. 1918, in MInn 66449.

Im Juli rang sich das Innenministerium dazu durch, für die Aufdeckung von Schleichhandelsgeschäften Prämien auszuwerfen, die genau nach Gegenständen abgestuft waren. Für eine entdeckte Kuh etwa waren 60 Mark zu erwarten. Der Arbeitseifer der Polizisten steigerte sich durch dieses Verfahren, die Erfolge wurden als gut angesehen. Fast mit Überraschung wurde festgestellt, daß ein Denunziantentum sich aus diesem Belohnungssystem für jeden nicht entwickelt hatte[85].

Jedoch, alle Bemühungen waren letzten Endes erfolglos, die Hamsterei war eine der schwersten Bürden, die Eisners Revolutionsregierung vom Königreich Bayern übernahm.

Erhard Auer, der Nachfolger Brettreichs, forderte von den Beamten, daß, „um das Staatsgefüge zu erhalten", vor allem „dem immer mehr um sich greifenden wilden Aufkauf von Lebensmitteln Einhalt" getan werden müsse[86].

g) Hamsterei, Hamsterbekämpfung und Rechtsgedanke

Im Juli 1915 bot ein Ulmer Geschäftsmann im „Praktischen Wegweiser Würzburg" ohne Mehlkarte „weißes schönes Weizenmehl, sofort lieferbar, Postpaket 9 Pfund Mk 6,—, 1 Zentner Mk 63,—, 2 Zentner Mk 125,—" gegen Nachnahme an jedermann an[87]. Der Einsender dieses Inserats bezeichnete es „als Höchstleistung während des jetzigen Krieges"[88]. Der zuständige Referent des Kriegsministeriums stimmte ihm in dieser Betrachtungsweise zu, meinte aber, daß es nicht „Sache des Kriegsministeriums, sondern des Strafrichters wäre", hier einzugreifen[89].

An diesem Vorgang ist in erster Linie die Skrupellosigkeit hervorstechend, mit der in der Frühzeit des Krieges einzelne Waren zu horrenden Preisen angeboten werden konnten, aber auch die Empörung, die diese Angebote, die ja nichts anderes als Aufforderung zum Schleichhandel waren, hervorriefen.

Die Unsicherheit der Rechtszustände war dabei so groß, daß der Referent des Kriegsministeriums bei der juristischen Würdigung unterscheiden mußte, ob es sich um deutsches oder ausländisches Mehl

---

[85] MInn. an sächs. Innenministerium, 24. 8. 18, MInn 66449.

[86] Erlaß *Auer* an Reggen. u. BÄmter, 15. 11. 18, MInn 66449.

[87] Praktischer Wegweiser, Nr. 30, 29. 7. 15, Beilage zu: Franz Xaver *Zahlhaas* an MKr., 30. 7. 15, MKr 12822.

[88] siehe Anm. 87.

[89] Marginal zu obigem am 3. 8. 15, MKr 12822.

handelte, weil letzteres frei gehandelt werden durfte[90], so daß wir einen legalen Markt im Untergrund für Importgüter annehmen müssen, der zweifellos das Unterscheidungsvermögen des einfachen Mannes in Rechtsdingen überforderte.

Als die Staatsgewalt des Hamsterproblems nicht mehr Herr werden konnte, sah Brettreich nicht ohne Grund die Gefahr, „daß hiedurch (durch Hamsterei und Schwarzhandel) die Achtung vor den gesetzlichen Vorschriften und damit die öffentliche Moral unberechenbaren Schaden leidet“, und forderte die Aufhebung des Postgeheimnisses bei Paketen, weil er darin ein kleineres Übel sah als in den Unruhen, die unausbleiblich seien, „wenn die Bevölkerung nichts zu essen hat oder wenn gewisse Bevölkerungsgruppen ständig sehen, daß der Vermögliche und Skrupellose durch Umgehung gesetzlicher Vorschriften sich reichlich mit Nahrungsmitteln versehen kann, während sie darben müssen“[91]. Gesetz stand gegen Gesetz. Das gesetzliche Postgeheimnis stand gegen das gesetzliche Hamster- und Schleichhandelsverbot. Indem der Staat das eine Gesetz bewahrte, half er das andere verletzen. Halbheit war die Folge. Durch die Kontrolle der Postpakete nach außerhalb Bayern, die ohne Aufhebung des Postgeheimnisses mit Hilfe undurchsichtiger juristischer Konstruktionen stattfand, wurde das Postgeheimnis verletzt, während der ebenso illegale Lebensmittelversand innerhalb Bayerns unangetastet blieb.

Verkehrsminister Seidlein mußte ebenso energisch am Postgeheimnis festhalten, wie Brettreich dagegen anrennen mußte. Seidlein betrachtete es neben der strafrechtlichen, gesetzlichen und verkehrstechnischen Verankerung als „eines der wesentlichsten Unterscheidungsmerkmale des konstitutionellen Staatswesens gegenüber dem Polizeistaat“, das „bisher im Kampfe der schwerwiegendsten kulturellen und politischen Interessen, so während des Jahres 1848, während des Kulturkampfes und des Sozialistengesetzes allen Anfechtungen gegenüber aufrechterhalten worden ist“. Aber während es sich hier eher um historische Reminiszenzen handelt, die von Brettreichs Argumentation leicht aufgewogen werden konnten, läßt der einfache Rechtsstaatsgedanke keinen Einwand mehr zu: „Würde nunmehr das Postgeheimnis im Interesse der Überwachung des Lebensmittelhandels durchbrochen, so wäre es schwer, wenn nicht unmöglich, späterhin im Falle etwaiger Angriffe auf das Postgeheimnis aus politischen oder kulturellen Motiven es aufrecht zu erhalten[92].“

---

[90] Wie hier Anm. 89.

[91] *Brettreich* an MVerkehr, 8. 1. 17, MInn 66445.

[92] *Seidlein* an *Brettreich*, 19. 1. 17, S. 7 f., MInn 66445.

So stehen sich denn das Ideal der Rechtssicherheit und das Problem der Ernährungsgleichheit unvereinbar gegenüber. Freiheit und Gleichheit schließen sich gegenseitig aus. Das Land steht auf kurze Sicht vor dem Zusammenbruch der Ernährung, auf lange Sicht vor dem ebenso ernsten Problem des Zusammenbruchs der Rechtlichkeit. Das Dilemma war unlösbar und mußte den bisherigen Staat zerstören, weil er die Ernährung, an der das Problem entstand, nicht sicherstellen konnte.

Weniger prinzipielle Fragen haben im Ergebnis gleich große Wirkungen, indem sie das Vertrauen in den Staat unterhöhlen. Brettreich gab in seinem Erlaß vom 9. März 1917 die Erlaubnis, sich für den „eigenen, nächsten Haushaltsbedarf ..., namentlich von Verwandten und Bekannten geringe Lebensmittelzuschüsse" auf dem Lande zu besorgen[93].

Ein Bezirksamtmann stellt fest, daß auf Grund älterer Bundesratsverordnungen, die Brettreich nicht außer Kraft setzen könne, „den Verbrauchern der Erwerb von Eiern bei Geflügelhaltern verboten" ist, und folgert, daß die Verbraucher nun annehmen werden, das Verbot bestehe nicht mehr. „Sie werden frisch drauf loszukaufen suchen." Die Polizei aber könne Brettreichs Erlaß nicht erfüllen, weil sie nicht weiß, wie klein die Mengen sein dürfen. „Was wird, wenn die einen angezeigt werden und die anderen straflos bleiben? Kurzum nichts als unüberwindliche Vollzugsschwierigkeiten, die im Laufe der Entwicklung die Unzufriedenheit der Einsichtslosen — und das ist die Mehrheit — in viel höherem Maße steigern werden, als wenn der bisherige Vollzug (d. i. rigorose Verfolgung) unverändert hätte weiter wirken können[94]."

Der Erlaß hatte das Unrechtsbewußtsein des Hamsterers zerstört, der kein Verständnis mehr dafür aufbringen konnte, wenn er für sein Tun bestraft werden sollte, noch dazu wenn die Bestrafung sich nach dem willkürlichen Auswahlprinzip richtete, ob einer erwischt und angezeigt wird, oder nicht. Die Polizei verfolgte im Rahmen ihrer Möglichkeiten die Hamsterer ebenso streng wie vorher, aber der Erlaß hatte die Schleusen geöffnet für die Überflutung des flachen Landes.

Wer irgend konnte, mußte auch hamstern, um nicht zu verhungern. „Mehr wollen die Leute nicht, als ihr Leben zu fristen. Nun ist in neuerer Zeit die Gendarmerie überall um ganz München herum so sinnlos streng und nimmt jedem Menschen, der sich unter Aufwendung vieler Zeit und Geld und Schwierigkeiten einige Eier usw. teuer erkauft

---

[93] Konzept eines nicht verschickten Rundschreibens an die übrigen Minister vom März 1917, MInn 66445.

[94] BA. Weißenburg an Reg. Mfr., 15. 3. 17, MInn 66445.

hat, alles ab und die Sachen wandern zum Kommunalverband, damit sie entweder verderben, damit die dortigen Wucherer ihren Nutzen daraus ziehen, denn diese haben jetzt das Privilegium, oder damit sie nach Preußen gelangen[95]." Der Gendarm ist die Personifizierung der Staatsgewalt, die mit seiner Hilfe die mühseligen Versuche, das Leben etwas weniger unerträglich zu gestalten, bekämpft, und statt dessen die Lebenshaltung über den Kommunalverband unnötig zu verteuern oder gar zugunsten Preußens zu verschlechtern scheint. Der Bürger ist seinem Staat entfremdet und kann eine ihm unverständliche Machtausübung nicht mehr respektieren, andererseits ist er imstande, alle durch Recht und Gesetz gewährleistete Sicherheit des Eigentums zu überrennen[96].

Einerseits wuchs die Empörung über das Schieberunwesen allmählich ins Ungemessene[97], andererseits hatte auch der Hamsterer sein Unrechtsbewußtsein verloren, er rühmte sich „in aller Öffentlichkeit, die Behörden hintergangen zu haben". Im Stadtanzeiger für München erzählt die München - Augsburger - Abendzeitung mit breitem Behagen „eine heitere Hamstergeschichte"[98]: „Ein Geschrei erhebt sich. Eine Frau mit fliegenden Haaren und Angstschweißperlen im Antlitz zieht am Ende ihres gefüllten Rucksackes, ein Gendarm am andern. Auch die hohe Obrigkeit gerät in Schweiß ... War es ein Schwächeanfall oder die Furcht, einen ersehnten Lorbeer verlieren zu müssen, der Polizeigewaltige rief einen vorübergehenden Soldaten zu Hilfe. Er mußte helfen, den Rucksack zu halten." Die Frau erwehrt sich nach einigen Mißgeschicken des Ansturms und rettet sich in den Zug, derweil der Polizist von den Zugfenstern heraus übel beschimpft wird. Und so geht es weiter. Der gesamte Zug stellt sich auf die Seite der Frau, der Razzia am Ostbahnhof in München entgeht sie mit Hilfe einer Verkleidungskomödie und der Mithilfe beherzter Reisegefährten. „Am nächst'n Tag aber hat's an Schmarr'n beim Mehlweib geb'n; denn der Mann is aus'm Feld hoam komma. Mit Hilfe eines Soldaten, zweier Bahnvorstände, eines Zugführers und einer Schaffnerin ist es einem Gendarmen und einem Schutzmann glücklich gelungen, daß aus Mehl Schmarr'n wurde. Wo so viel Mangel an Personal, ist diese Leistung doppelt erfreulich." Dieser Artikel entspringt nicht einfacher Spottlust. Es ist tiefe Genugtuung über die Niederlage der Staatsmacht gegen eine schlichte Frau, die ihr Recht gegen die unrechte staatliche Machtausübung erfolgreich verteidigt. Der Ton des Artikels ist Aus-

---

[95] Joh. *Götz* an *Brettreich*, 30. 6. 17, MInn 66446.

[96] Vgl. etwa A. VI. 2. b. und A. IV. 4.

[97] Vgl. A. V. 3. b. sowie hierfür u. f. d. folgende: Volksstimmungsbericht Sonnenburg für August 1917, S. 46, MK 19289.

[98] So der Titel, Nr. 495, 19. 9. 17, Seite 1, Spalte 1 u. 2, unterm Strich.

druck einer äußerst abschätzigen Haltung. Der Schreiber kann diesen Staat, der derart eklatant blamiert ist, nicht mehr ernstnehmen.

Um vor Übergriffen der Polizei auf sein vermeintliches Recht sicher zu sein, wurde „das Verlangen nach Verstärkung der Rechtsgarantien immer lebhafter gestellt“[99], während Brettreich, um schärfer gegen den Schleichhandel vorgehen zu können, im Zuge der neu eingeführten Paketkontrolle[100], mit der er den Boden des Postgeheimnisses verlassen hatte, die Rechtsstaatlichkeit weiter abzubauen trachtete, als er für die Einziehung von Schleichhandels- und Hamsterware ein einfaches Verwaltungsverfahren statt des umständlichen Weges über die Gerichte einführen wollte. Justizminister Thelemann mußte das ablehnen, obwohl andererseits die Gerichte vielfach so niedrige Strafen aussprachen, daß keinerlei abschreckende Wirkung erzielt, der Schleichhandel also nicht eingeschränkt wurde, worüber sich wiederum die Verwaltungsbehörden dauernd beklagten. Das Dilemma war unlösbar. Die allgemeine Not zwang den einzelnen zum Hamstern, das Hamstern des einzelnen verschärfte die allgemeine Not.

Das Hamstern war durch Gesetze verboten. Die Not zwang zur Übertretung der Gesetze unter dem Schutz anderer Gesetze, die zum Grundbestand des bürgerlichen Rechtsstaates gehören. Um die Not gleichmäßiger zu verteilen, sah sich der Staat gezwungen, diesen Grundbestand bürgerlicher Rechtlichkeit auszuhöhlen und unterhöhlte so das allgemeine Rechtsempfinden. Die Münchner Zeitung fragte: „Können Staatsgesetze auch zur Entsittlichung des Menschen beitragen[101]?“ Sie können es, wenn der Staat in einer unauflösbaren Krise steckt.

3. Gerüchte

Gerüchte sind Ausdruck ungenügender Informiertheit, des Mißtrauens gegen die zugänglichen Informationen, der Phantasie oder Ausdruck von Wünschen oder Ängsten. In ihnen spiegelt sich die Weltvorstellung dessen, der sie verbreitet und dessen, der sie glaubt. Sie sind zugleich Folge von Zuständen und zustandsprägende Kräfte; sie entspringen Wunsch- und Angstvorstellungen und prägen sie zugleich.

Unter dem Eindruck des raschen Vordringens der deutschen Truppen wurden die Erfolge im Volksmund noch größer als in der Wirklichkeit. Am 20. August 1914 kam in München das Gerücht auf, Belfort sei

---

[99] Hierfür u. f. d. folgende: Justizminister *Thelemann* an *Brettreich,* MInn 66447.

[100] siehe A. VI. 2. f.

[101] Nr. 285 vom 16. 10. 17, in: MInn 66447.

erobert, zugleich erzählte man sich von der Kampfesweise des bayerischen Leibregiments die ungeheuerlichsten Schauergeschichten[1], und manche Soldaten trugen selbst zu deren Verbreitung bei, etwa jener verwundete Bayer, der verbreitete, „von seinem Truppenverband seien mehrere belgische Dörfer niedergebrannt, die Bewohner, auch die Frauen, seien erschossen worden. Auf die Frage, was mit den Kindern geschehen sei, habe er geantwortet, die habe man auch erschossen; man könne sie doch nicht füttern“[2].

Im Frühjahr darauf entstand im Berchtesgadener Land das Gerücht, Ludwig III. sei bereit, dieses Gebiet um des Friedens mit Italien willen und um Teile des Elsaß zu erhalten, an Österreich zu geben[3]; Zukunftspessimismus wird sichtbar.

1916 verbreiteten Frontsoldaten Gerüchte „über angeblich schwere Differenzen zwischen preußischen und bayerischen Truppenteilen, über das flotte Leben hinter der Front, die teilweise schlechte Ernährung ...“[4], so daß also das Gerücht die wesentlichsten Vorwürfe, außer denen über die Schikanen durch Offiziere[5], von der Front in die Heimat trägt.

Im Februar 1917 kamen in der Umgebung Landshuts Gerüchte auf, nach denen 23 elsässische Dörfer sowie Colmar und Metz von den deutschen Truppen geräumt werden sollten[6], wie sie ähnlich im Januar aus der Pfalz berichtet wurden, wo das Volk die „Räumung nahegelegener Orte in Lothringen und in der Rheinprovinz“ erwartete[7]. Die Kämpfe in den Vogesen zeigten ihre Wirkung, der überschwängliche Optimismus von 1914 war längst geschwunden. Alle Nachtrichten von der Front wurden nur noch unter dem Gesichtspunkt deutscher Schwäche gesehen. Optimistische Gerüchte gab es nur 1914.

Dann streuten im Mai 1917 hamsternde Münchner im Bezirk Mühldorf das Gerücht von der vierzehntätigen Hamsterfreiheit aus[8], das Gerücht trat in den Dienst der Bekämpfung staatlicher Maßnahmen. Neben dem Charakter des Meinungspegels nahm es die Eigenschaft

---

[1] Major *Kress*, MKr. an „Korrespondenz Hoffmann“, 20. 8. 1914, Übersendung einer Notiz für die Presse, „Einwohner Münchens“, MKr 13857, Stück 52.

[2] Übersendung eines Berichts des Amtmanns Dr. *Santer* in Bruchsal, 26. 10. 14, durch das AA. an MA., 14. 11. 14, MA. 97600.

[3] Vgl. S. 122.

[4] Erlaß *Soden* an Reg. Präs. u. BÄ., 21. 9. 16, MInn 66327.

[5] Vgl. A. IV. 3. b.

[6] St. G. K. I. b. AK. an MKr., 13. 2. 17, MInn 66327.

[7] Reg. Pfalz an MInn., 29. 1. 1917, MInn 66327.

[8] Mühldorfer Anzeiger 118, 23. 5. 17, in: MInn 66446.

eines wirtschaftlichen oder politischen Kampfmittels an. Es verwundert nicht, daß bald die Vermutung auftauchte, daß „Agenten am Werk (sind), die Stimmung möglichst herabzudrücken und dem Volk die Liebe und das Vertrauen zur Heeres- und Reichsleitung und Landesregierung zu nehmen“[9]; der geistliche Propagandist Dr. Meßmer äußerte diese nicht ganz grundlose Vermutung[10], als er von den zahllosen Gerüchten berichtete, die in der Oberpfalz über den König umliefen[11].

Die Sehnsucht nach Frieden war so groß, daß sie sich auch in Gerüchten Ausdruck verschaffte. Im Sommer 1917 war im Allgäu, besonders in der Umgebung Kemptens, die Hoffnung zur Gewißheit geworden, „daß der Krieg im Monat August zu Ende geht. Die Leute glauben steif und fest daran und leben sich in einen förmlichen Wahn hinein“. Der Regierungspräsident von Schwaben, von Praun, fürchtete denn auch die „gewaltige“ Enttäuschung, die auf das Gebiet zukommt, wenn der Krieg weiterginge[12].

Selbst die Abneigung gegen Preußen und den Fremdenverkehr schaffte sich beredten Ausdruck, als sich an einen Ferienaufenthalt des Großverlegers August Scherl das Gerücht hängte, seine Angestellten zögen hamsternd durch die Gegend und die Eisenbahnverwaltung wolle für seine Heimfahrt nach Berlin einen Sonderzug bereitstellen[13]. Als man den Gerüchten nachging, stellten sie sich als gänzlich haltlos heraus[14], aber sie lassen doch sehen, daß man dem reichen Norddeutschen von vornherein ungebührliche Hamsterei und den bayerischen Behörden größte Rücksichtnahme auf seine Bedürfnisse zutraute; die Stimmungswirkung dieser Grundeinstellung läßt sich ermessen, wenn ihr im Allgäu das Gerücht begegnet, „in München stürben täglich 100—120 Menschen an Hunger. Unter den Pferden sei ebenfalls der Hungertyphus ausgebrochen“[15].

In Wörishofen war es ganz besonders schlimm. Der Arzt Dr. Baumgarten, der an einer Unterrichtungstagung für in der Propagandaarbeit Tätige teilgenommen hatte, schickte eine Liste von Gerüchten an das Innenministerium. Er hatte „vonseiten (sic!) der Großindustrie und hoher militärischer Kreise“, zweifellos Kurgäste, ziemlich zuverlässig

---

9 Hierfür u. f. d. folgende: Dr. *Meßmer* an MKr., 28. 6. 17, MK 19288.

10 Vgl. A. III. 1.

11 Vgl. S. 121 f.

12 Wochenbericht Reg. Schwaben u. Neuburg, 25. 6. 17, MInn 66328.

13 MInn. an MVerkehr, 20. 9. 17, MInn 66447.

14 MVerkehr an MInn., 29. 9. 17, und MInn. an „Münchner Post“, 9. 10. 17, MInn 66447.

15 Stimmungsbericht st. G. K. I. b. AK. an MKr., 10. 12. 17, für Nov. 17, S. 7. Best. 1914/18, St. G. K. I. b. AK., Fasz. 370.

erfahren, „daß bis Weihnachten Friedensverhandlungen im Gange sein werden". Er schrieb das vor dem Ausbruch der russischen Oktoberrevolution. Seine Informanten waren also entweder über die Durchreise Lenins unterrichtet, oder aber — innerhalb der Oberschichten kursierten ebenfalls optimistische Gerüchte. Baumgarten war sich jedenfalls nicht sicher, wie er sich in seinem propagandistischen Verhalten einrichten sollte; durfte er Friedenshoffnungen verbreiten oder sollte er ihnen entgegenarbeiten. An weiter verbreiteten Gerüchten führte er an: Österreich und die Türkei wollten „wegen Belgien nicht verbluten" und strebten den Sonderfrieden an; trotz aller Dementis halte sich hartnäckig das Gerücht, Triest sei von den Italienern eingenommen worden, „und der Umstand, daß sehr starke Truppentransporte nach Italien gehen, wird damit in ursächlichen Zusammenhang gebracht". Außerdem hieß es, die Schweiz sei durch die Sperrung der Lebensmittelzufuhr über kurz oder lang gezwungen, „zugunsten der Seite, die ihr die Lebensmittelversorgung ermögliche", in den Krieg einzutreten. Und dann offenbart sich die ganze Hilflosigkeit auch der Bestinformierten gegenüber der Gerüchteflut und auch das ganze Mißtrauen in die staatliche Informationspolitik und die Presse: „Wäre es nicht möglich, für die Vertrauensmänner, die absolut zuverlässig sind, eine offizielle Auskunftsstelle für Gerüchte zu schaffen[16]?" — denn, und das schreibt er nicht, auf das, was so alles in der Presse und den offiziellen Verlautbarungen veröffentlicht wird, kann man sich ja nicht mehr verlassen, vielleicht ist das Gerücht besser informiert als die Presse, vielleicht ist das Gerücht wahrer als alle offiziellen Veröffentlichungen. Es muß also erst einmal eine geheime, offizielle Auskunftsstelle für Gerüchte geschaffen werden, auf deren Informationen die „absolut Zuverlässigen" sich verlassen können.

Damit finden wir die Erklärung des Gerüchtes nicht nur als Ausdruck von Emotionen, sondern auch des unbefriedigten Informationsbedürfnisses und damit des Mißtrauens gegen die offizielle Information.

Von daher wird einerseits verständlich, wieso die tatsächlichen Frontereignisse so geringe Wirkung auf die allgemeine Stimmung ausübten, und wieso sich das Gerücht andererseits hauptsächlich den Ereignissen an der Front oder rund um die Kriegsdiplomatie widmete. Es beschäftigte sich immer mehr mit den Akteuren an der Vorderrampe der Kriegsereignisse: Ludendorff, Hindenburg und gegen Ende zu mit dem Kaiser. Als die Verhandlungen in Brest-Litowsk ins Stocken gerieten, jagten sich „die wildesten Gerüchte, und wieder scheint es, als ob man in gewissen Kreisen die Selbstbeherrschung völlig verloren

---

[16] Dr. med. *Baumgarten* an MInn., 6.10.17, MInn 66336.

habe". Da wurde verbreitet, daß Ludendorff die Politik des Staatssekretärs von Kühlmann angreife „und sein Abschiedsgesuch eingereicht habe; andere wollen wissen, Generalfeldmarschall von Hindenburg werde ein gleiches tun, wenn sein Mitarbeiter gegenüber dem Staatssekretär unterliege ...". Die bayerische Staatszeitung tritt mit dieser Polemik Presseberichten der verschiedensten Zeitungen entgegen[17]. Was aber sollte der Zeitungsleser denn glauben können, wenn eine Zeitung der anderen widerspricht und schließlich die offiziöse Staatszeitung alle dementiert. Das Glaubwürdigkeitsproblem bot allzu idealen Nährboden für alle Gerüchte; eine weitere Blütenlese zeigt es erneut für Brest-Litowsk: „1) an der Westfront hätten ganze Regimenter gemeutert; 2) Es bestehe ein Geheimbund der Kriegsverlängerer, dem auch Offiziere angehörten! 3) Wir stünden vor einer ernsten Krise in der Lebensmittelversorgung; die letzten Aufnahmen hätten einen großen Fehlbetrag ergeben. 4) Die Preußen hintertreiben absichtlich die Friedensverhandlungen in Brest-Litowsk[18]." Preußenhaß, Mißtrauen in die deutsche Kriegskraft, der Hunger, Geheimbund der Kriegsverlängerer — Friedenssehnsucht, alles dies spiegelt sich in den Gerüchten, findet in ihnen sein Ventil. Dazu kommt die Ablehnung aller kriegsverlängernden Kriegsziele — Geheimbund der Kriegsverlängerer —, der Annexionismus wird zum Objekt der Gerüchte. Der Schock der Januarstreiks macht sich in ständig wiederkehrenden Vorhersagen für neue Streiks Luft. Wir wollen sie nicht weiter verfolgen, ihnen stehen stereotype Prophezeiungen von Ernährungskürzungen zur Seite, sie sollten sich jeden Sommer kurz vor der Ernte bewahrheiten, wenn die Vorräte zur Neige gingen; aber bedeutsamer sind die politischen Aussagen, die sich im Gerücht offenbaren. Sie lassen sich keiner Gesellschaftsschicht zuordnen, geben vielmehr eher einen politischen Konsensus wieder und werden vielfach von der Presse geschürt oder wenigstens verbreitet. Sonnenburg weiß nichts von der Existenz eines politischen Geheimdienstes in Bayern, dessen Agenten, „gesinnungstüchtige Leute", sich bei Tagesspesen von 25 Mark (dem etwa vierfachen Verdienst eines Arbeiters) „im Lande herumtreiben" um, „im Auftrage einer im Hintergrunde wirkenden Stelle" die Volksstimmung zu beobachten und zu beeinflussen. „Immer offener werden diese Andeutungen, welche die Vaterlandspartei mit diesen geheimen Machenschaften in Verbindung bringen", stellt er fest, und er glaubt an ihre Substanz, denn aus den Presseandeutungen hält er die Vermutung wenigstens für naheliegend, „daß zwischen diesen geheimen Treibereien und den wirtschaftlichen und politischen Zentralisationsbestrebungen

---

[17] Bayer. Staatszeitung vom 8. 1. 1918, MInn 66283.

[18] Abschnitt C des Januar-Stimmungsberichts des st. G. K. I. b. AK an MKr., 12. 2. 18, Best. 1914/18, St. G. K. I. b. AK., Fasz. 370.

(...) ein gewisser Zusammenhang besteht"[19]; der Kreis zwischen Annexionismus, Vaterlandspartei, Preußen und Reichszentralisation schließt sich — im Gerücht, diese drei Dinge gehören wenigstens der allgemeinen Ansicht nach zusammen. Und das Gerücht wird zur Quelle für die Beobachter ihrer eigenen Zeit, sie selbst weisen ihm Quellenwert zu, weil die üblichen Quellen versagen; es ist dabei belanglos, ob es sich um Erzählungs- oder Pressegerüchte handelt.

Im Zusammenbruch der Westfront offenbart sich das noch einmal, die Uninformiertheit als zusätzliche Quelle der Gerüchte und der Verzweiflung; „Der Schrei nach Klarheit und Wahrheit ist allgemein. Die reine Wahrheit allein erscheint geeignet die unterirdischen Quellen zu verstopfen und die Gerüchtebildung einzudämmen, die die Nerven des Volkes zerrüttet[20]."

Allen optimistischen Verlautbarungen zum Trotz weiß doch das bayerische Innenministerium schon acht Tage vor dem alliierten Durchbruch durch die deutschen Linien von Gerüchten zu berichten, nach denen der deutsche Kronprinz und Hindenburg zerstritten seien, daß Hindenburg ermordet worden sei, und daß Deutschland im Westen eine große Niederlage erlitten und 120 000 Gefangene verloren habe[21].

Der militärische Zusammenbruch des Reiches wird dann, wie beispielsweise der Regierungsantritt Max' von Baden und sein Friedensangebot, die Frage nach dem Rücktritt Kaiser Wilhelms oder die Parlamentarisierung, von einem derartigen Wust von Gerüchten begleitet, daß nur noch Spezialuntersuchungen hindurchfinden könnten. Die Konfusion ist vollkommen. Das Gerücht hat über die Nachricht gesiegt.

4. Krawalle, Meutereien

Im Sommer 1915 zeichnete sich bereits die Gefahr von Ernährungskrawallen ab. In einem Erlaß an die stellvertretenden Generalkommandos ordnete Kriegsminister Kreß am 24. Juni 1915 an, daß etwaige öffentliche Protestversammlungen gegen die Preissteigerungen zu gestatten seien, weil es „für die Erhaltung der öffentlichen Sicherheit" besser sei, „den Klagen der großen Masse der wirtschaftlich Schwachen" ein kontrolliertes Ventil zu geben, als die Gährung durch das Verbot derartiger Kundgebungen im Stillen immer weiter um sich greifen zu lassen, „deren unkontrollierbarer Ausbruch dann durch

---

[19] Pressebericht *Sonnenburg* für April 18, S. 8, MK 19290.

[20] Volksstimmungsbericht *Sonnenburg* für August 1918, S. 4, MK 19290.

[21] MInn *(Knözinger)* an Badisches Innenministerium, 1. 8. 18, MInn 66331.

einzelne gesetzwidrige Gewalttätigkeiten auf den Lebensmittelmärkten, oder gegen Händler und dergl. nicht außerhalb des Bereiches der Möglichkeit läge"[1].

Der Spätherbst dieses Jahres brachte in Berlin die ersten Lebensmittelkrawalle, an denen sich vorzüglich Frauen beteiligten[2].

Kriegsminister Kreß billigte im Februar 1916 ausländischen Presseberichten über pazifistische und Hungerkrawalle in Deutschland ein hohes Maß an Wahrscheinlichkeit zu, nach denen Friedenskundgebungen in Berlin und Umgebung mit bis zu 15 000 Teilnehmern von der Polizei nicht mehr kontrolliert werden konnten oder Krupp'sche Arbeiter in Essen die Fensterscheiben im Hause des Bürgermeisters eingeschlagen hätten. Kreß mußte zu seinem Bedauern zugeben, „daß in den letzten Monaten mehrfach in größeren Städten Straßenkundgebungen unter dem Rufe nach Frieden und Brot stattgefunden haben"[3].

Im Sommer 1916 griff diese Bewegung auf Bayern über. Am 17. Juni nachmittags kam es als Folge einer Umstellung in der Ausgabe der Brotkarten, die plötzlich im sechswöchigen statt bisher vierwöchigen Turnus ausgegeben wurden, ohne daß dabei die Rationen gekürzt worden wären, zu einer Ansammlung von Frauen vor dem Rathaus, weil sie ihre Ration für sechs Wochen nach einem Monat verbraucht hatten und nun „eine Ergänzung des Brotbezuges" verlangten[4].

„Die Ansammlung führte bei der bekannten Neugier der Münchner Bevölkerung rasch zu Aufläufen, und die Gerüchte, die in der Menge emporwuchsen und von Mund zu Mund getragen sich stetig vergröberten und vergrößerten, zu Erregung." Der Ministerpräsident berichtet weiter, daß sich dieser Auflauf zerstreute, ohne Schäden angerichtet zu haben, daß sich aber gegen Abend erneut eine große Menge auf dem Marienplatz ansammelte, die in ihrer großen Mehrheit aus Leuten bestand, „welche die Neugier dahin trieb, wo etwas los war. Die Minderheit setzte sich aus gewohnheitsmäßigen Radaumachern zusammen, halberwachsene Burschen zwischen 16 und 18 Jahren, die durch den Krieg etwas aus der Zucht geraten sind". In diesem Menschengewühl entstand plötzlich das Gerücht, aus einigen Fenstern sei Wasser herabgeschüttet worden. „So fielen die Fensterscheiben des Café Rathaus und einiger Nachbarläden zum Opfer." Polizei und Militär zerstreuten den Aufruhr, an dem teilzunehmen manche Frauen eigens mit der Straßenbahn in die Stadt gefahren waren.

---

[1] In: MKr 12821.

[2] Pol. Dir. Mch. an st. G. K. I. b. AK., 17. 12. 15, MKr 13366, Stück 108.

[3] Streng geheimes Rundschreiben vom 1. 2. 16, MInn 66327.

[4] Hierfür u. f. d. folgende: MA. an die päpstl. Nuntiatur u. d. übrigen Gesandtschaften, 27. 6. 16, MA 97562 sowie *Albrecht*, V. 8.

Im Oktober wurden aus dem Bezirk Neustadt a. W. N. kleinere Arbeiterkrawalle „wegen einer versehentlich zu geringen Zuckerverteilung“ gemeldet[5]. Wegen der Art der Zuckerverteilung kam es im Februar 1917 auch in München beinahe zu Ausschreitungen[6].

Dann zwangen Hamsterer in Gemünden die Polizei, ihre Kontrollen einzustellen und die beschlagnahmten Lebensmittel zurückzugeben; um der Sicherheit des Eisenbahnbetriebs willen mußte der Bahnhofsvorstand weitere Kontrollen auf dem Bahnhofsgelände fürs erste verbieten[7]. Im August 1917 kam es in Oberfranken und der Oberpfalz zu Lebensmitteldemonstrationen, die von Hof ausgingen[8].

In einem Erlaß vom 3. September 1917 an die Regierungspräsidenten berichtete Brettreich[9], daß es im Sommer in Düsseldorf, Stettin und im oberschlesischen Industriebezirk zu Unruhen gekommen sei, die weit umfangreicher und gefährlicher waren, als es nach den Berichten der Presse den Anschein hatte, und die vermutlich auf die Tätigkeit der USPD zurückgingen. Brettreich forderte deshalb die Regierungspräsidenten und über sie die Bezirksvorstände auf, „die Vorbereitungen zur Unterdrückung von Unruhen für alle Fälle so zu treffen, daß *sie von den Ereignissen nicht überrascht werden*“[10], und wies besonders auf die Unruhen in Weiden vom 7. August hin[11], die zwar unpolitisch waren, aber bewiesen hätten, „wie sehr es notwendig ist, alle Anzeichen bevorstehender Stürme richtig zu beobachten und zu bewerten ...“.

Spätestens im September 1917 standen die Zeichen im Innern also auf Sturm. Jederlei Anlässe boten Gründe zu Ausschreitungen. Im Winter 1917/18 wurde eine Art gleitender Arbeitswoche eingeführt, die Sonntagsarbeit mit sich brachte. Am ersten Arbeitssonntag kam es in Ingolstadt zu stundenlangen Tumulten der Arbeiterinnen, die zu ihren Kindern heim wollten, die sie ohnehin die ganze Woche nicht sahen[12]. Dann kamen die großen Januar-Februar-Streiks[13] als erster großer Kulminationspunkt der Unzufriedenheit. Das Frühjahr 1918 blieb — wohl unter dem Eindruck der Frühjahrsoffensive und dem

---

5 Monatsbericht des st. G. K. III. b. AK., 2. 11. 16, MKr 12842.

6 Pol. kommissar *Burkart* an Pol. Dir., 7. 2. 17, Best. 1914/18, St. G. K. I. b. AK., Fasz. 204.

7 BA. Gemünden an Reg. Ufr., 15. 6. 17, MInn 66446.

8 Volksstimmungsbericht *Sonnenburg* für August 1917, S. 6, MK 19289.

9 In: MInn 71700.

10 Im Original unterstrichen.

11 siehe oben.

12 Münchner Post, Nr. 18, 22. 1. 18, Ausschnitt in: MInn 66285.

13 siehe B. I. 3 und *Albrecht* VI. 5. b.

damit verbundenen Stimmungsaufschwung[14] — bis in den Mai hinein recht ruhig; von da ab wollten die Ersatztruppen nicht mehr ins Feld. In mehreren Städten, München, Würzburg und Neuulm kam es bei den Abtransporten zu heftigen Zwischenfällen[15].

Diese Bewegung ging von Soldaten aus[16], die zur Zusammenstellung eines Transports von Ingolstadt nach Erlangen gebracht wurden. Von ihnen wird berichtet, daß sie sich bereits in Ingolstadt geweigert hätten, ins Feld zu rücken. „Da von Seiten der Militärbehörde auf Grund bestimmter Unterlagen eine Meuterung (sic!) der Truppen befürchtet wurde", wenn sie nicht vor dem Ausrücken noch Stadturlaub erhielten, bekamen sie bis Mitternacht frei[17].

In den Gastwirtschaften der Stadt bildeten sich grölende Gruppen, die bald nicht mehr zerstreut werden konnten. 2000 bis 3000 Frauen und Jugendliche schlossen sich den 150 Soldaten an. Polizisten, die für Ordnung sorgen wollten, bezogen Prügel, „mehrere Kompanien Infanterie, die offenbar von Offizieren beordert wurden, zogen unverrichteter Dinge wieder ab"[18]. Die Menge warf die Rathausfenster ein, zertrümmerte die Auslagen eines Kaufhauses und die Fenster eines Kaffees. Pünktlich um Mitternacht hatten sich die Soldaten dann in der Kaserne eingefunden. „Die Erregung der Truppen war darauf zurückzuführen, daß ihnen in Ingolstadt gesagt worden war, sie kämen nur nach Erlangen und bekämen hier einen längeren Urlaub. Als ihnen bekannt gemacht wurde, daß sie ins Feld müßten, ereigneten sich Unruhen, die sogar zu einer Verwüstung von 3 Kasernenzimmern führten[19]."

Im Monat darauf kam es in München zu Soldatenkrawallen. Am 18. Juni warfen Soldaten in der Türkenkaserne Gebrauchs- und Ausrüstungsgegenstände wie Stühle, Bierkrüge, Tornister und Platzpatronen aus den Fenstern[20]. Wieder waren es Angehörige eines Truppenteils, der ins Feld abgehen sollte. 800 Mann marschierten dann zum Hauptbahnhof. „Die Soldaten pfiffen, schrien und schimpften, liefen durcheinander und gaben mehrere Schüsse in die Luft ab." Ein Leutnant wollte für Ordnung sorgen. Er erhielt zur Antwort: „Haut ihn

---

14 siehe A. II. 1.

15 Volksstimmungsbericht *Sonnenburg* für Juni 1918, S. 2, MK 19290.

16 Zum folgenden die inhaltlich sehr ähnlichen Berichte: Stadtmagistrat Erlangen an MInn.; kgl. Stadtkommissär Erlangen an MInn., 2 Schreiben, alles vom 25. 5. 1918, sowie Berichte der Erlanger Garnisonältesten an das st. G. K. III. b. AK., 26. und 28. 5. 18, alles in: MInn 66284.

17 Stadtkommissär Erlangen an MInn., 25. 5. 18.

18 Stadtmagistrat Erlangen an MInn., 25. 5. 18.

19 2. Bericht Stadtkommissär Erlangen an MInn., 25. 5. 18.

20 Z. P. St. Bayern an MInn. u. Reg. Obb. 22. 6. 18, MInn 66284.

nieder, den Hund", er gab seine Bemühungen auf. Am Bahnhof hielt es sie nicht in den Zügen, sie „benahmen sich wie eine zügellose Horde, beschimpften die am Bahnsteig anwesenden Offiziere, leisteten ihren Befehlen keine Folge und schrien: ‚wir tun, was wir wollen' ". Münchens Polizeipräsident Beckh wollte für Ordnung sorgen. Ein Soldat brüllte ihn an: „Was willst denn Du, Du saudummer Zivil, von einem Zivilisten lasse ich mir gar nichts sagen, ich fahr' Dir an die Gurgel, Du Kriegswucherer." Aus den Wagenfenstern warfen sie ihre Kaffeedosen nach ihm und einem Major. Bei der Abfahrt des Zuges spielte eine Musikkapelle, sie wurde „von dem Geschrei, Pfeifen und Gejohle" der Soldaten im Zug überschrien. „Aus dem Zuge wurden Feuerwerkskörper geworfen ... vorher waren Explosivkörper auf die Schienen gelegt worden."

Schon drei Tage vor den Erlanger Krawallen kam es in Ingolstadt zu Unruhen, weil Polizisten einen Kriegsinvaliden festgenommen und, als er sich zur Wehr setzte, geprügelt hatten. Nachdem die mittlerweile vor der Polizeiwache im Rathaus versammelte Menge ihn nicht durch Verhandeln freibekommen hatte, zündete sie das Rathaus an. „Erst nach stundenlangem Toben und nach verschiedenen unzulänglichen Aufgeboten der bewaffneten Macht konnten die Ausschreitungen durch Anwendung von Gasbomben unterdrückt und sodann durch kräftigen Einsatz militärischer Streifen zur Ruhe gebracht werden[21]." Von 97 Verhafteten waren 67 jünger als 20 Jahre, von ihnen 39 jünger als 17; mehr als ein Drittel der Verhafteten, 35, waren Mädchen und Frauen, vorwiegend Arbeiterinnen[22].

Krawalle in Hof folgten. An ihnen beteiligten sich ganz besonders Kriegsneurotiker — Männer, die an der Front nervenkrank geworden waren[23].

Im August gelang es der Polizei in München nur mit Mühe, eine Frauendemonstration zu zerstreuen, die sich vom Marienplatz in die Maximilianstraße bewegte. Berittene Polizei versuchte die 300- bis 400köpfige Menge über die Isar abzudrängen. „Nachdem sich besonders Widerspenstige an Denkmälern und in den Anlagen festsetzten und sich zahlreiche Kinder, die die Sache allgemein als Ulk betrachteten, noch herumtrieben, mußte gegen einzelne Stellen wiederholt vorgeritten werden." Das Schreien der Menge machte die Pferde nervös; Verwundete waren in größerer Zahl anwesend und behinderten allein durch ihr Dabeisein die Polizei erheblich. Die „Haupträdelsführerin"

---

[21] *Brettreich* an Reg. Obb., 22. 6. 18, MInn 66284.

[22] Wie hier Anm. 21.

[23] BA. Hof an MInn., 1. 7. 18, MInn 66284.

kam ungeschoren davon, sie trug ein Baby auf dem Arm. „Durch ihre gewaltsame Festnahme wäre mit der Möglichkeit einer Verletzung des Kindes zu rechnen gewesen und damit der Boden für eine größere Ausschreitung sicher geschaffen worden[24]."

Volk und Staatsmacht stehen sich feindlich gegenüber, die Polizei muß Gesetzesbrecher laufen lassen, um nicht noch größere Feindschaft zu erwecken, die den Staat selbst gefährdet, der nicht mehr über die nötigen Machtmittel verfügt.

Die bisher gezeigten Vorgänge haben neben dem Schwinden der staatlichen Autorität in erster Linie die Kriegsunlust der Soldaten und den Lebensmittelmangel der Bevölkerung zur Ursache.

Sie verbinden sich in den Füssener Vorgängen mit der Fremdenfeindlichkeit aus Hunger[25] und münden schließlich in den rein antipreußischen Krawall am Münchner Hauptbahnhof vom 23. August ein[26], der zumindest zeigt, daß Preußenhaß alleine schon ein Grund zur Revolution hätte sein können.

---

[24] Pol. Dir. Mch. an MInn., 15. 8. 18, MInn 66284.

[25] siehe S. 127 f. u. S. 142 f.

[26] siehe A. IV. 1. a. η.

B. Die Staatszerstörung

I. Linksgruppen und USPD

1. Gründung und Ziele

Durch die Sozialistengesetze Bismarcks wurde die SPD in die Rolle des gesetzlich ausgewiesenen Staatsfeindes gedrängt. Diese Stellung entsprach ihrer Haltung zum Kaiserreich insofern, als sie die Vertretung der Arbeiterschaft, der einzigen nicht in den Reichsverband integrierten Gruppe[1], übernommen hatte und so auch ohne die Lehren Marx' mit der Form der Reichsgründung und ihrem Verfassungscharakter kaum einverstanden sein konnte. Als sich die SPD auf ihrem Erfurter Parteitag 1891 — nach der Aufhebung der Sozialistengesetze — mit den Lehren Marx' identifizierte, also zur theoretisch revolutionären Partei wurde, war ihr endgültig die politische Gesellschaftsfähigkeit genommen. Daran änderte weder die Tatsache etwas, daß sie in der Praxis dem Staate loyal gegenüberstand, noch, daß sie sich innerlich immer weiter vom Revolutionsgedanken entfernte, ihn schließlich beiseite schob und gänzlich auf die Evolution aufs Goldene Zeitalter hin vertraute. Diese Anschauung, die im Hier und Heute die Gegebenheiten nahm, wie sie waren, prägte sich in Bayern so sehr aus, daß Bebel schließlich das berühmte Wort von der „königlich bayerischen Sozialdemokratie" prägte, und es bezeichnete den Sachverhalt recht genau, war es doch ein Vertreter des Adels, der an ihrer Spitze stand: Georg von Vollmar.

Am 4. August 1914 bewilligte die deutsche Sozialdemokratie im Reichstag mit den übrigen Parteien einstimmig die Kriegskredite. Ihr Vorsitzender Hugo Haase verlas die Begründung dieses Vorganges im Plenum. Bei den Beratungen in der Fraktion waren 14 Opponenten, unter ihnen Haase, gegen die Erklärung, beugten sich jedoch der Mehrheit von 96 Stimmen.

Die fraktionsinterne Ablehnung der Kredite wuchs mit jeder Neuauflage, die Fraktionsdisziplin hielt, doch bereits im Dezember 1914 stimmte Liebknecht im Plenum dagegen. Im Laufe der Jahre 1915 und 1916 fand er einige Nachahmer[2]; man begann die extreme Linke als

---

[1] siehe S. 21 f.

[2] Paul *Lensch*, die Sozialdemokratie ... S. 46—54.

Liebknechtgruppe zu bezeichnen. Sie löste sich von der SPD und bildete im März 1916 eine eigene Fraktion unter dem Vorsitzenden der alten SPD, Haase. Unter dem Eindruck der russischen Märzrevolution konstituierte sich die Gruppe um den 10. April 1917 als eigene Partei, die USPD[3].

Ihre Münchner Ortsgruppe ließ sich am 16. 5. 1917 als Verein registrieren und bezeichnete als ihren Vereinszweck[4]: „... die Bestrebungen der Unabhängigen Sozialdemokratischen Partei Deutschlands zu unterstützen, die nach ihren Organisationsgrundlinien in grundsätzlicher Opposition zum herrschenden Regierungssystem und zur Kriegspolitik der Reichsregierung steht." Wir haben hier zusammengefaßt die Bestrebungen der USPD: weniger die Marx'sche soziale Revolution als die politische, nicht die Eigentums-, sondern die Verfassungsfrage ist der revolutionäre Ansatzpunkt. Nachdem dann die Revolution von 1918 vollzogen war, konnte es nur eine Frage der Zeit sein, wann diese Partei wieder in die SPD zurückkehrte, war sie doch so wenig kommunistisch, daß sie von doktrinären Marxisten wie Franz Mehring am 13. Juni 1918 in der Moskauer Prawda der „völligen Blindheit gegenüber den treibenden Kräften der Gegenwart" und eines „heftigen Feldzuges gegen die Bolschewiki" geziehen wurde[5].

Das Hauptsprachrohr der Partei waren in München die sogenannten Diskussionsabende im „Goldenen Anker". Sie gehen bis auf die Gründung der Ortsgruppe zurück, gewinnen ihre eigentliche Bedeutung jedoch erst im Winter 1917/18 in der Diskussion um die russische Oktoberrevolution, um den Streik und die Frühjahrsoffensive. Es waren Abende mit freiem Zutritt für jedermann, wer wollte konnte sich in die Diskussionen einschalten und fand Gehör. Die Polizei hatte ihre Spitzel bei den Abenden. Die vorhandenen Sitzungsprotokolle sind von ihnen erarbeitet. Die Ausführungen, die dort gemacht wurden, geben gründliche Einblicke in das Wesen der Partei. Eines der frühesten Protokolle stammt vom 21. Januar 1918. Vor einem Publikum von 150 Personen beziffert Kurt Eisner den Mitgliederstand in München auf 600 Menschen. Er führt aus: „Die unabhängigen Sozialdemokraten hätten in erster Linie den Wunsch, unbedingt und rückhaltlos die Monarchie zu stürzen und nicht nur den preußischen, sondern den gesamten Militarismus niederzuzwingen. Dazu gebe es nur ein Mittel, die heißersehnte, unausbleibliche und bald zu erwartende Revolution[6]." Hier wurden Bruchstücke aus dem Tagebuch des deutschen Botschafters in London — Lichnowski — vorgelesen, deren Tenor die Unschuld

[3] *Albrecht*, vgl. VI. 3. a. und andere.
[4] Pol. Dir. Mch. an st. G. K. I. b. AK. u. MKr., 26. 5. 1917, MInn 66284.
[5] Übersetzt abgedruckt in der Münchner Post Nr. 146 vom 25. 6. 1918.
[6] Bericht Z. P. St. Bayern, 24. 1. 18, MInn 66283.

Englands am Kriege war — implizite also die Kriegsschuld Deutschlands[7].

Bei einem Diskussionsabend am 11. Februar — jetzt war der große Streik das Hauptthema — besprach ein Anonymus die Vorgänge in Rußland: „Die Ereignisse der letzten Tage, die Verhandlungen in Brest-Litowsk und der Friedensschluß mit der Ukraine (— der eine Lostrennung der Ukraine von Rußland bedeutete —) (gäben) genug Stoff zur Erörterung. Der Friedensschluß mit der Ukraine sei das schändlichste Dokument, das die Weltgeschichte je kenne[8].“ Neben dem Frieden von Brest-Litowsk verliert das „Versailler Diktat“ in der Tat sehr an Brutalität.

In derselben Sitzung behauptet Ernst Mühsam: „Der Streik hätte nicht beendet werden dürfen ... Das beweise ein Abschwenken der Unabhängigen nach rechts ... (Die Unabhängigen) wollten ja nur die Beendigung des Krieges und die Wegschaffung der Regierung und derer, die uns in den Krieg gezogen hätten ...“

Anfang März verboten es die Militärbehörden, die Diskussionsabende weiterhin im „Goldenen Anker“ abzuhalten[9], man wich auf den Veteranensaal im Mathäser aus. Der Abend vom 25. März 1918 stand im Zeichen der bevorstehenden Frühjahrsoffensive im Westen. Man war im Hindenburg-Mythus befangen und glaubte mit Schaudern an einen deutschen Sieg, mit Schaudern deshalb, weil er auf absehbare Zeit die Revolution unmöglich machen würde. Man wußte mit anderen Worten, daß ein Dolchstoß unmöglich sei, daß der Umsturz im Innern die äußere Niederlage voraussetzt. „Wir stehen jetzt im Zeichen der Ereignisse im Westen. Immer wenn Deutschland eine Kriegsanleihe braucht, dann hatten wir Siege, und zwar große Siege ... Man kann sich nicht genug vor Augen führen, ... was ein Sieg des preußischen Militarismus bedeuten würde. Die ganze Welt würde von dieser brutalen Militärdiktatur geknechtet und vergewaltigt. Alles müßte Sklave sein ... Wenn ein preußischer (kein deutscher) Sieg erreicht wird, geht es um den Sieg der internationalen Sozialdemokratie, der zwar in dem Falle nicht verloren, jedoch um einige Jahre hinausgeschoben sei ...[10].“ Ganz ohne klassenkämpferische Reminiszenzen geht es dabei nicht, als Hintergrund möge jedoch die Identifizierung von Kriegsschuld, Kriegsgewinnlern und Kapital gelten, wenn der Versammlungsteil-

---

[7] Fürst *Lichnowsky*, Meine Londoner Mission.

[8] Bericht Z. P. St. Bayern, 22. 2. 18, MInn 66283.

[9] Bayer. Kurier Nr. 65, 6. 3. 18, in: MInn 66285.

[10] Ausführungen des Versammlungsleiters *Kain*, Z. P. St. Bayern an MInn. u. MKr., 19. 4. 18, MInn 66284.

nehmer Michler ausführt, „der Krieg sei nicht vom Volke, denn das Volk wolle den Frieden. Der Großkapitalismus aller Völker habe den Krieg heraufbeschworen und dieser werde von einigen unverantwortlichen Elementen, wie Ludendorff und Hindenburg, geführt".

Die Nähe all dieser Forderungen zu dem, was das Volk denkt und fühlt, ist evident: Friedenssehnsucht, die Identifizierung Preußens mit dem Krieg, seine Kennzeichnung als „brutale Militärdiktatur" entspricht wenigstens der Vorstellung von der Überwucherung Deutschlands durch Preußen. Die Klassenspannungen begegnen uns und der Gedanke an die Revolution. An konstruktiven Plänen über das, was nach der Revolution geschehen solle, können wir nichts finden. Es war das Konzept der radikalen Negation sowohl des Krieges als der Staatsform und entsprach genau der politischen Einstellung der Mehrheit des Volkes: Ende des Krieges, des Hungers, Revolution; was danach kommt, ist uninteressant.

2. Soziale Stellung und Zusammensetzung

Bei der Betrachtung der sozialen Schichtung innerhalb der USPD machen wir die eigenartige Feststellung, daß die Münchner USPD vor allem eine kleinbürgerliche Bewegung ist. Die Vorstandschaft bestand vor dem Januarstreik aus dem Schreinermeister Albert Winter, dem Buchhalter Richard Kämpfer und der Buchhalterin Emilie Landauer[11]. Nach dem Januarstreik trat der Tapezierer Ferdinand Luttner an die Stelle Winters[12].

Wir finden in München unter den Mitgliedern und Anhängern der USPD, von denen wir 73 namentlich feststellen konnten, 16 Fabrik- und Hilfsarbeiter, 6 Angehörige des Druckgewerbes, 16 Handwerker, 19 Kaufleute, Angestellte und Gewerkschaftler, 7 Akademiker, Künstler und Schriftsteller, 2 Studenten, nur für 7 Personen lassen sich keine Angaben machen.

Unter den 16 Handwerkern sind 4 Schneider, 4 Schreiner, 2 Maler, 1 Bäcker, 1 Schmied, 1 Silberschmied, 1 Friseurgehilfe, 1 Tapezierer. Außer bei dem Bäcker und dem Friseur können wir feststellen, daß es sich nur um Angehörige von Berufen handelt, die durch den Krieg ganz besonders geschädigt wurden, weil die Aufträge ausblieben. Wie sich die Lebenshaltung der festbesoldeten Angestellten entwickelte, haben wir bereits gesehen[13], die Angehörigen des Druckergewerbes,

---

[11] Pol. Dir. Mch. an st. G. K. I. b. AK. u. MKr., 25. 6. 17, MInn 66284.

[12] Pol. Dir. Mch. an Reg. Obb., 28. 6. 18, MInn 66284.

[13] siehe A. IV. 2.

3 Schriftsetzer und 3 Chemigraphen, gehören ebenfalls nicht zu den kriegsbegünstigten Berufen, weil sie für die Rüstung unwichtig sind. Andererseits stehen sie durch ihren Beruf auch geistig den Problemen ihrer Zeit besonders aufgeschlossen gegenüber.

Weiter können wir feststellen, daß von den 73 namentlich bekannten Anhängern der USPD 14 in München, 24 im übrigen Bayern, 16 im übrigen Deutschland geboren sind. 6 sind Ausländer, bei 13 wissen wir nichts über die Herkunft.

Von den Nichtbayern stammen 4 aus dem Rheinland, 4 aus Westpreußen, 3 aus Berlin, 4 aus Baden und Württemberg und dem Elsaß, 1 aus dem Hannoverschen.

Unter den Ausländern sind 2 Schweizer, 2 Angehörige der Donaumonarchie, 1 Polin und 1 Niederländerin.

Gemeinhin wird die Revolution noch heute gerne als das Werk Schwabinger Literaten bezeichnet. Daß die Protagonisten der USPD zum wenigsten Literaten waren, haben wir gerade gesehen. Die Legende beruft sich dabei gerne auf Namen wie Erich Mühsam oder Ernst Toller, die tatsächlich in Schwabing gelebt haben, vergißt aber, daß die meisten der bekannten Persönlichkeiten erst nach Eisners Ermordung in der Rätezeit Bedeutung erlangten. Eisner selbst, das Haupt der Revolution, wohnte in Großhadern. Das Stammlokal der Partei, gewiß nach der günstigen Verkehrslage und den kürzesten Wegen gewählt, war der „Goldene Anker“ in der Schillerstraße. Von den etwa 50 bekannten Adressen Münchner USPD-Anhänger liegen weitaus die meisten in den Vorstädten mit Arbeiter- oder Kleinbürgerkonzentration: Au, Giesing, Neuhausen, während Schwabing auffällig wenige USPD-Anhänger aufweist.

Die soziale Zusammensetzung der Münchner USPD scheint genau der Schichtung der Münchner Bevölkerung zu entsprechen. Allerdings stammt ein unverhältnismäßig hoher Anteil der geistigen Führerschaft aus dem Norden: Die Polin Sara Sonja Lerch, die Berliner Eisner und Mühsam und der Westpreuße Toller.

Von den 31 außermünchner USPD-Anhängern kennen wir nur von 25 den Beruf. Das Bild sieht gänzlich anders aus als in München. Wir finden 3 Handwerker, 3 Angestellte, 2 Hausierer, 1 Viehhändler, 1 Landtagsabgeordneten (Simon — Nürnberg) und seine Tochter, 2 Schriftsteller und 12 Arbeiter. Wir sehen ein deutliches Übergewicht der Arbeiterschaft über die anderen Berufsgruppen.

Wir können daraus schließen, daß die Münchner Kleinbürgerschaft weit stärker radikalisiert war als die außermünchner, dafür aber die Arbeiterschaft weniger.

Wenn wir die Entwicklung der Zahl der Mitglieder und Anhängerschaft verfolgen, so stellen wir ein erstaunliches Schwanken fest.

Zu einer der ersten von der USPD geplanten Versammlungen in München, die dann verboten wurde, fanden sich an die 500 Personen ein, die, als sie vom Verbot der Versammlung erfuhren, „starke Stimmung zu Ausschreitung" zeigten[14]. Brettreich forderte nicht zuletzt deshalb schon im September 1917 die Unterbehörden zur Beobachtung dieser Partei und zu Vorkehrungen für den Fall von Unruhen auf.

Bis zur Versammlung vom 27. Januar 1918 in den Kolosseumsbierhallen ging die Besucherzahl auf 250 Personen zurück[15], obwohl dieses Treffen mit dem Thema „Die Friedensverhandlungen in Brest-Litowsk und das arbeitende Volk" der Vorbereitung des Streiks diente. Wegen der Streiks wurde die Vorstandschaft und die geistige Führung der Münchner USPD verhaftet. Die Partei wurde kopflos. Sie verliert nach den gescheiterten Streiks weiter an Anziehungskraft. An der Mitgliederversammlung vom 26. März nehmen noch 46 Personen teil, obwohl der Vorsitzende der deutschen USPD, Hugo Haase, sprach[16]. Am Tag vorher fand ein Diskussionsabend gar nur 30 Teilnehmer[17]. Bei der Versammlung vom 8. April waren 6—8 Personen anwesend, zwei Tage später kamen 120 Personen zur Mitgliederversammlung[18].

Die Teilnehmer der Mitgliederversammlungen wurden auf ihre Mitgliedschaft hin überprüft, bei Diskussionsabenden geschah das nicht[19]. Der Unterschied in den Besucherzahlen kann also entweder durch den milden Zwang zur Anwesenheit bei den Mitgliederversammlungen, den die Vorstandschaft ausüben konnte, oder dadurch erklärt werden, daß man meinte, ohne Überwachung unter sich zu sein.

In einem Erlaß forderte Brettreich die Regierungspräsidenten zur Beobachtung der USPD und Berichterstattung über deren Ausbreitung auf[20]. Die anschließenden Berichte geben folgendes Bild: In Niederbayern gibt es die Partei nicht[21], in Schwaben ist sie noch nicht organisiert, von den Augsburger 18 000 Metallarbeitern neigen ihr etwa 250 bis 300 zu; sie stammen hauptsächlich aus Norddeutschland.

---

[14] Hierfür u. f. d. folgende: Erlaß *Brettreich* an Reg. Präs., MInn 71700.

[15] Polizeihilfsarbeiter Lorenz *Reithmeier* an Pol. Dir. Mch., 27. 1. 18, Best. 1914/18, st. G. K. I. b. AK., Fasz. 204.

[16] ZPST. Bayern an MInn. und MKr. — geheim, 29. 3. 18, MInn 66284.

[17] ZPST. Bayern an MInn. und MKr. — geheim, 19. 4. 18, MInn 66284.

[18] Wie hier Anm. 17.

[19] Erlaß *Brettreich* an Reg. Präs., 2. 5. 18, MInn 66284.

[20] Wie hier Anm. 19.

[21] Reg. Nb. an MInn., 21. 5. 18, MInn 66284.

Auch von den etwa 100 Arbeitern in Kottern bei Kempten, die mit der USPD symphatisieren, ist kein Zusammenschluß bekannt[22]. In der Oberpfalz ließen sich Ansätze von USPD-Zellen nur in Amberg beobachten, sie waren der Nürnberger Ortgruppe angegliedert[23]. Verhältnismäßig stark war die Partei in Oberfranken. Das Regierungspräsidium meldet sechs Anhänger in Bamberg, etwa 80 in Schwarzenbach bei Hof, in Naila steht dem eigentlichen Verein mit zehn Mitgliedern ein Frauenverein mit etwa 80 Anhängerinnen gegenüber. In Rehau werden „mehrere hundert" Mitglieder gezählt, in Selb etwa 400, in Schönwald 250 und in Eckersreut 30[24]. In Mittelfranken finden sich nur in Nürnberg und Fürth USPD-Gruppen, sie haben zusammen zwischen 600 und 700 Mitglieder[25]. In Unterfranken ist die Partei ähnlich weit verbreitet wie in Oberfranken, also vorwiegend in den kleinen Industriestädten zu finden[26]. Ähnlich ist es in der Pfalz, in Ludwigshafen allein finden sich gegen 600 Anhänger[27]. In Oberbayern ist die USPD auf München beschränkt[28]. Hier hat sie Ende Juni 1918 gegen 400 Mitglieder[29].

Wir können also den Schluß ziehen, daß die USPD auf Industriestädte angewiesen ist. Das zeigt sich sowohl in Schwaben (Augsburg, Kempten) und Ober- und Unterfranken sowie in der Pfalz, wo sie im industrialisierten Land recht weit verbreitet ist, während sie in den anderen Gebieten keinen Boden fassen kann und so gerade das Untypische der Großstädte München und Nürnberg - Fürth zeigt, die von ihrem Hinterland gänzlich losgelöst zu sein scheinen.

Die Eigenart Münchens sticht aber auch darin hervor, daß hier, und nur hier, das kleinbürgerliche Element das Gesicht der Partei prägt, die doch gerade in den kleinen Orten sehr viel eher Proletarierpartei ist.

Als Brettreich die Auswertung der Zahlen über die Verbreitung der USPD verschickt, gibt er zu bedenken, daß die recht niedrigen Zahlen wenig besagen, weil die Partei ja noch verhältnismäßig jung ist, er betont vielmehr, „daß sie bereits eine ziemliche Ausbreitung und Ausbildung in Bayern erfahren hat"[30].

---

[22] Reg. Schwaben u. Neuburg an MInn., 22. 5. 18, MInn 66284.
[23] Reg. Opf. u. Rgbg. an MInn., 28. 5. 18, MInn 66284.
[24] Reg. Ofr. an MInn., 1. 6. 18, MInn 66284.
[25] Reg. Mfr. an MInn., 8. 6. 18, MInn 66284.
[26] Reg. Ufr. an MInn., 4. 6. 18, MInn 66284.
[27] Tabelle über USPD-Anhängerschaft, Anlage zu: *Brettreich* an MKr., MA., MVerkehr, Kabinett des Königs, st. G. Ks., Bez.-regierungen, Z. P. St. Bayern, 13. 9. 18, MInn 66284.
[28] Reg. Obb. an MInn., 28. 6. 18, MInn 66284.
[29] Pol. Dir. Mch. an Reg. Obb., 28. 6. 18, MInn 66284.
[30] Wie hier Anm. 27.

Von den vierhundert Mitgliedern der Partei in München besuchen am 26. Juni siebzig eine Versammlung[31], am 12. August, vier Tage nach dem „schwarzen Freitag“ an der Westfront, sind es bereits 180[32].

Der zehnte Oktober bringt eine Versammlung mit etwa 200 Teilnehmern[33]. Die Stimmung mußte „als durchaus revolutionär bezeichnet werden und erinnerte im allgemeinen an die Zeit kurz vor Ausbruch des letzten Massenstreiks“[34].

An einer der ersten Wahlversammlungen Eisners am 23. Oktober nahmen rund 2000 Personen teil. „In der Mehrzahl waren es Angehörige der Rüstungsindustrie, es waren aber auch viele Angehörige aus den bürgerlichen und besten Kreisen anwesend[35].“ Die „gute Gesellschaft“ begann, sich für die USPD zu interessieren, wenigstens sie zur Kenntnis zu nehmen.

Zur Kundgebung auf der Theresienwiese am 3. November kamen dann wieder nur etwa 800 bis 1000 Menschen[36]. Nach Meinung des polizeilichen Beobachters „nahm die Veranstaltung einen kläglichen Verlauf inbezug (sic!) auf Teilnehmerzahl wie auch inbezug (sic!) auf die Wirkung“. Drei Tage später fanden sich am gleichen Ort zwischen 2000 und 3000 Personen ein[37] und wieder einen Tag später fiel die Monarchie.

3. Der Januarstreik

Bereits im April 1917 hatte sich eine Streikwelle über das Reich ausgebreitet. In einer Ausarbeitung des Berliner Kriegspresseamtes vom Mai 1917 — der obersten Propagandabehörde des Reiches — heißt es, daß „die gesamte unabhängige sozialdemokratische Partei zum mindesten von schwerer moralischer Schuld nicht freigesprochen werden kann“, während allen Gewerkschaften und damit der alten SPD bescheinigt wird, sie „waren gegen jede Arbeitsniederlegung, besonders in der Rüstungsindustrie, rieten sogar von den sogenannten

---

[31] Z. P. St. Bayern, 27. 6. 18, MInn 66284.

[32] Z. P. St. Bayern, 14. 8. 18, MInn 66284.

[33] Z. P. St. Bayern, 10. 10. 18, MInn 66284. Der Bericht spricht nur von der Teilnahme von 40 Frauen, gemeinhin nehmen an USPD-Versammlungen in München wenigstens viermal mehr Männer als Frauen teil, also 40 + 160 = 200.

[34] Wie hier Anm. 33.

[35] Pol. Dir. Mch. an MInn., 25. 10. 18, MInn 66285.

[36] August *Fauß*, Sicherheitskommissär, Bericht vom 3. 11. 18, Best. 1914/18, st. G. K. I. b. AK., Fasz. 203.

[37] Bezirkskommissär *Micheler* an Pol. Dir. Mch., 6. 11. 18, Best. 1914/18, st. G. K. I. b. AK., Fasz. 203.

‚Hungerstreiks' ab, die sie inner- und außerpolitisch für unfruchtbar und schädlich hielten. Um aber die Streikbewegung, wo sie eingesetzt hatte, in der Hand zu behalten, versuchten sie, die unfruchtbaren Forderungen nach höheren Brotrationen, denen doch nicht stattgegeben werden konnte, in Lohn- und Arbeitsstundenforderungen umzuwandeln, vor allem auch, um dadurch hineingetragenen politischen Momenten die Spitze abzubrechen. Sie erkannten in richtiger Einschätzung die Gefahren solcher Agitation[38]." Diese Würdigung des Verhaltens von USPD, SPD und Gewerkschaften stimmt uneingeschränkt auch für die ungleich bedeutenderen Streiks von Ende Januar 1918.

Sie hatten ihre Ursachen in der tiefen Unzufriedenheit der Arbeiterschaft über ihre Lebensumstände und den Krieg; entfacht wurden sie durch eine äußerst wirkungsvolle Agitation der USPD. Alles war beisammen, der Boden war reif; Deutschland stand im Osten, in den Verhandlungen von Brest-Litowsk vor der moralischen, im Innern durch Ernährungslage und Inflation vor der wirtschaftlichen, im Westen durch die Stagnation der Front, das Scheitern des U-Boot-Krieges und das Eingreifen der Amerikaner vor der militärischen Katastrophe. Die Arbeitslast der Industriearbeiter war so groß, daß selbst hartgesottene Bauern bei Führungen durch die Fabriken höhere Ablieferungen versprachen[39].

Am 27. Januar 1918 kursiert im Münchner Innenministerium eine Hausmitteilung: „Heute Nacht 3 Uhr ist folgende Mitteilung eines in Berlin aufgestellten verlässigen Vertrauensmannes eingegangen: Generalstreik soll morgen Montag beginnen. Kuriere zur Flugblätterverteilung und Überbringung mündlicher Nachrichten reisen von Berlin mittels Eisenbahn nach allen größeren Städten Deutschlands. Die erste Verständigung von Berlin aus wird mittels verabredeten Telegramms erfolgen. Der Demonstrationsstreik soll innerhalb drei Tagen in ganz Deutschland zum Durchbruch kommen und eine Probe von Gewalt gegen Gewalt sein. Vertrauensleute in den Kriegswirtschaftsbetrieben, besonders in den Munitionsfabriken sollen zur Arbeitsniederlegung auffordern, Demonstrationszüge mit Ansprachen sind geplant ... In den Lazaretten werden die Verwundeten zur Teilnahme aufgefordert werden um mit ihren verwundeten Gliedern entsprechend Stimmung zu machen. Auch Frauen und Kinder sollen sich beteiligen.

„Lenin und Trotzki haben Kenntnis und deshalb den Wiederbeginn der Verhandlungen bis 29. verschoben[40]."

---

[38] Übersendung MKr. an MInn., MInn 66336.

[39] St. G. K. III. b. AK. an MKr., 30. 3. 18, MInn 66342.

[40] MInn 66283.

Am 23. Februar schickt der christliche Metallarbeiter-Verband Deutschlands, Bezirk Bayern mit Sitz in Nürnberg ein Kompilat aus Angaben seiner Mitglieder über den Streik an den bayerischen Innenminister: „Die Firma Bing wurde, der größeren Anzahl Arbeiterinnen halber als erster Betrieb erwählt ... vor dem Fabrikeingang (stand) ein als Soldat scheinbar verkleideter Mann, der die Arbeiterinnen und Arbeiter vor dem Eingang abhielt mit den Worten: — Wer den Frieden will, bleibt heraus, wer länger Krieg will, geht hinein! — ... Diejenigen Arbeiter, die der Aufforderung zum Streik nicht Folge leisteten, waren nicht selten der Vergewaltigung und dem Anspucken durch die Radikalen schutzlos preisgegeben ... In einem anderen Betrieb drängte sich eine früher im Werk beschäftigte Arbeiterin in die Fabrik an die Maschine und stellte sie ab. Ein paar halbwüchsige Burschen schriehen (sic!), ‚alles heraus', und der laxen Haltung der Meister war es zuzuschreiben, daß die Arbeiter so nach und nach, wenn auch widerwillig Folge leisteten ... Bezeichnend waren die Redewendungen unterer Organe wie z. B. ‚Gegen den Strom können wir nicht schwimmen', oder: ‚Es lohnt sich nicht, wegen der kleinen Zahl Arbeiter die Maschinen laufen zu lassen' ... Mit vorerwähnten Redewendungen wurden in einigen Betrieben Arbeiter, die sich weigerten, die Arbeit einzustellen, heimgeschickt[41]." Dieses Zitat ist sowohl für die Technik der Streiks interessant als auch wieder für das Kleinbürgertum, die „unteren Organe", kennzeichnend.

Wie entstand also dieser Streik, dem, wie wir gerade gesehen haben, niemand, der es hätte tun können oder sollen, entgegentrat? Die Regierungen wußten, daß er kam, aber sie sahen ihm zu, gebannt und unfähig zu handeln. Erst als die alte SPD ihn gezähmt, dann gebändigt hatte, überwanden sie ihre Erstarrung und dachten ans Vorbeugen fürs nächste Mal, aber sie dachten nur, und vor lauter Für und Wider kamen sie nicht zum Handeln. Sie legten ohne Vertrauen, widerwillig, ihr Schicksal in die Hand der einzigen halbwegs intakten innenpolitischen Macht, der ungeliebten SPD, und als diese schließlich nicht mehr besänftigen konnte, als sie von der USPD übertölpelt wurde, da schrieen alle, die es besser wissen mußten, vom Vaterlandsverrat, vom Dolchstoß der SPD in den Rücken des Staates.

Wir müssen uns Kurt Eisner zuwenden. Er war der unbestrittene Kopf der bayerischen USPD, war aber meist umstritten wegen seiner angeblichen politischen Mäßigung. So verhinderte er bis zu seiner Haft den Druck von Lichnowskis Tagebuch und ließ es nur im engsten Kreise kursieren[42]. Danach verhinderte ihn die Polizei. Jedoch, er war

[41] MInn 66283.

[42] Z. P. St. Bayern an MInn., 8. 2. 18, MInn 66283.

es, der für München die Streiks inszenierte; die Staatsanwaltschaft beim Landgericht München I bezeichnet ihn in einem Schriftsatz vom 2. Februar 1918 an das Justizministerium als den „geistigen Leiter und Organisator der Ausstandsbewegung in München"[43].

Am 27. Januar, dem Tag, an dem die Streikgefahr in München amtlich bekannt wurde, setzte in den größten Bierkellern der Stadt eine Welle von Massenversammlungen ein. Auf sieben von ihnen hielt Eisner innerhalb von drei Tagen die Hauptrede oder ertrotzte sie sich. War es am 27. noch eine Versammlung der USPD, so waren es ab dem 28. nur noch Arbeiterversammlungen. Sein ceterum censeo hieß, der Generalstreik „sei das Mittel zur Herbeiführung des Friedens, zur Beseitigung der bestehenden Regierung und zur Durchsetzung der Rechte der Arbeiter und des Selbstbestimmungsrechts der Völker", also zur Einleitung der Revolution. Das Zentrumsblatt „Bayerischer Kurier" berichtete unter dem 29. 1 über eine Versammlung, auf der der sozialdemokratische Landtagsabgeordnete Franz Schmitt über Fragen der „Übergangswirtschaft" — vom Krieg zum Frieden — sprechen sollte. „Die Versammlung war von etwa 1500 Personen besucht, freilich darunter auch eine starke Anzahl Unabhängiger unter Führung ... Kurt Eisners, die mit der offenkundigen Absicht erschienen waren, einen Massenstreik à la Berlin zu propagieren ... Durch eine heftige Geschäftsordnungsdebatte wurde der Abgeordnete Schmitt gezwungen, sein Thema ... fallenzulassen und über die politische Lage zu sprechen, da, wie ein Unabhängiger ... ausführte, man von keiner Übergangs-, sondern von einer Untergangswirtschaft reden könne ... Ein in der Versammlung verbreitetes unabhängiges Flugblatt ... hatte die jungen Elemente schon in die Radaustimmung hineingehetzt.

„Dann kam Kurt Eisner, der von der Massenflucht aus den roten Organisationen sprach[44], vom deutschen Eroberungskrieg, von der verratenen Arbeiterschaft und unverblümt zum Massenstreik aufforderte. Nach ihm kam eine russische Anarchistin zum Wort, die in heftigen Worten forderte, wie es in Rußland sei, müsse es in Deutschland werden! Mit dem Hinweis auf Berlin forderte auch sie zum Streik auf ...[45]." Diese Frau, Sara Sonja Lerch, ist eine tragische Gestalt. Als polnische Jüdin kam sie über Odessa, Wien und Frankfurt 1913 nach München. 1912 heiratete sie den Münchner Romanisten Eugen Lerch[46]. Während des Streiks wurde sie mit Eisner und vier weiteren Gesinnungsgenos-

---

[43] MInn 66283, auch f. d. folgende.

[44] Statt dessen stiegen in dieser Zeit die Mitgliederzahlen der Gewerkschaften erheblich, siehe A. IV. 5.

[45] „Bayer. Kurier" 29. 1. 18, Nr. 29, MInn 66285.

[46] Staatsanwaltschaft Landgericht Mch. an MJustiz, 2. 2. 1918, MInn 66283.

sen verhaftet und beging im Gefängnis Selbstmord, als ihr Mann wegen ihrer Betätigung die Scheidungsklage einreichen ließ[47].

Noch bevor der Streik eigentlich begonnen hatte, waren seine Organisatoren verhaftet und beim Reichsgericht wegen Hochverrates angeklagt[48]. Der Streik lief von alleine. Insgesamt streikten in München etwa 8000 Arbeiter. Drei Tage später hatte die SPD den Streik im Griff. Auf einer Versammlung am 2. Februar auf der Theresienwiese gelang es Timm, einem SPD-Abgeordneten, den Streikwillen zu brechen, tags darauf, einem Sonntag, beschloß, wie der Bericht des Regierungspräsidenten von Oberbayern vom 4. 2., Gustav von Kahr, vermerkt, eine weitere Versammlung, „zu der mehrere tausend Personen, darunter viele Schaulustige, sich eingefunden hatten, ... den Streik zu beenden und am Montag früh die Arbeit wieder aufzunehmen, die Forderungen der Arbeiter aber aufrecht zu halten und durch eine Kommission ... namentlich auch vor der Staatsregierung zu vertreten“[49]. Der Streik war zu Ende. Mit der Verhaftung Eisners war seine Partei praktisch führerlos.

4. Bekämpfung durch den Staat

Vor dem Ausbruch der Januarstreiks stehen die Behörden der USPD beobachtend gegenüber. Sie wirksam zu bekämpfen können sie sich nicht entschließen. Sie gehen höchstens von Fall zu Fall gegen einzelne Versammlungen vor. Allerdings versuchen sie, sie in ihren Bestrebungen und Äußerungen genau zu beobachten, um für den Notfall gerüstet zu sein. Einem kräftigen Vorgehen standen zu große innenpolitische Widerstände, vor allem der Mittelparteien, entgegen[50].

Die Behörden waren gegenüber dem Ausbruch der Januarstreiks machtlos. Als sie die Hauptschürer, Kurt Eisner, Sara Sonja Lerch, Albert Winter, Johann Baptist Unterleitner und die Geschwister Emilie und Betty Landauer festgenommen[51] und Ernst Toller als Unteroffizier in militärische Haft genommen hatten[52], erreichte der Streik erst seine größte Ausbreitung. Die Diskussion über die Militarisierung bestreikter Betriebe, d. h. militärische Organisation — der Arbeiter sollte als

[47] Donauzeitung Nr. 54, 2. 2. 18, in: MInn 66285 und Ausführungen *Luttners* bei der Mitgl.versammlung v. 10. 4. 18, Z. P. St. Bayern an MInn. u. MKr., 19. 4. 18, MInn 66284.

[48] Wie hier Anm. 46.

[49] MInn 66283.

[50] *Albrecht* VI. 3. b.

[51] Wie hier Anm. 46.

[52] St. G. K. I. b. AK. an MKr., 13. 2. 18, geheim, MKr 13370, Stück 5a.

Soldat auf seinen Posten zurückbefohlen werden[53] — blieb akademisch, wohl weil die Arbeiterinnen dem militärischen Zugriff entzogen waren und weil die Streiks ohnehin mit den zivilen Mitteln der SPD beendet wurden. Von einer wirksamen Bekämpfung der USPD kann also bis zu den Januarstreiks keine Rede sein. Jetzt, im Streik, nimmt man ihr die führenden Köpfe. Wenig später, am 22. März, wird dem Anarchisten Erich Mühsam jede Beteiligung an politischen Veranstaltungen verboten, weil er durch seine Reden bei den Diskussionsabenden „die Interessen der Landesverteidigung gefährdet"[54]. Sein Gesinnungsgenosse, der Kaufmann Josef Sontheimer, hatte dieses Verbot bereits am 23. Februar erhalten. Er hatte dann eine Gedenkrede auf Sara Sonja Lerch gehalten und damit dieses Betätigungsverbot übertreten. Er wurde am 19. April von den Militärbehörden nach Traunstein in die Provinz geschickt. Fünf Tage später ereilte Erich Mühsam das gleiche Geschick[55].

Die Entwicklung nahm ohne eine aktive USPD ihren Lauf. Sie brauchte keine Agitatoren für ihren Fortgang, ebenso wie sie vorher keine nötig hatte, um auf die Revolution zuzutreiben.

---

[53] *Albrecht*, VI. 3. b.

[54] *Von der Tann*, Chef d. st. G. K. I. b. AK, Anordnung vom 22. 3. 18, MInn 66283.

[55] Erlasse des st. G. K. I. b. AK. an *Sontheimer* und *Mühsam*, beide in: MInn 66284.

II. Die Revolution

1. Der Zusammenbruch

Das Frühjahr 1918 begann mit großartigen militärischen Siegen. Durch den Zusammenbruch Rußlands fand der Zweifrontenkrieg ein Ende; schon im Oktober 1917 war die Isonzofront der Italiener durchbrochen, nur massive alliierte Unterstützung bewahrte Italien vor der Katastrophe. Aber Österreich stand vor dem Zusammenbruch. Kaiser Karl hatte den gescheiterten Versuch gemacht, Geheimverhandlungen anzuknüpfen, der Staat war durch Nationalitätenkämpfe und Hunger am Auseinanderfallen. Die russischen Ereignisse wirkten stärker als in Deutschland als revolutionäres Vorbild. In dieser Situation des Winters 1917/18 raffte sich das von allen Reserven entblößte deutsche Heer zur Frühjahrsoffensive von 1918 auf, die die größten militärischen Erfolge fast seit Kriegsbeginn brachte, wieder bis zur Marne vorstieß, jedoch in die Katastrophe einmündete, als die deutsche Front am 8. August 1918 von englischen Tankverbänden durchstoßen wurde. Von diesem Tage an sah Ludendorff das Reich besiegt und drängte auf Frieden.

Österreich stand vor dem Zusammenbruch, am 14. September bot es den Frieden an. Die Alliierten lehnten ab. Sie wollten den unbezweifelbaren Sieg. Am 29. 9. gab Bulgarien auf; Österreichs Südostflanke lag offen, seit auch die Türkei am 31. Oktober kapituliert hatte, und am 3. November streckte Österreich endgültig die Waffen. Deutschland, Bayern lag ungeschützt vor den Alliierten. Bayerische Truppen, die letzten in der Heimat, auf die man meinte, sich verlassen zu können, marschierten zum Brenner.

Die Lage des Reiches war verzweifelt. Im Innern schwoll die Gefahr des Umsturzes, des seelischen Zusammenbruchs, alle Propaganda konnte ja nicht darüber hinwegtäuschen, daß der Krieg verloren war. Es gab kein glaubhaftes Kriegsziel mehr, die Front drohte zu zerfallen.

Am 3. Oktober wurde der ehemalige bayerische Ministerpräsident Georg von Hertling durch Prinz Max von Baden als Reichskanzler abgelöst. Seine stark föderalistischen und monarchischen Überzeugungen kollidierten mit dem Zwang zur Parlamentarisierung, Demokratisierung des Reiches. Max von Baden, liberaler gesinnt, brachte der anbrechenden Zeit mehr Verständnis entgegen und war sich der undankbaren Aufgabe, Liquidator der Konkursmasse des Reiches zu sein, sicherlich bewußt. Zwei Tage nach seinem Amtsantritt verlas er im Reichstag seine große Friedensrede, in der er sich auf der Basis der bislang geschmähten Vorschläge Wilsons zum Frieden um nahezu jeden Preis bereit erklärte. In der Woche darauf wurde in ganz Deutschland die amtliche Propaganda revidiert[1], schlagartig alles, was nach Siegfrieden aussah, entfernt, und der Rest auf tiefes Moll gestimmt; am 6. Oktober wurde die Reichskanzlerrede bereits überall als Plakat angeschlagen[2]. Ruhe und Ordnung wurden wieder zur ersten Bürgerpflicht.

Im selben Monat wurde Deutschland zum parlamentarisch regierten Staat nach westlichem Muster, das preußische Dreiklassenwahlrecht verschwand; jedoch beides zu spät; was noch wenige Monate vorher Konzession an die Arbeiterschaft, ihre endgültige Aufnahme in den Reichskörper hätte sein können, wurde nun zum Ausdruck der inneren Kapitulation und verfehlte so den Zweck der Beruhigung.

2. Die Revolution

Die bewußte Tätigkeit der USPD auf die Revolution hin setzte mit ihrer Gründung ein, wurde aber durch die Folgen des Januarstreiks unterbunden. Als Georg von Vollmar, der alte Führer der bayerischen Sozialdemokratie, im Sommer 1918 wegen Krankheit seinen Sitz im Reichstag aufgab, wurde eine Nachwahl nötig, in der sein bayerischer Platzhalter Erhard Auer und der aus der Untersuchungshaft entlassene Eisner kandidierten[3]. Der Wahlkampf war kurz und heftig, kurz deshalb, weil die Kapitulation, der Umsturz, ihn sinnlos machten, heftig, weil zwei Männer sich befehdeten, die als äußerste Exponenten der bayerischen Spielart des Sozialismus gelten können und sich gegenseitig als Ketzer — entweder gegen die Vernunft oder gegen das Dogma — als Verräter — entweder des Vaterlandes oder der Arbeiterschaft — bezeichnen konnten. Dem politischen Realisten Auer stand der idealistische Prophet gegenüber, ein Prophet, der manches mit phantastischer Helle sah, der sein Vaterland aus Liebe verriet — wenn der Widerstand, die Auflehnung, gegen eine überständige oder unmoralisch anmutende Staatsgewalt überhaupt Verrat sein kann —, den Menschen glühend liebte und selbst jenen, die er haßte, nicht mehr als Amtsenthebung antun wollte.

---

1 Telegramm Kriegspresseamt Berlin an MInn., 12. 10. 18, MInn 66338.

2 Erlaß *Brettreich* an Staatszeitung u. Verwaltungsbehörden, 6. 10. 18, MInn 66332.

3 Vgl. *Albrecht,* VII. 6. a., dort auch Literaturangaben und deren Würdigung in den Anmerkungen.

Am 23. Oktober hielt Eisner seine erste große Wahlversammlung im Schwabingerbräu ab. Es ging derart turbulent und laut zu, daß die Polizeibeamten keine Notizen machen konnten[4]. Das Polizeipräsidium mußte deshalb seinen Bericht aus den verschiedenen Angaben einzelner Polizisten kompilieren.

Diese Schwierigkeiten der Berichterstattung machen verständlich, wieso die Zeitungen so stark voneinander abweichende Darstellungen der Versammlung bieten. Während die Münchner Post eine heftige Agitation gegen die geplante Nationale Verteidigung — das Projekt einer levée en masse für den Fall, daß die Entente das deutsche Friedensangebot ablehnt — feststellt[5], berichtet die Polizeidirektion: „Sollte es zu einer nationalen Verteidigung kommen, so wird auch Eisner dafür sein[6]."

Die Münchner Neuesten Nachrichten etwa gehen auf diese Frage, wie auch auf andere, nicht ein[7].

Das Publikum empfing Eisner mit demonstrativem Beifall und verlangte, er solle von der Saalmitte aus sprechen. Er tat es dann von einem Tisch herab. In einem Rückblick auf die Januarstreiks berichtete er von dem Projekt, alle Zeitungen zu bestreiken und nur ein unabhängiges Blatt erscheinen zu lassen, und beschuldigte die Gewerkschaften, diesen Plan vereitelt zu haben. Ganz besonders Auer sei den „Streikenden in den Rücken gefallen". Mit dieser Bemerkung provozierte er eine Serie von Mißfallensäußerungen des Publikums über Auer. Als er feststellte, daß damals „weiteres Blutvergießen" an der Front hätte verhindert werden können, wenn der Streik nicht abgebrochen worden wäre, fand er lebhaften Beifall.

Deutschland trage die Schuld am Kriege, meinte er und forderte den Sturz der deutschen Monarchen, sie könnten irgendwo „ein ganz schönes Dasein führen". „Nur dann sei es möglich, Frieden und ein besseres Vaterland zu bekommen." Dann forderte er den Abtritt aller, einschließlich der sozialdemokratischen, Minister und die Möglichkeit für das Volk, „in den Amtsstuben und Parteiräumen Kontrolle zu üben, ob denn auch wirklich im richtig demokratischen Geiste gearbeitet wird. Das Volk habe ein Recht darauf, denn es sei lange genug belogen und betrogen worden." Der Name Liebknecht fiel in die Debatte, Eisner ging darauf ein und erklärte, „daß mit einem solchen gewählten Präsidenten die Entente in 24 Stunden Frieden schließen werde".

---

4 Hierfür u. f. d. folgende: Pol. Dir. Mch. an MInn., 25. 10. 18, MInn 66285.

5 Mcher. Post Nr. 249, 24. 10. 18, S. 4, hierauf stützt sich *Albrecht*, VII. 6. a.

6 Wie hier Anm. 4.

7 Bericht in Nr. 539, 24. 10. 18; „Die Unabhängigen im Wahlkampf."

Er sagte das auf Zuruf und sprach von einem gewählten Präsidenten. Implizite also war Voraussetzung für den Frieden weniger Liebknecht als das, daß ein Präsident gewählt, also die Republik deutsche Staatsform sei. Dann zählte Eisner die späteren Versailler Friedensbedingungen auf, den Inhalt des Versailler Vertrags: „Deutschland muß zugeben, daß es schuldig ist, und auch die nötigen Opfer bringen."

Er trat mit Worten Elsaß-Lothringen und preußische Landesteile ab und erhielt dafür den Beifall des Publikums. „Als jedoch Eisner weiter davon sprach, daß wir auch eine Kriegsentschädigung zahlen werden müssen, flaute der Beifall merklich ab." Sein politisches Ziel war die Republik „einschließlich Deutsch - Österreich".

„In den Schlußworten wurde auch ausgeführt, daß man unter Umständen zur Revolution greifen müsse[8], diese Revolution soll jedoch keine blutige Revolution, sondern eine geistige Revolution werden. Bomben und Granaten überlassen wir dem Militär." So sah die Revolution denn auch aus, sie war gänzlich unblutig, das Militär bot zwar die bewaffnete Macht dagegen auf, aber die Soldaten wollten nicht schießen.

„Nach dem Referat von Eisner verließ die große Mehrheit der Versammlungsteilnehmer eilig das Lokal. Nur die Untentwegten und die Leute, deren Neugierde noch nicht befriedigt war, blieben anwesend. Dieser Umstand beweist, daß die Anhängerschaft von Eisner trotz der Überfüllung des Saales nicht groß sein wird, Neugierde und Radaulust allein mögen die Gründe für den außerordentlich guten Besuch der Versammlung gewesen sein ...

„Aus Äußerungen der Versammlungsteilnehmer konnte man entnehmen, daß die Rede Eisners nicht allgemein befriedigt hat. Während manche seine Mäßigung auf die lange Haft zurückführten, bezeichneten andere seine Ausführungen als sinnloses Geschwätz."

Man muß sich vor Augen führen, was es für die Stimmung einzelner bedeutet, wenn die Forderung der Revolution als Mäßigung betrachtet wird.

In seiner Rede vom 30. Oktober[9] macht Eisner deutlich, unter welchen Bedingungen er der nationalen Verteidigung, die er schon am 23. Oktober befürwortet hatte, zustimmen würde: Wenn Deutschland eine Republik geworden sei und die Feinde seien nicht zum Frieden bereit,

---

[8] *Albrecht* schreibt auf Grund seiner Quellen, daß die „extreme Friedenspropaganda in eine Revolutionspropaganda umzuschlagen begann, auch wenn er sich in dieser Versammlung noch zurückhielt". a.a.O., VII. 6. a.

[9] *Schade*, S. 53 und *Albrecht*, VII. 6. a.

dürfe die nationale Verteidigung ausgerufen werden. Fürsprecher der bedingungslosen Kapitulation war er nicht. Selbstverständliche Voraussetzung aller Friedenspläne aber war wieder die Beseitigung des Kaisers und der Bundesfürsten. Wenig später rückte er von diesem Gedanken der nationalen Verteidigung ganz ab. Am Tage der österreichischen Kapitulation, dem 3. November, stellte er fest, es müsse, notfalls mit Gewalt, eine Volksregierung geschaffen werden, „die sofort Frieden schließe, damit das bayerische Volk nicht vernichtet werde. Es handle sich um die Rettung des Lebens aller. Die bayerischen Grenzen wären nicht allein bedroht durch den Einfall von Franzosen, Engländern und Amerikanern, sondern auch von dem auseinandergefallenen Österreich. Die Folge eines Einfalles sei eine Hungersnot, die wenigen Vorräte bei den Bauern seien in einigen Tagen aufgezehrt, die Zerstörung von Eisenbahnen und Fabrikanlagen bedingten eine Arbeitslosigkeit. Es drohe uns Vernichtung. Von der eingerosteten Regierung in Berlin seien Taten zur Herbeiführung des Friedens nicht zu erwarten, deshalb müsse eine Volksregierung in Bayern sofort Frieden schließen[10]."

Am Tag darauf einigten sich die Kontrahenten Auer und Eisner, alles zu tun, um im Eventualfall die nationale Verteidigung zu verhindern, notfalls sogar auf die Schanzen zu gehen, „auch wenn es um Kopf und Kragen geht"[11].

Wieder einen Tag später, am 5. November, hält Eisner eine weitere Versammlung auf der Theresienwiese. Um die aufgeputschten Teilnehmer, zwischen 2000 und 3000, vom sofortigen Marsch in die Innenstadt abzuhalten, kündigte er den Umsturz nicht nur für die nächsten Tage an[12], sondern präzise für Donnerstag, das ist der 7. November[13]. Er sprach von der „für Donnerstag angesetzten Aktion", die durch Voreiligkeiten nicht gefährdet werden dürfte, „denn zu dem guten Gelingen des Vorhabens bedürfe man nicht bloß Tausender, man bedürfe hiezu ganz München, Hunderttausender und auch der Bauern". Das war ganz eindeutig die präzise Ankündigung der Revolution. Die Behörden versuchten, sich darauf einzurichten; aber nicht nur diese Nachricht hatte sie zu verstärkten Vorbereitungen veranlaßt, auch die Residenzwachen sollten verstärkt werden. Am 4. November nämlich erfuhr der König „von einer überaus vertrauenswürdigen Persönlich-

---

10 Sicherheitskommissär August *Fauß*, Bericht vom 3. 11. 18, Best. 1914/18, st. G. K. I. b. AK., Fasz. 203.

11 *Albrecht*, VII. 6. b.

12 So Albrecht, VII. 6. b.

13 Bezirkskommissär *Micheler* an Pol. Dir. Mch., 6. 11. 18, Best. 1914/18, st. G. K. I. b. AK., Fasz. 203.

keit“, daß das Gerücht umgehe, „3000 Urlauber oder sonstige Soldaten beabsichtigten, vor die Residenz zu ziehen und dort für den Frieden sowie dafür zu demonstrieren, daß sie nicht mehr in der Westfront, sondern zur Verteidigung des Vaterlandes verwendet würden“.

Das stellvertretende Generalkommando umreißt in einer Aktennotiz, die mit jener Nachricht eingeleitet wird, die zu treffenden Maßnahmen: Kein Militär gegen das Militär. Im Falle von Meutereien soll sich die Polizei mit den Soldaten befassen, während die Soldaten zivile Ansammlungen zerstreuen sollten[14].

Die Soldaten aber, das sehen wir auch aus diesem Beispiel, waren längst nicht mehr bereit, sich nach Belieben einsetzen zu lassen. Sie waren wohl noch bereit, die Grenzen der engeren Heimat zu verteidigen, nicht aber eine Front, an der die geringere Gefahr für Bayern drohte.

Die Revolution stand ins Haus, die Behörden kannten den Termin und versuchten sich darauf einzurichten[15]. Aber die Schutzvorrichtungen mußten versagen. Alle Behörden waren sich darüber im klaren, daß sie nur mehr über äußerst unzuverlässige Kräfte verfügten[16]. Das Entscheidende aber war, daß die Soldaten in ihren Maschinengewehrnestern, die an vielen wichtigen Punkten aufgestellt waren und gewiß über genug Feuerkraft verfügt hätten, um jeden Aufruhr niederzuschlagen, gar nicht schießen wollten, weil sie der Meinung waren, sie müßten gegen eine Demonstration der Mehrheitssozialisten einschreiten[17]. Sie wollten selbst darüber entscheiden, gegen wen sie kämpfen, die Autorität der Vorgesetzten galt nichts mehr.

3. Nach der Revolution

Am 9. November übergaben die alten Minister ihre Ämter in aller Form und Förmlichkeit ihren revolutionären Nachfolgern[18], kein Mensch hatte den alten Staat verteidigt, niemand sich für ihn eingesetzt. Das bedeutete aber noch lange nicht, daß nun der neue Staat deshalb Freunde im Volk hatte, nur weil es nicht mehr die Monarchie war. Am Tag nach der Revolution war es kein Verdienst mehr, das was sich in der politischen Gedankenwelt der Unterschichten abgespielt

---

14 Aktennotiz vom 4. 11. 18, Betr. Unruhen, Best. 1914/18, St. G. K. I. b. AK., Fasz. 203.

15 Zusammenstellung der Maßnahmen bei *Albrecht*, VII. 7. a.

16 *Albrecht*, VII. 6. b.

17 Pol. Komm. *Fauß* an Pol. Dir. Mch., 7. 11. 18, Best. 1914/18, st. G. K. I. b. AK., Fasz. 203.

18 *Albrecht*, VII. 7. c.

hatte, durchzusetzen, denn es war ja alles Negation bestehender Zustände gewesen: Ende des Krieges, Fort mit Regierung und Monarchie, Ende der Not. Das wichtigste von allem, das Ende der Not, sollte sehr viel später, unter gänzlich neuen Bedingungen erst erreicht werden. Eine neue wirksame Autorität, die dem Chaos in allen Lebensbereichen ein Ende setzte, konnte die neue Regierung so wenig entwickeln wie die alte. Dazu waren wie im Krieg die Schwierigkeiten einfach zu groß.

Vor allem aber, der neue Staat besaß keine Legitimation. Von nirgends her hatte er seinen Auftrag. Zwar, das Volk hatte mit Hilfe der Revolutionsmänner das Verhaßte abgeschüttelt. Es war jeder recht und jeder akzeptiert, der die Negationswünsche in einem Konzept organisierte, sie durchführte, aber daraus ließ sich noch keine Rechtfertigung dafür herleiten, daß die Organisatoren der gewollten Revolution auch als Regierende zu installieren seien; so wie mit der alten Regierung das Chaos des Krieges wurde mit der neuen das Chaos der Demobilisierung und die Kapitulation, Versailles, verbunden, auch sie konnten das nicht herbeischaffen, was in Deutschland eine Regierung legitimiert: Ordnung und Brot.

Man hatte im Kriege die besser gestellten Schichten verwünscht und verflucht, aber man erkannte trotzdem ihre Führungslegitimation an. Das Bewußtsein von der Notwendigkeit gesellschaftlicher Hierarchien — wenn auch nicht Hierarchien der Geburt, aber doch des Besitzes, der Bildung und des Amtes — blieb gewahrt. Das Rätesystem konnte sich damit nicht vertragen. Dem bayerischen Volk war „die Erscheinung des geistigen Selfmademans völlig fremd“[19]. „Obwohl der Typ des Beamten ... längst verhaßt geworden war, hört man heute in der Provinz trotzdem nur eine Stimme: ‚Wie sollen Tapezierer oder Schneider oder Schlosser plötzlich regieren können?‘[20].“

Man konnte es sich nicht vorstellen, von seinesgleichen regiert zu werden. Der Versuch mußte scheitern. Die Revolution wurde allmählich zur unliebsamen Ordnungsstörung, und wurde damit belastet, daß der Krieg verloren gegangen war. Wie sehr man sie herbeigesehnt, um den Krieg zu beenden, beziehungsweise dazu beigetragen hatte, sie herbeizuführen, indem man die Autorität des alten Staates unterhöhlte, war bald vergessen. Die Stimme der Oberschichten, die während des Krieges nichts mehr gegolten hatte, kompromittiert war wie selten,

---

[19] Denkschrift über die Errichtung einer Zentralstelle für Volksaufklärung (Unterstaatssekretariat), verfaßt im Auftrag des Bauernrats im Volksstaat Bayern vom Schriftsteller Max *Kolmsperger* und Leutnant E. *Edelmann*, Mch., 3. 12. 18, S. 3, MInn 66338.

[20] Wie hier Anm. 19.

bekam wieder Gewicht. Die Republik war verraten, noch ehe sie recht begonnen hatte. Das Andenken an die Revolution als eines ehrenhaften Ereignisses verschwand hinter einem Wust von Legenden. In den Schulen gehört Kurt Eisner zu den großen Unbekannten, von denen nicht gesprochen wird. Aber an der Stelle seines Todes ist mit ungelenker Hand in den Verputz geritzt *Kurt Eisner*, und zwei Kreuze.

Aktenverzeichnis

(Von den durchgesehenen Archivalien werden nur diejenigen aufgeführt, die Materialien zum Thema enthalten)

I. Aus dem Bayerischen Hauptstaatsarchiv, Abt. I, = Allgemeines Staatsarchiv

A. Akten des ehemaligen Kgl. Bayerischen Staatsministeriums des Innern

MInn 54013—54015, Krieg 1914—1918, Allgemeines, 3 Bde. 1914—1918.

MInn 65715, Krieg 1914/... betr.: Flug- und Druckschriften, deren Verbreitung und Einsendung, Collektiva.

MInn 66269, Revolution 1918, Presseartikel und Manuskript F. v. Brettreichs: Vorgeschichte der Revolution vom 7. November 1918 in München, 1920.

MInn 66283—66284, Krieg 1914/18, hier: Demonstrations-Streiks, politische Umtriebe usw. 2 Bde. Jan.—Okt. 1918.

MInn 66285, Demonstrations-Streiks, — hier: Presseäußerungen.

MInn 66326, Die allgemeine Volksstimmung bzw. die Anzzeige wichtigerer Vorgänge, bis 1915.

MInn 66327, —66332 Stimmung in der Armee und in der Heimat, 6 Bde. 1916 bis 1919.

MInn 66336—66338, Krieg 1914/18, hier: Stimmung in der Armee und in der Heimat: Aufklärungsschriften, Flug- und Merkblätter, 3 Bde. 1916—1918.

MInn 66342, Betreff Stimmung in der Heimat, hier Bauernreisen.

MInn 66445—66449, Überwachung des Lebensmittelschmuggels, 5 Bde. 1916—1918.

MInn 71519, Verletzung der dem Monarchen schuldigen Ehrfurcht, — Majestätsbeleidigungen

MInn 71700, Politische Umtriebe 1855—19..

B. Akten des ehemaligen Kgl. Bayerischen Staatsministeriums des Innern für Kirchen- und Schulangelegenheiten:

MK 19288—19290, Volksstimmung; Volksaufklärung; Aufklärungsreisen der Feldgeistlichen; Politische Lage; Pressemitteilungen, 3 Bde. 1917—1918.

II. Aus dem Bayerischen Hauptstaatsarchiv, Abt. II, = Geheimes Staatsarchiv

MA 93830, Zulassung der Juden zum Staatsdienste 1802—1918.

MA 94823, Hetzartikel außerbayerischer Blätter über bayerische Ernährungsverhältnisse.

MA 95094, Reichskrisen 1917.

MA 97504, Gerüchte in Plattling über ein angeblich geplantes Attentat gegen Erzherzog Carl Franz Josef.

MA 97529, Mißgünstige Gerüchte über Österreich, Schmähschriften, Schmähpostkarten.

MA 97537, Kriegsziele, Friedenskundgebungen, Friedensschlußbedingungen, politische Zukunftsfragen 1914—1915.

MA 97547, Kulturbund deutscher Gelehrter und Künstler 1914/1918.

MA 97562, Ansammlung auf dem Marienplatz in München 1916.

MA 97580, Die deutsche Vaterlandspartei 1917—1918.

MA 97587, Der deutsche Bund, Vorlagen des Otto Ballerstedt in Fürth 1918.

MA 97588, Volksbund für Freiheit und Vaterland, 1918.

MA 97594, Aufklärung des Auslandes, hier: Versendung von Kundgebungen der technischen Hochschule nach Italien, 1914.

MA 97600, Angebliche Kriegsgreuel in belgischen Dörfern durch bayerische Truppen, 1914.

MA 97639, Bekämpfung feindlicher Umtriebe, 1917.

MA 97668, Der Krieg und die Juden, 1916/1918.

III. Aus dem Bayerischen Hauptstaatsarchiv, Abt. IV, = Kriegsarchiv

A. Akten des ehemaligen Kgl. Bayerischen Kriegsministeriums

MKr Handakt „Revolution“, noch ohne Signatur.

MKr 11528—11529, Sozialdemokratische Vereine (v. a. USPD), 1914—1918.

MKr 12786—12787, Bayerische Staatsverwaltung, Allgemeines. Krieg 1914/15, Wirtschaftliche Maßnahmen vom 2. 8. 1914 bis 27. 9. 1917, 2 Bde.

MKr 12819—12829, Volksernährung im Kriege, Festsetzung von Höchstpreisen für Gegenstände des täglichen Bedarfs, 11 Bde., 1914—1918.

MKr 12842—12850, Monatsberichte über Volksstimmung und Volksernährung, Bayerische stellvertretende Generalkommandos, 9 Bde., 1916—1918.

MKr 12860, Volksernährung, Beirat für Ernährungswesen.

MKr 12883—12884, Volksernährung, Fremdenverkehr, 2 Bde., 1916/18.

MKr 12918,	Sabotage durch Kriegsgefangene, 1917.
MKr 12920,	Akademische Freikorps, Bürgerwehren im Kriege, 1914—1919.
MKr 13346—13351,	Beschwerden, Klagen und Vorstellungen anläßlich des Krieges, 6 Bde., 1914—1917.
MKr 13366,	Friedensvereinigungen im Kriege 1914/15; Vorakt: ...Friedensvereinigungen — Konferenz 11. 9. 1915—31. 1. 1916.
MKr 13367—13374,	Friedensvereinigungen, Friedensbewegung, 8 Bde., 1914—1918.
MKr 13792,	Krankheiten aller Art und Seuchen im Kriege 1914—1915.
MKr 13857—13912,	Die Presse während des Kriegszustandes, 56 Bde., 1914—1918.
MKr 13939,	Noten an die Zivilstaatsministerien betr. Handhabung der Zensur, 1915—1916.
MKr 14025—14028,	Pressebesprechungen, 4 Bde., 1917—1918.
MKr 14029,	Berichte des Büros für Sozialpolitik, 1915—1918.

B. Die Akten des stellvertretenden Generalkommandos des I. bayerischen Armeekorps

Diese Materialien sind nach einem gänzlich undurchsichtigen System in der betreffenden Heeresstelle angelegt und verzeichnet worden, so daß sich hier eine Inhaltsbezeichnung der verwendeten Faszikel erübrigt. Wir geben also nur die betreffenden Faszikelnummern an:

Best. 1914/18, st. GK. I. b. AK. Fasz. 91
Best. 1914/18, st. GK. I. b. AK. Fasz. 129
Best. 1914/18, st. GK. I. b. AK. Fasz. 146 I und II
Best. 1914/18, st. GK. I. b. AK. Fasz. 200 I und II
Best. 1914/18, st. GK. I. b. AK. Fasz. 203
Best. 1914/18, st. GK. I. b. AK. Fasz. 204
Best. 1914/18, st. GK. I. b. AK. Fasz. 280 I und III
Best. 1914/18, st. GK. I. b. AK. Fasz. 281
Best. 1914/18, st. GK. I. b. AK. Fasz. 282
Best. 1914/18, st. GK. I. b. AK. Fasz. 283
Best. 1914/18, st. GK. I. b. AK. Fasz. 370
Best. 1914/18, st. GK. I. b. AK. Fasz. 371
Best. 1914/18, st. GK. I. b. AK. Fasz. 372

Auswahlbibliographie

Achleitner, Arthur, Kriegwirkungen im bayerischen Hochgebirge. Berlin 1916.

Albrecht, Willy, Landtag und Regierung in Bayern am Vorabend der Revolution von 1918. Studien zur gesellschaftlichen und staatlichen Entwicklung Deutschlands von 1912—1918. Diss. phil. München, Berlin 1968.

Amort, E. (= Erhard *Auer*), Ein Stück bayerischer Geschichte. München 1921.

Aretin, Erwein von, Krone und Ketten. Erinnerungen eines bayerischen Edelmannes. München 1955.

Bachem, Karl, Vorgeschichte, Geschichte und Politik der Zentrumspartei, 9 Bände. Köln 1927—1932.

Barth, Emil, Aus der Werkstatt der deutschen Revolution. Berlin 1919.

Bauch, Joseph, Die staatsrechtliche Entwicklung der bayerischen Kammer der Reichsräte während der Zeit ihres Bestehens 1818—1918. Diss. jur. München 1948.

Bauer, Otto, Die österreichische Revolution. Wien 1923.

Baumgarten, O., und andere, Geistige und sittliche Wirkungen des Krieges in Deutschland, = Wirtschafts- und Sozialgeschichte des Weltkrieges, hrsg. v. d. Carnegiestiftung für internationalen Frieden, Abt. für Volkswirtschaft und Geschichte, Bd. 4. Stuttgart 1927.

Das Bayernbuch vom Weltkriege 1914—1918. Ein Volksbuch, 2 Bde. Stuttgart 1930.

Die Bayern im Großen Kriege 1914—1918, hrsg. vom bayerischen Kriegsarchiv. München 1923.

Bayerns Finanzen und Steuerkraft 1913—1938. Finanzen und Steueraufkommen der bayerischen Gebietskörperschaften 1913—1938, = Beiträge zur Statistik Bayerns, Band 135. München 1942.

Bebel, August, Die Frau und der Sozialismus. Berlin 1923.

Bergsträsser, Ludwig, Die preußische Wahlrechtsfrage im Kriege und die Entstehung der Osterbotschaft 1917. Tübingen 1929.

Bernstein, Eduard, Die deutsche Revolution. Ihr Ursprung, ihr Verlauf und ihr Werk, Bd. 1. Berlin 1921.

Bertourieux, Joseph, Die Wahrheit. Autorisierte Übersetzung aus dem Französischen. Bern 1916.

Bethmann Hollweg, Theobald von, Betrachtungen zum Weltkriege, 2 Bde. Berlin 1919—1921.

Beyer, Hans, Von der Novemberrevolution zur Räterepublik in München. Berlin 1957.

Boldt, Werner, Der Januarstreik 1918 in Bayern mit besonderer Berücksichtigung Nürnbergs, in: Jahrbuch für fränkische Landesforschung, Bd. 25 (1965), S. 5—42.

Bonn, Moritz Julius, So macht man Geschichte. Bilanz eines Lebens. München 1953.

Bosl, Karl, Gesellschaft und Politik in Bayern vor dem Ende der Monarchie. Beiträge zu einer sozialen und politischen Strukturanalyse. ZBLG 28, 1965, S. 1—31.

— Der moderne bayerische Staat, in: Bayern, Ein Land verändert sein Gesicht, S. 11—32. München 1965.

Braun, Adolf, Sturmvögel der Revolution. Aktenstücke zur Vorgeschichte der Revolution. Berlin 1918.

Brentano, Lujo, Mein Leben im Kampf um die soziale Erneuerung Deutschlands. Jena 1931.

Buchner, Eberhard, Kriegsdokumente 1914/1915, 6 Bde. München 1914/15.

Buchner, Max, Die Haltung Bayerns am Vorabend der Revolution von 1918, in: Staat und Volkstum, Festgabe für Karl Alexander von Müller, S. 44 bis 76. München 1933.

Bülow, Bernhard Fürst von, Denkwürdigkeiten, 4 Bde., besonders Bd. 3: Weltkrieg und Zusammenbruch. Berlin 1930.

Buhl, Franz von, Reden und Aufsätze. München und Berlin 1922.

Chamberlain, Houston Stewart, Kriegsaufsätze. München 1914.

— Deutsches Wesen (Ausgewählte Aufsätze). München 1916.

Conze, Werner, Die Zeit Wilhelms II. und der Weimarer Republik. Deutsche Geschichte 1890—1933. Tübingen - Stuttgart 1964.

Dehio, Ludwig, Ranke und der deutsche Imperialismus. HZ 170, 1950, S. 307—328.

Delbrück, Clemens von, Die wirtschaftliche Mobilmachung in Deutschland 1914. Aus dem Nachlaß herausgegeben, ergänzt und eingeleitet von Joachim von *Delbrück*, München 1924.

Demeter, Karl, Otto von Kreß als bayerischer Kriegsminister. ZBLG 6, 1933, S. 85—109.

Dessoir, Max, Kriegspsychologische Betrachtungen, = Zwischen Krieg und Frieden, Heft 37. Leipzig 1916.

Deuerlein, Ernst, Der Bundesratsausschuß für die auswärtigen Angelegenheiten 1870—1918. Regensburg 1955.

Doeberl, Michael, Ein Jahrhundert bayerischen Verfassungslebens. München 1918.

— Sozialismus, Soziale Revolution, Sozialer Volksstaat. München 1920.

Der *Dolchstoßprozeß* in München, Oktober/November 1925. Eine Sammlung von Dokumenten. München 1925.

Der *Dolchstoßprozeß* in München (Oktober—November 1925). Eine Ehrenrettung des deutschen Volkes. München 1925.

Dürrwächter, Anton, Bayerns Eigenart vom Weltkrieg aus. München 1916.

Eberle, Theo, Die großen politischen Parteien und die Revolution 1918/1919 in München. Diss. phil. Tübingen 1951.

Eichhorn, Emil (Hrsg.), Protokoll über die Verhandlungen des Gründungs-Parteitages der USPD, 6.—8. April 1917 in Gotha. Berlin 1921.

Eisner, Kurt, Gesammelte Schriften, 2 Bde. Berlin 1919.

— Unterdrücktes aus dem Weltkrieg. München - Wien - Zürich 1919.

— Wachsen und Werden, Aphorismen, Gedichte, Tagebuchblätter. Leipzig 1926.

Engelhardt, V., An der Wende des Zeitalters. Individualistische oder sozialistische Kultur. Berlin 1925.

Epstein, Klaus, Matthias Erzberger und das Dilemma der deutschen Demokratie. Berlin - Frankfurt/M. 1962.

Erdmann, Karl Dietrich, Die Zeit der Weltkriege, = Bruno Gebhard, Handbuch der deutschen Geschichte, hrsg. von Herbert Grundmann, Bd. IV. Stuttgart [8]1959.

Ernst, Wilhelm, Die antideutsche Propaganda durch das Schweizer Gebiet im Weltkrieg, speziell die Propaganda in Bayern, = Münchner hist. Abhandlungen, Zweite Reihe, Kriegs- und Heeresgeschichte, Heft 3, S. 1—30. München 1933.

Eschmann, Ernst Wilhelm, Vom Sinn der Revolution. Jena 1933.

Eucken, Rudolf, Die weltgeschichtliche Bedeutung des deutschen Geistes, = Der deutsche Krieg, politische Flugschriften, hrsg. von Ernst Jäckh, Heft 8. Stuttgart - Berlin 1914.

Faulhaber, Michael von, Der Krieg im Lichte des Evangeliums. München 1916.

— Feldpredigten Nr. 1—2, 1915/16.

Fechenbach, Felix, Der Revolutionär Kurt Eisner. Berlin 1929.

Feiler, Arthur, Der Ruf nach den Räten, = Flugschriften der Frankfurter Zeitung Zur deutschen Revolution, Heft 6. Frankfurt/M. 1919.

Feine, Hans Erich, Das Werden des deutschen Staates. Vom Heiligen Römischen zum Großdeutschen Reich. Stuttgart - Berlin [2]1944.

Fischer, Fritz, Griff nach der Weltmacht. Die Kriegszielpolitik des Kaiserlichen Deutschland 1914—1918. Düsseldorf [3]1964.

Floerke, Hanns, Deutsches Wesen im Spiegel der Zeiten. Berlin 1916.

Foerster, Friedrich Wilhelm, England in H. St. Chamberleins Beleuchtung. Ein Protest von ... München 1917.

— Weltpolitik und Weltgewissen. München 1919.

— Erlebte Weltgeschichte. Nürnberg 1953.

Gaertner, Georg, Mit uns zieht die neue Zeit. Geschichte der Nürnberger Arbeiterbewegung bis 1918. Nürnberg 1928.

Geßler, Otto, Auf dem Nürnberger Bürgermeisterstuhl im Weltkrieg 1914 bis 1918, in: Festgabe für Seine Königliche Hoheit Kronprinz Rupprecht von Bayern, S. 98—120. München 1953.

Geßler, Otto, Reichswehrpolitik in der Weimarer Zeit, hrsg. von K. *Sendtner*, Stuttgart 1958.

Goldinger, Walter, Der geschichtliche Ablauf der Ereignisse in Österreich 1914—1945, in: Geschichte der Republik Österreich, hrsg. von Heinrich *Benedikt*, S. 15—288. München 1954.

Graf, Oskar Maria, Wir sind Gefangene, ein Bekenntnis aus diesem Jahrzehnt. München 1927.

Graßmann, J. von, Kurt Eisner, bayerischer Ministerpräsident, in: DBJ Überleitungsband 2 (1917—1920). Berlin 1928.

Grimme, Adolf und *Zilius*, Wilhelm (Hrsg.), Kulturverwaltung der zwanziger Jahre. Alte Dokumente und neue Beiträge. Otto Bennecke zum 65. Geburtstag. Stuttgart 1961.

Grisar, S. J., Hartmann, Der deutsche Luther im Weltkrieg und in der Gegenwart. Geschichtliche Streifzüge. Augsburg 1924.

Harden, Maximilian, Die Zukunft, Bd. 97—103. Berlin 1916—1918.

Heim, Georg, Ein Hilferuf der deutschen Landwirtschaft. Regensburg 1917.

— Die Kämpfer ums tägliche Brot. Die Lage der deutschen Landwirtschaft am Ende des vierten Kriegsjahres. Regensburg 1918.

Heimpel, Hermann, Die halbe Violine. Eine Jugend in der Haupt- und Residenzstadt München. Wiesbaden ²1958.

Held, Josef, Heinrich Held. Ein Leben für Bayern. Regensburg 1958.

Hepner, Adolf, Dr. Kurt Eisner, Bayerns erster republikanischer Ministerpräsident. Eine kritische Würdigung des Politikers Eisner vom mehrheitssozialistischen Standpunkt. München 1919.

Herbst, Wolfgang, Die Novemberrevolution in Deutschland, Dokumente und Materialien. (Ost-)Berlin 1958.

Hertling, Georg von, Erinnerungen aus meinem Leben, 2 Bde. München 1919/20.

Hertling Karl von, Ein Jahr in der Reichskanzlei. Erinnerungen an die Kanzlerschaft meines Vaters. Freiburg/Breisgau 1919.

Hilpert, Friedrich, Die Grundlagen der bayerischen Zentrumspolitik 1918 bis 1921. Diss. phil. Berlin 1941.

Hofmiller, Josef, Revolutionstagebuch 1918/19. Aus den Tagen der Münchner Revolution, = Hofmiller, Schriften Bd. II. Leipzig 1938.

— Ausgewählte Briefe, hrsg. von Hulda Hofmiller. Memmingen 1955.

— Vor der Münchner Revolution und die ersten Tage der Revolution 1918, in: Die Einkehr, Beilage der Münchner Neuesten Nachrichten Jg. 13, 1932, Nr. 29 — Jg. 14, 1933, Nr. 4.

Hohenlohe, Alexander von, Aus meinem Leben. Frankfurt/M. 1925.

Hubatsch, Walther, Der Weltkrieg 1914/1918, = Brandt - Meyer - Just, Handbuch der deutschen Geschichte IV/2. Konstanz 1955.

Huber, Ernst Rudolf, Deutsche Verfassungsgeschichte seit 1789, Bd. III, Bismarck und das Reich. Stuttgart 1963.

Huber, Ernst Rudolf (Hrsg.), Dokumente zur deutschen Verfassungsgeschichte, Bd. 3, Dokumente der Novemberrevolution und der Weimarer Republik 1918—1933, Stuttgart - Berlin - Köln - Mainz 1966.

Hundhammer, Alois, Geschichte des Bayerischen Bauernbundes. München 1924.

— Die landwirtschaftlichen Berufsvertretungen in Bayern. München 1926.

Jahrbücher der Bayerischen Akademie der Wissenschaften 1914—1921. München 1914—1922.

Jahrbuch der Ludwig-Maximilians-Universität München für die Jahre 1914 bis 1919. München 1927.

Jansen, Reinhard, Georg von Vollmar. Düsseldorf 1958.

Janßen, Karl Heinz, Macht und Verblendung. Die Kriegszielpolitik der deutschen Bundesstaaten 1914—1918. Göttingen 1962.

— Der Untergang der Monarchie in Deutschland, in: Weltwende 1917, S. 90—133. Göttingen 1965.

Jastrow, J., Im Kriegszustand. Die Umformung des öffentlichen Lebens in den ersten Kriegswochen. Berlin 1914.

Jedlicka, Ludwig, Das Ende der Monarchie in Österreich-Ungarn, in: Weltwende 1917, S. 65—89. Göttingen 1965.

Kaehler, S. A., Vorurteile und Tatsachen. Drei geschichtliche Vorträge. Hameln 1949.

Kallenbach, Richard, Heinrich von Thelemann, in: Die Kgl.-Bayer. Staatsminister der Justiz 1818—1918, hrsg. vom Staatsministerium der Justiz, II. Teil, S. 1005—1046. München 1931.

Kanzler, Rudolf, Bayerns Kampf gegen den Bolschewismus. Die Geschichte der bayerischen Einwohnerwehren. München 1931.

Knauf, Erich (Hrsg.), Welt werde froh! Ein Kurt Eisner Buch. Zum 10. Jahrestag der Ermordung ... Berlin 1929.

Koch, Ingeborg, Die Bundesfürsten und die Reichspolitik in der Zeit Wilhelms II. Diss. phil. München 1961.

Kolb, Eberhard, Die Arbeiterräte in der deutschen Innenpolitik 1918—1919. Düsseldorf 1962.

Kollmann, Eric C., Eine Diagnose der Weimarer Republik. Ernst Troeltschs politische Anschauungen. HZ 182, 1956, S. 291—332.

Kriegsbriefe gefallener Studenten. In Verbindung mit dem Deutschen Unterrichtsministerium herausgegeben von Philipp *Witkopp*. München 1929.

Kühnl, Reinhard, Die Revolution in Bayern 1918, in: GWU 14, 1963, S. 681 bis 693.

Legien, Karl — siehe *Thimme*, Friedrich.

Lensch, Paul, Die Sozialdemokratie, ihr Ende und ihr Glück. Leipzig 1916.

Lerchenfeld-Köfering, Hugo Graf von, Erinnerungen und Denkwürdigkeiten. Berlin 1935.

Liebig, Hans von, Der Betrug am deutschen Volke. München 1919.

Liebknecht, Karl, Gesammelte Reden und Schriften, hrsg. vom Institut für Marxismus-Leninismus beim ZK der SED, 8 Bde. (Ost-)Berlin 1958 bis 1966.

Loeb, Moritz, Der papierne Feind. Die Weltpresse als Schürer des Deutschenhasses. Augsburg 1918.

Ludendorff, Erich, Meine Kriegserinnerungen 1914—1918. Berlin 1919.

Lutz, Heinrich, Deutscher Krieg und Weltgewissen. Friedrich Wilhelm Foersters politische Publizistik und die Zensurstelle des bayerischen Kriegsministeriums, in: ZBLG 25, 1962, S. 470—549.

— Demokratie im Zwielicht. Der Weg der deutschen Katholiken aus dem Kaiserreich in die Republik 1914—1925. München 1963.

Mannheim, Karl, Ideologie und Utopie. Frankfurt/M. [4]1965.

Marx, H., Handbuch der Revolution in Deutschland. Chronologische Darstellung der Vorgänge unter besonderer Berücksichtigung der Vorgänge in Berlin, Bd. 1, Vorabend 9.—15. November 1919.

Mattes, Wilhelm, Die bayerischen Bauernräte. Eine soziologische und politische Untersuchung über bäuerliche Politik. Stuttgart-Berlin 1921.

Meyer, Eduard, England. Seine staatliche und politische Entwicklung und der Krieg gegen Deutschland. Stuttgart-Berlin 1915.

— Weltgeschichte und Weltkrieg. Gesammelte Aufsätze. Stuttgart-Berlin 1916.

Michels, Robert, Kurt Eisner (Unter Benützung von persönlichen Erinnerungen), in: Archiv für Geschichte des Sozialismus und der Arbeiterbewegung Bd. 14, 1929, S. 364—391.

Mitchell, Allan, Revolution in Bayern 1918—19. Die Eisner-Regierung und die Räte-Republik. München 1967.

Mitteilungen der K. Staatsministerien des K. Hauses und des Äußern und des Inneren über die Kriegstätigkeit der inneren Staatsverwaltung. München 1915.

Mommsen, Wolfgang J., Max Weber und die deutsche Politik. Diss. phil. Tübingen 1959.

Mühsam, Erich, Von Eisner bis Leviné. Die Entstehung der bayerischen Räterepublik. Berlin 1929.

Müller, Karl Alexander von, Nachruf auf Ludwig III., in: K. A. v. Müller, Deutsche Geschichte und deutscher Charakter. [2]1927.

— Aus Gärten der Vergangenheit. Erinnerungen 1882—1914. Stuttgart 1951.

— Mars und Venus. Erinnerungen 1914—1919. Stuttgart 1954.

Müller, R., Vom Kaiserreich zur Republik. Ein Beitrag zur Geschichte der revolutionären Arbeiterbewegung während des Weltkrieges, 2 Bde. Wien 1924/25.

Müller-Franken, Hermann, Die Novemberrevolution. Erinnerungen. Berlin 1928.

Müller-Meiningen, Ernst, Aus Bayerns schwersten Tagen. Erinnerungen und Betrachtungen aus der Revolutionszeit. München 1923.

Natterer, Alois, Der bayerische Klerus in der Zeit dreier Revolutionen 1918, 1933, 1945 = 25 Jahre Klerusverband 1920—1945. München 1946.

Naumann, Victor, Profile. 30 Portrait-Skizzen aus den Jahren des Weltkrieges nach persönlichen Begegnungen. München - Leipzig 1925.

— Dokumente und Argumente. Berlin 1928.

Nicolai, W., Nachrichtendienst, Presse und Volksstimmung im Weltkrieg. Berlin 1920.

Niemann, A., Revolution von oben, Umsturz von unten. Entwicklung und Verlauf der Staatsumwälzung in Deutschland 1914—1918. 1927.

Noske, Gustav, Erlebtes aus Aufstieg und Niedergang einer Demokratie. Offenbach 1947.

Nowak, K. F., Chaos. München 1923.

Oertzen, F. W. von, Die deutschen Freikorps 1918—1923. Stuttgart 1936.

Osel, Heinrich, Zur Entwicklung von Bayerns Industrie und Handel. München 1917.

Patemann, Reinhard, Der Kampf um die preußische Wahlreform im Ersten Weltkrieg. Düsseldorf 1964.

Pechmann, Wilhelm Freiherr von, Revolution und Monarchie in Bayern, in: Süddeutsche Monatshefte 26, 1929, S. 441—446.

Preise in Bayern von Januar bis Dezember 1918, hrsg. vom Statistischen Landesamt, Landespreisprüfungsstelle. München 1919.

Raatjes, John, The Role of Communism during the Munich Revolutionary Period November 1918—May 1919. Theses, Roosevelt University 1952 (masch. schriftl.).

Radek, Karl, In den Reihen der deutschen Revolution. München 1921.

Rappmannsberger, Franz, Karl Muth und seine Zeitschrift „Hochland" als Vorkämpfer für die innere Erneuerung Deutschlands. Diss. phil. München 1952 (masch. schriftl.).

Renner, Hermann, Georg Heim. Der Bauerndoktor. Lebensbild eines „ungekrönten Königs". München [2]1961.

— Georg Heim als Agrarpolitiker bis zum Ende des Ersten Weltkrieges. Diss. phil. München 1957 (masch. schriftl.).

Riedner, Otto, Ludwig III., in: DBJ 1920, S. 318 ff. Berlin - Leipzig 1929.

— Aus der Weltkriegspropaganda gegen Bayern. ZBLG 9, 1936, S. 440 ff.

Ritter, Gerhard, Staatskunst und Kriegshandwerk, Bd. 3, Die Tragödie der Staatskunst. Bethmann Hollweg als Kriegskanzler. München 1964.

Rosenberg, Arthur, Die Entstehung der Weimarer Republik. Frankfurt/M. 1961.

— Demokratie und Sozialismus. Zur politischen Geschichte der letzten 150 Jahre = „res novae", Veröffentlichungen zu Politik, Wirtschaft, Soziologie und Geschichte, Bd. 17. Frankfurt/M. 1962.

Rosenstock - Huessy, Eugen, Die europäischen Revolutionen und der Charakter der Nationen. Stuttgart - Köln 1951.

Rupprecht von Bayern, Mein Kriegstagebuch, 3 Bde, hrsg. von Eugen von *Frauenholz*. Berlin 1929.

Sailer, Benno Josef, Des Bayernkönigs Revolutionstage. Ein Beitrag zur Geschichte des Umsturzes in München. München 1919.

Schade, Franz, Kurt Eisner und die bayerische Sozialdemokratie (Schriftenreihe der Friedrich-Ebert-Stiftung). Hannover 1961.

Schäfer, Friedrich, Staat und Welt. Berlin 1922.

Schärl, Walter, Die Zusammensetzung der bayerischen Beamtenschaft von 1806 bis 1918. Kallmünz 1955.

Schlaich Heinz, W., Der bayerische Staatsrat. Beiträge zu seiner Entwicklung 1808/1809 bis 1918. ZBLG 28, 1965, S. 460 ff.

Schmitt, Gregor, Auf dem Weg zur Revolution von 1918 in Bayern. Parlamentarische Reformversuche vor der Novemberrevolution. ZBLG 22, 1959, S. 498 ff.

Schnabel, Franz, Das humanistische Bildungsgut im Wandel von Staat und Gesellschaft. Festrede bei der Bayerischen Akademie der Wissenschaften am 3. 12. 1955. München 1956.

Scholz, Heinrich, Das Wesen des deutschen Geistes. Berlin 1917.

Schosser, Erich, Presse und Landtag in Bayern von 1850—1918. Diss. phil. München 1951.

Schraepler, Ernst (Hrsg.), Quellen zur Geschichte der sozialen Frage in Deutschland Bd. 1, 1800—1870. Göttingen 1955.

Schricker, Rudolf, Rotmord über München. Berlin 1934.

Schücking, Walter, Der Weltfriedensbund und die Wiedergeburt des Völkerrechts = Nach dem Weltkrieg, Schriften zur Neuorientierung der auswärtigen Politik, Heft 2, Leipzig 1917.

Schwabe, Die deutschen Professoren und der alldeutsche Annexionismus 1914/1915. VfZG 14, 1966, S. 105 ff.

Schwend, Karl, Bayern zwischen Monarchie und Diktatur. Beiträge zur bayerischen Frage 1918 bis 1933. München 1954.

Seeberg, R., Zum Verständnis der gegenwärtigen Krisis in der europäischen Geisteskultur. Leipzig 1923.

Selig, Wolfram, Paul Nikolaus Cossmann und die Süddeutschen Monatshefte. Osnabrück 1967.

Sendtner, Kurt, Rupprecht von Wittelsbach, Kronprinz von Bayern. München 1954.

Siegert, Max, Aus Münchens schwerster Zeit. Erinnerungen aus dem Münchner Hauptbahnhof während der Revolutions- und Rätezeit. München und Regensburg 1928.

Skalweit, August, Die deutsche Kriegsernährungswirtschaft. Stuttgart - Berlin - Leipzig 1927.

Snell, John L., Die Republik aus Versäumnissen. Unterlassungen führten 1918 zum Zusammenbruch der Monarchie. WaG. XV, 1955, S. 196 ff.

Soboul, Albert, La Révolution française. 1789—1799. Paris [2]1951.

Speckner, Herbert, Die Ordnungszelle Bayern. Studien zur Politik des bayerischen Bürgertums, insbesondere der Bayerischen Volkspartei von der Revolution bis zum Ende des Kabinetts Dr. v. Kahr. Diss. phil. Erlangen 1956 (masch. schriftl.).

Spengler, Oswald, Preußentum und Sozialismus. München 1920.

Stampfer, Friedrich, Die 14 Jahre der ersten deutschen Republik. Hamburg ²1953.

Steffen, Gustav F., Krieg und Kultur. Sozialpsychologische Dokumente und Beobachtungen vom Weltkrieg 1914 (Aus dem Schwedischen). Jena 1915.

Steidle, Otto, Bayerische Verfassungsgeschichte von 1808 bis 1946. Diss. jur. München 1948 (masch. schriftl.).

Stoddard, Lothrop, Der Kulturumsturz. Die Drohung des Untermenschen. München 1925.

Süddeutsche Monatshefte, Jg. 11—16, 1913—1919.

Süßheim, Max, Revolution und bayerische Verfassung. München 1920.

Taube, Utz Friedebert, Ludwig Quidde. Ein Beitrag zur Geschichte des demokratischen Gedankens in Deutschland. München 1963.

Thimme, Friedrich und *Legien*, Karl (Hrsg.), Die Arbeiterschaft im neuen Deutschland. Leipzig 1915.

Thimme, Hans, Weltkrieg ohne Waffen. Die Propaganda der Westmächte gegen Deutschland, ihre Wirkung und ihre Abwehr. Stuttgart-Berlin 1932.

Thoma, Ludwig, Ein Leben in Briefen (1875—1921). München 1963.

Toller, Ernst, Eine Jugend in Deutschland, in: Prosa, Briefe, Dramen, Gedichte. Hamburg 1961.

Troeltsch, Ernst, Spektatorbriefe. Aufsätze über die deutsche Revolution und die Weltpolitik 1918—1922, hrsg. v. H. Baron. Tübingen 1924.

Varein, H. J., Freie Gewerkschaften, Sozialdemokratie und Staat. Die Politik der Generalkommission unter der Führung Karl Legiens (1890—1920). Düsseldorf 1956.

Voßler, Otto, Bismarcks Sozialpolitik, HZ 167, 1943. Sonderdruck, Darmstadt 1961.

— Die Revolution von 1848 in Deutschland. Neudruck, Frankfurt/M. 1967.

Wachter, Karl von, Zum Verständnis der Weltlage. Zugleich eine Auseinandersetzung mit Friedrich Wilhelm Foerster. München 1922.

Weber, Max, Wissenschaft als Beruf, Vortrag, gehalten im Winter 1918 vor Studenten der Münchner Universität, in: Gesammelte Aufsätze zur Wissenschaftslehre, S. 572—579. Tübingen ²1951.

Weltwende 1917, Monarchie — Weltrevolution — Demokratie. Für die Ranke-Gesellschaft, Vereinigung für Geschichte im öffentlichen Leben, hrsg. von Hellmuth *Rößler*, Göttingen 1965.

Das Werk des Untersuchungsausschusses der Verfassunggebenden Deutschen Nationalversammlung und des Deutschen Reichstags 1919—1928, Vierte Reihe: Die Ursachen des deutschen Zusammenbruchs im Jahre 1918, 12 Bde., davon besonders Abt. 2, Bde. 4—12: Der Innere Zusammenbruch. 1928/1929.

Wolff, Theodor, Vollendete Tatsachen 1914—1917. Berlin 1918.

Wortmann, Karl, Geschichte der deutschen Vaterlandspartei 1917/1918. Halle 1926.

Zilius, Wilhelm, siehe *Grimme*, Adolf.

Zils, W. (Hrsg.), König Ludwig III. im Weltkrieg. Briefe, Erlasse, Reden und Telegramme des Königs aus eiserner Zeit. München 1917.

Zimmermann, Werner Gabriel, Bayern und das Reich 1918—1923. Der bayerische Föderalismus zwischen Revolution und Reaktion. Diss. phil. Zürich, München 1953.

Zweite Vortragsfolge, Vom K. Staatsministerium des Innern am 11. und 12. März 1918 in München veranstaltet. München 1918.

Register

(Bei der Erstellung des Registers wurde keine Vollständigkeit angestrebt, einmal, weil zahlreiche Personen, die im Text oder in den Anmerkungen aufgeführt sind, kaum allgemeines Interesse an ihren Handlungen und Äußerungen beanspruchen und zum anderen, weil sich die Komplexität der Inhalte dieses Buches oftmals nicht unter Schlagwörtern rubrizieren läßt. Gleichwohl wurde versucht, auf Materialien zu bestimmten Themen — z. B. die Dolchstoßfrage — auch im Register hinzuweisen, obwohl an der angegebenen Stelle das Wort „Dolchstoß" nicht auftaucht.)

Ärmelkanal 59
Allgäu 180
Allgemeiner Deutscher Bäderverband 43, Anm. 16
Amberg 104, 195
Amira, Karl von 47
Anarchismus 50, 54, 199, 201
Annexionismus siehe auch Kriegsziele 12 f., 45 f., 53, 58—62, 71—77, 81, 85—88, 103, 122, 131 f., 135, 138, 140, 145, 147, 155, 158, 182 f., 199
Ansbach 74
Anti-Oorlog-Raad 46
Antisemitismus 11, 32 f.
„Arbeiterpolitik" 56
Arbeiterschaft 21, 25, 28, 40 ff., 49, 62, 84, 98 f., 102, 123—133, 143, 151 f., 161 f., 165, 168, 185, 189, 193—198, 200 f., 203
Arbeitsmarkt 28, 34 f., 63, 67, 97 f., 101, 110, 112 f., 197
Aschaffenburg 54, 107, 166
Auer, Erhard 25, 130, 174, 203 f., 206
Augsburg 32, 75, 84 f., 158, 194
„Augsburger Abendzeitung" 85
Auspurg, Anita 47, 52
Ausland GmbH. 43 Anm. 16

Ballerstedt, Otto 88, 138, 147
Ballin, Albert 134
Baltikum 59, 88, 138
Bamberg 30, 54, 73 ff., 195
Barthels, Adolf 59
Baumgarten, (?) 180 f.
Bayerische Akademie der Wissenschaften 45 Anm. 25, 47, 69, 77 f., 82 Anm. 52
Bayerischer Gesamtbauernverein 110
„Bayerischer Kurier" 93, 199 Anm. 45
Bayerischer Landesausschuß zur Fürsorgetätigkeit 66 f.
Bayerischer Landesverein für Heimatschutz 64 f.
Bayerischer Verein für Frauenstimmrecht 52
„Bayerische Staatszeitung" 182
Bayerischer „Partikularismus" 28 f., 89, 120 ff., 135—139, 145—148
Bayerisches Selbstverständnis 48, 54, 86—89, 134—148
Bayernhaß 145 ff.
Bayreuth 73 ff.
Beamte 23, 31 f., 63, 74, 89 f., 94—97, 162, 164, 174
Beamtenvereine 96 f., 100
Bebel, August 189
Beckh, Rudolf (?) 187
Belfort 178 f.
Belgien 59, 61, 80, 179, 181
Benedikt XV. 93
Berchtesgaden 122, 143, 179
Berlin 33, 48, 81, 83, 89, 109, 120, 135 f., 145 f., 164, 180, 184, 197, 199
„Berliner Tagblatt" 145 f.
Bern 39 f., 46, 55 f.
Bethge, W. 59
Bethmann Hollweg, Dietrich von 25
Bethmann Hollweg, Theobald von 13, 30, 59 ff., 67, 161
Bezzel, Hermann von 74
Bier 110, 125, 140 f., 168
Bismarck, Busso Otto von 40

Bismarck, Otto von 21, 189
Böhmen 166
Bolschewismus 190
Bonsels, Waldemar 44
Borchardt, Julian 56 Anm. 63
Bremen 47, 56
Brentano, Lujo 43
Breslau 47
Brest-Litowsk, Verhandlungen von .. 56, 62, 181 f., 191, 194, 197
Brettreich, Friedrich von 26, 32 ff., 40, 95, 101, 116, 127, 130, 147 f., 154, 161 f., 168—171, 175 f., 185, 194 f.
Briey-Longwy 72
Büro für Sozialpolitik 23 ff., 62, 128, 131
Bürokratismus 27, 31—36, 112 ff.,
Buhl, Franz von 73
Bulgarien 202
Bund der Industriellen 43 Anm. 16, 59 Anm. 72
Bund der Landwirte 43 Anm. 16, 59 Anm. 72
Bund deutscher Gelehrter und Künstler — siehe: Kulturbund ...
Bund deutscher Verkehrsvereine 43 Anm. 16
Bund neues Vaterland 47
Bureau International de la Paix 46
Burgfrieden 49, 60, 83, 131
Burglengenfeld 124
Busch, M. 76 Anm. 26

Caprivi, Leo von 21
Centralverband des deutschen Bank- und Bankiers-Gewerbes 43 Anm. 16
Centralverband deutscher Industrieller 43 Anm. 16, 59 Anm. 72
Chamberlain, Houston Steward 73 f.
Christentum 89—94
Colmar 179
Conradi, Friedrich (?) 105
Crusius, Otto 44, 77 f., 86

Dachau 107, 113 Anm. 16, 124, 152, 167
Dandl, Otto von 89, 145 Anm. 51
Dapper-Saalfels, D. von 76 Anm. 25
Defregger, Franz von 44
Deidesheim 73, 75
Delfzijl 41
Demokratie — siehe auch Parlamentarismus 46, 58, 76, 85 ff., 90 ff., 121, 134, 203 ff., 208 f.
Deubig, (?) 93 f.
Deutsche Friedensgesellschaft 46
„Deutsche Kirchenzeitung" 93
Deutscher Bauernbund 59 Anm. 72
Deutscher Handelstag 43 Anm. 16
Deutscher Landwirtschaftsrat 43 Anm. 16
Deutscher Städtetag 43 Anm. 16
Deutscher Überseedienst GmbH. 43 Anm. 16
„Deutsche Tageszeitung" 83
Deutschlandbild 43 f., 58—61, 77, 80 f., 85, 118, 120
Dillingen 73, 75
Doeberl, Michael, 11, 86
Dolchstoßlegende 11, 61 f., 81, 110, 119, 191, 198, 204 f., 208 f.
Drittes Reich 12 ff., 21
Düsseldorf 185

Ebersberg 119 (Anm. 47)
Eckersreut 195
Edelmann, E. 208 Anm. 19
Einhauser, Rudolf 55, 71
Eisele, (?) 142 (Anm. 39), 143 (Anm. 46)
Eisenbahn(-verwaltung) 24, 33, 54, 95, 161, 163 f., 171, 173, 177, 180, 185
Eisner, Kurt 13, 43, 83, 174, 190, 193, 196, 198 ff., 203—206, 209
Elsaß-Lothringen 59, 67, 87, 122, 138, 147, 166, 179, 205
England 26 f., 39, 66 f., 79, 121, 190 f.
Entente 56, 66 f., 78 f., 90 f., 202, 204
Erfurt 189
Erklärung der Dreiundneunzig 43
Erlangen 73 f., 76, 109, 186 f.
Essen 184
Eucken, Rudolf 78

Falkenhayn, Erich von 33
Faulhaber, Michael von 90 f.
Feuchtwangen 97, 118
Filmpropaganda 43, 65
Fischer, Otto, 47
Foerster, Friedrich Wilhelm 13 f., 80, 82
„Das Forum" 82
Francke, Ernst 128
Frankfurt/M. 165, 199
Frankreich 38, 41, 43, 59, 67, 73, 80 ff., 90, 107, 118, 120 f.

Frauen 35, 49 f., 52, 66 f., 88, 110, 122, 129, 164, 184, 187, 195, 197, 201
Frauenbund der deutschen Friedensgesellschaft 52
Frauenemanzipation 45, 52
Freiwillige 23, 102
Fremdenverkehr 43 Anm. 16, 72, 120, 127 f., 142—146, 154 f., 164, 166 ff., 170, 180, 188
Friedensinitiativen 51, 67, 93, 203 f.
Friedenssehnsucht 23 ff., 42, 46 f., 49 ff., 60, 62 f., 66 f., 91, 102 ff., 107 f., 110, 118—122, 131 f., 136 ff., 145, 151 f., 154, 180 ff., 184, 192, 197, 199, 204 f.
Friedensvereinigung München 47
Friedrich Wilhelm, deutscher Kronprinz 39, 57, 183
Frühjahrsoffensive 1918 15, 24, 57, 106, 185 f., 191, 202
Fürth 28, 74, 88, 130, 138, 195
Füssen 127, 143, 148, 188

Ganghofer, Ludwig 45
Garmisch 74
Gaststätten 25, 54, 70 f., 104, 127, 142 f., 150, 161, 167—170, 186
Gebsattel, Konstantin (?) von 59 Anm. 72, 73
Gefangenschaft 38, 40, 42
Geldwert — siehe auch Löhne 27 f., 30, 33, 49, 69 f., 89 f., 94, 98 ff., 110, 116, 119, 125 f., 140 f., 143 f., 148 f., 152, 156—159, 165 f., 170
Gemünden 167
Genf 80
Germersheim 105, 108
Gerstl, Max 101
Gerüchte 39, 62, 106, 122, 147, 163, 178—184
Geßler, Otto 99
Gewerkschaften 84, 123, 127—130, 196, 199 f., 204
Giehrl, Ludwig 101, 106
Grauert, Hermann von 71, 76 Anm. 27
Groningen 41
Großbürgertum 27, 43 ff., 47 ff., 58—62, 69—97, 101, 131 f., 145, 151, 153 ff., 161, 166, 169, 175, 180, 196, 208
Großes Hauptquartier 57
Großindustrie 25, 57, 72 f., 89, 99, 126, 131 f., 134 f., 139
Gruber, Max von 73, 132
Grundherr, Ludwig von 71, 153 (Anm. 89)
Gunzenhausen 74

den Haag 45 f.
Haar-Eglfing 31, 124
Haase, Hugo 189 f., 194
Halbe, Max 45
Halle 56
„Hallesches Volksblatt“ 56
Hamburg 132
Hamsterbekämpfung 34, 94—97, 100 f., 108, 115, 140, 144 f., 154, 167, 170—178
Hamsterei 30, 33, 70 ff., 90, 92, 94—97, 100 f., 105 ff., 110 ff., 114 ff., 126 f., 140—145, 148, 150, 153 ff., 159, 180
Hardt, Ernst 44, 76 (Anm. 28)
Hauck, Albert 71
Heeresversorgung 26, 30, 103, 119, 161, 179
Heilberg, Adolf 47
Heim, Georg 29, 110, 113, 117, 173
Held, Heinrich 104 f.
Hellingrath, Philipp von 26, 32, 36, 72, 88 f., 96, 106, 134 ff.
Hertling, Georg von 14, 59 Anm. 72, 95 f., 104, 136, 146, 161 f., 202
Herzog, Wilhelm 82 f.
Heydebrand und der Lasa, Ernst von 134
Heymann, Lida Gustava 47 ff., 52
Hierl, Michael 104
Hindenburg, Paul von 39, 57, 66, 181 ff., 191 f.
Höchstpreise 27—30, 71, 111, 114, 117, 119, 149, 161
Hörnle, Eduard 41
Hoesch-Ernst, (?) 48, 50, 52
Hof 30, 74, 185, 187, 195

Industriellendenkschrift vom 10. 3. 1915 45, 59 (Anm. 72), 72 f.
Ingolstadt 29, 104 f., 125, 141, 161, 165, 186 f.
Innenministerium, bayerisches 23, 62 Anm. 78, 64, 115, 130, 174, 183, 197
Innere Mission 64
Internationaler Frauenkongreß 45 f.
Internationales öffentliches Verkehrsbüro 43 Anm. 16
Internationale Zentralorganisation für einen dauerhaften Frieden 46

Internationalismus 42, 45 f., 49 f., 53, 80 ff., 85, 92 f., 108, 118—121
Isonzo-Front 202
Italien 23 f., 43, 56, 122, 179, 181, 202

Jaffé, Edgar 83
Japan 80
Jugendschutz 124
Justiz 57, 172, 174 f., 178

Kämpfer, Richard 192
Kätzler, Gabriele 162
Kahr, Gustav von 54, 120, 200
Kaiserslautern 115, 126
Kapp, Wolfgang 60 f., 86
Karl, Kaiser von Österreich 202
Kaufbeuren 107, 110
Kaulbach, Fritz August von 45
Kempten 180, 195
Key, Ellen 48
Kiefersfelden 118
Kinder 40 f., 163, 187 f.
Kirchheimbolanden 115
Kirchseeon 124
Kirdorf, Emil 134
Kissingen 73, 165, 167, 169
Klerus 47, 63 ff., 74, 89—94, 117, 149
Klitzsch, Ludwig 43 Anm. 16
Knief, Johann Heinrich 56 Anm. 63
Knilling, Eugen von 64, 95 f., 149
Köln 143
Königsberg 60
Kolb, Annette 80
Kolmsperger, Max 208 Anm. 19
Konstanz 39, 41
Kraepelin, Emil 73
Krawalle 26, 35, 42, 48, 52, 62, 88, 106, 109, 125 ff., 148, 154, 175, 183—188
Kreß, Otto von 14, 29, 32, 49, 62 ff., 67, 136, 149, 170 f., 183 f.
Kriegsanleihen 25, 54, 59, 62, 94, 117 ff., 157 f., 191
Kriegsausbruch 23, 27, 43 f., 65, 77, 83, 97, 179, 189
Kriegsgesellschaften 27, 119, 136, 139
Kriegsgewinnler — siehe Hamsterei
Kriegsministerium, bayerisches 24 ff., 65, 84, 112, 129
Kriegsministerium, preußisches 27, 64 f., 128
Kriegspresseamt 65 f., 83, 85, 121, 135, 142 Anm. 39, 196 f.
Kriegsschuld 13, 38, 42, 55, 59, 66 f., 79 f., 100, 118 f., 137, 147, 151, 190 f., 204
Kriegssinn 42, 44 f., 59—63, 78 f., 81, 85 f., 90 ff., 103, 121 f., 131 f., 151
Kriegsverlauf 23—26, 54, 77, 156, 178 —183, 191 f., 197, 206
Kriegswirtschaft 13, 21, 27 ff., 33 f., 60, 67, 69 f., 72, 88 ff., 92, 98 f., 109—112, 114—119, 123 f., 136, 139 ff., 156—160, 169, 192, 199 ff.
Kriegsziele — siehe auch Annexionismus 12 f., 45, 59—62, 85 f., 138 f., 154, 181
Kronach 124
Krupp von Bohlen und Halbach, Gustav 134
Krupp-Werke München 123
Kühlmann, Richard von 182
Kulturbund deutscher Gelehrter und Künstler 44 f., 75 f., 87
Kultusministerium, bayerisches 48, 116 f.
Kutscher, Arthur 45

Landarbeiter 34 f., 110, 112 f., 123, 129, 152 f.
Landauer, Betty 200
Landauer, Emilie 192, 200
Landshut 179
Landwirtschaft, Landbevölkerung 21, 25, 28 ff., 34 f., 54 f., 64 f., 92, 101, 107, 109—122, 124 f., 129, 139, 145 f., 148—153, 157 ff., 163—166, 197, 206
Lazarette 29, 104 f., 197
Lebensmittelversorgung 18, 21, 26—31, 33 ff., 42, 53, 57, 60, 62 f., 67—72, 90, 94—99, 101 ff., 105, 107, 110 ff., 114 f., 121, 124—132, 139—146, 148—154, 156 f., 167—171, 175 ff., 180, 182—185, 192, 196 f., 206
Legien, Carl 83 Anm. 57
Lehrerschaft 47 f., 63, 89, 94
Leipzig 47, 56
„Leipziger Volkszeitung" 56
Lenin, Wladimir J. 181, 197
Lerch, Eugen 230
Lerch, Sara Sonja 193, 199 f.
Lichnovski, Karl Max von 80, 190 f., 198
Liebknecht, Karl, 53, 85, 189 f., 204
Lindau 56, 73, 75
Linde, Karl von 45
Löhne — siehe auch Geldwert — 28, 40, 84, 99, 113, 123 ff., 129, 141, 151 f., 196 f.
London 80, 190

Ludendorff, Erich 42, 181 f., 192, 202
Ludwig II. 50 f., 146
Ludwig III. 50 f., 77, 86, 88, 122, 137, 147 f., 155, 179 f., 206 f.
Ludwig, Herzog in Bayern 161
Ludwigshafen 73, 75, 115, 195
Luttner, Ferdinand 192

Mann, Thomas 45
Marburg 81
Marcks, Erich 31, 73, 76 Anm. 27
Marquartstein 74
Marx, Karl 189 f.
Matt, Wilhelm 54
Max, Prinz von Baden 183, 202 f., 206
Max, Stora 52
Mayr, Georg von 47, 76 Anm. 27
Mayr, Roman 119 Anm. 50, 138 f. (Anm. 21)
Mehring, Franz 190
Meinecke, Friedrich 83
Meinl, Julius 80
Meßamt für die Mustermesse Leipzig 43 Anm. 16
Meßmer, (?) 33, 64, 121 f., 180
Metz 104, 179
Meyer, Eduard 78 f.
Michler, (?) 192
Miesbach 113
Militarismus 78, 80 f., 90 f., 190 f.
Mittelfranken 73 f., 116, 118, 125, 158, 165, 195
Mittelständische Organisationen 98 ff.
Mittelstand 71 f., 97—102, 106, 192 f., 195, 198, 208
Monarchie — monarchischer Gedanke 41, 50 f., 57 f., 67, 77, 85 ff., 90 ff., 121 f., 132, 137, 146 ff., 155, 183, 190 f., 199, 202, 204, 206 f.
Moskau 190
Mühldorf 150, 163, 172, 179
Mühlon, Wilhelm 80
Mühsam, Erich 191, 193, 201
Müller, Wilhelm 120
München 24, 31, 35, 39, 47 f., 50 ff., 54 f., 59, 70 f., 73—76, 81 ff., 85, 88, 91, 101, 105 f., 109, 117, 121, 123, 132, 147 f., 150, 153 f., 165, 167, 169, 176—179, 184, 186 ff., 190—196, 199, 203—207
„München-Augsburger Abendzeitung" 80, 177
„Münchner Neueste Nachrichten" 70, 80 f., 83 ff., 128, 204
„Münchner Post" 204
„Münchner Zeitung" 178
Muth, Karl 80

Naila 195
Nationaler Frauenausschuß für dauernden Frieden 46, 52
Nationale Verteidigung 204, 206
„Neues Münchner Tagblatt" 105
Neustadt an der Waldnaab 125, 185
Neu-Ulm 186
Niederbayern 34, 65, 73 f., 111, 122, 147, 159, 194
Niederlande 39, 41, 45 f., 59
Noske, Gustav 83
Nürnberg 28 f., 32 f., 53, 73 f., 99, 101 f., 104, 126, 130, 193, 195, 198

Oberbayern 54 f., 73 f., 94, 142 f., 167, 195, 200
Oberfranken 30, 73 f., 120, 125, 185, 195
Oberpfalz 73 f., 124, 147, 151, 159, 166, 180, 185, 195
Oberste Heeresleitung 67, 108, 135, 146, 180
Odessa 199
Öffentliche Sicherheit — siehe auch Rechtssicherheit — 112, 115 f., 148, 150, 163 ff., 184—188
Österreichische politische Gesellschaft 80
Österreichischer Verband für allgemeine Verständigung 46
Österreich-Ungarn 59, 79, 91, 122, 139, 179, 181, 202, 205
Oetker, Friedrich 47
Offiziere 25 f., 54, 96, 102—107, 109, 135, 137, 161, 169, 173, 179—182, 186
Oncken, Hermann 83
Ostsee 59
Ow, Sigismund Felix von 90 f.

Parlamentarismus — siehe auch Demokratie — 46, 85 ff., 183, 202 f.
Passau 54, 65, 90, 137
Pathé-film 43
Patriotismus 48, 80—85, 118—122, 134, 137 f., 142, 146 f., 203 f., 207
Payer, Friedrich von 146
Pazifismus 12 f., 37, 42, 45—52, 60, 62 f., 80—86, 91—94

Perlberg, Max 31, 50
Pfalz 34, 38, 66 f., 73 f., 93 f., 97, 107, 115, 125, 150, 163, 173, 179, 195
Pfronten 127
Polen 59
Polizei 26, 32, 34, 107 ff., 114 ff., 161, 164, 166, 170—174, 176 ff., 184, 190, 207
„Die Post“ 81
Postgeheimnis 171 ff., 175 f., 178
Postwesen 36, 47, 56, 163 f., 171 f.
Pranckh, Klara von 50
Praun, Paul von 180
Presse 18, 37, 53, 58, 80—85, 93, 103, 130, 135, 139, 145 f., 150, 181 f., 184, 204
Preußen 21 f., 53, 87 ff., 119, 131, 135 f., 205
Preußenhaß 21 f., 54, 56, 66, 72, 77, 87 ff., 108, 119—122, 132—148, 177, 180, 182 f., 188, 190 f.
Preußische Wahlrechtsfrage 84, 86 f., 132 ff., 145 f., 203
Professoren 43 ff., 73—82
Professorendenkschrift vom Juli 1915 45, 47, 59 (Anm. 73), 71, 73—76
Propaganda — annexionistische, konservative und reaktionäre 58—62, 131, 146 f., 157 f.
Propaganda, deutsche im Ausland 43 f.
Propaganda, feindliche 12, 26, 37—45, 55 f., 58, 77, 81, 83 f., 131, 180
Propaganda, pazifistische 45—52, 55, 58, 63, 131, 158
Propaganda, sozialistische und revolutionäre 50, 52—57, 131, 197, 199
Propaganda, staatliche 26, 33, 61—68, 90 ff., 94, 97, 101, 112, 116 ff., 120, 130 f., 135, 137, 149 f., 180 f., 196, 202 f.

Quidde Ludwig 14, 47, 81 f.

Radek, Karl (eigentl. Sobelsohn) 56 Anm. 63
Räterepublik in Bayern 14, 193, 208
Ranke, (?) von 70 f.
Rattinger, (?) 65
Rechtssicherheit — siehe auch öffentliche Sicherheit — 174—178
Regen/Opf 166
Regensburg 74, 117, 122
Regierung, bayerische 21, 27, 29 f., 54, 61—65, 67 f., 72, 89, 94 ff., 119, 130, 136, 139, 141, 147 f., 162, 180, 198, 200
Rehau 195
Reichenhall 143
Reichsdeutscher Mittelstandsverband 59 Anm. 72
Reichsleitung 25, 27, 60 ff., 67, 86, 117, 136, 141 f., 158, 161, 180, 190, 198, 206
Reichsratskammer, bayerische 86
Reichstag, deutscher 27, 87, 189, 203
Reichstagsresolution vom 19. 7. 1917 51, 67, 158
Reichsverband deutscher Städte 43 Anm. 16
Reichsverband zur Bekämpfung der Sozialdemokratie 83
Reservatrechte, bayerische 135
Revolution als Problem oder Forderung 22, 42 ff., 54, 56, 83 f., 90, 99—102, 110, 112, 118, 122, 127 f., 131, 137, 147 f., 154, 185, 189—192, 196, 199, 202, 204—207, 209
Revolution von 1918 in Deutschland (resp. Bayern) 11 f., 14, 18 f., 21, 26, 102, 109, 122, 127, 130, 148, 160, 174, 188, 193, 196, 199, 209
Rheinprovinz 67, 163, 179
Ries, Alois 54
Rösemeyer, Hermann 56
Rotes Kreuz 105
Rothenburg o. T. 36
Rumänien 23
Rupprecht, Kronprinz von Bayern 146
Russische Revolution 54, 132, 181, 190, 202
Rußland 48, 56 f., 59, 61, 67, 118, 202

Saargebiet 163
Sachsen 42, 147
Sawyer, (?) 39
Schaudig, Hilmar 64
Scheidemann, Philipp 83 f.
Scherl, August 180
Schiedsgerichtsbarkeit, internationale 46, 51
Schleißheim 74
Schlesien 185
Schlittenbauer, Sebastian 25, 113
Schmitt, Franz 199
Schmoller, Gustav 43
Schönwald 195

Schongau 91, 162
Schücking, Walter 13, 47, 81
Schulen 29, 48, 65
Schultze, Oskar 76 Anm. 25
Schwabach 67
Schwaben 54, 73 f., 138, 142 f., 158, 167, 180, 194 f.
Schwabing 82 Anm. 54, 193
Schwarzhandel — siehe Hamsterei
Schweden 59
Schweiz 39 f., 45 f., 48, 53, 55 f., 181
Schweizerisches Kommitte zum Studium der Grundlagen eines dauernden Friedens 46
Sedelmayer, Ferdinand 91 ff.
Seeberg, Reinhold 45 (Anm. 23), 59 (Anm. 73)
Seidl, Emanuel von 45, 76 (Anm. 27)
Seidlein, Lorenz von 29 f., 33, 95, 161, 171, 175
Selb 195
Selbitz 32
Selbstbestimmungrecht der Völker 45 f., 61, 199
s'Gravenhage 46
Siglmüller, (?) 65
Skandinavien 39, 41
Soden-Frauenhofen, Max von 23, 27 f., 140, 149, 157
Soldaten — siehe auch Urlauber — 25 f., 38 f., 55—59, 63, 84, 101—109, 112 f., 122, 137, 161, 163, 173, 178 f., 184, 186 f., 198, 205, 207
Sonnenburg, Falkner von 14, 24, 50 f., 72, 92, 96 f., 100, 114, 118, 126 f., 136, 140, 157, 182 f.
Sontheimer, Josef 201
Soziale Spannungen — Klassenkampf 22, 26, 49, 52—58, 61 f., 71 f., 86 f., 103—106, 118, 121, 127 f., 131 ff., 145, 153 ff., 175, 191 f., 208
Sozialismus 49 f., 52—57, 83 ff., 99 f.
Sozialistengesetze 189
SPD 52, 61, 83 ff., 93, 100, 109, 127—131, 189 f., 196—200, 203 f., 206 f.
Speyer 73, 75, 117
Staatsautorität 26 f., 42, 64, 96—100, 107—110, 114, 116 f., 120 ff., 130, 151 ff., 155—162, 174—178, 180 f., 186 ff., 206—209
Stadtbevölkerung 28, 63, 101, 112, 115 f., 121, 148—155
Starnberg 74
Stettin 185
St. Ingbert 125
Stockholmer Sozialistenkonferenz 15. 5. 1917 55
St. Petersburg 59
Straßburg 26
Straubing 29, 122
Streiks 42, 53, 62, 83, 85, 101 f., 123 f., 126 f., 129 f., 133, 151 f., 182, 190 f., 194, 196—201, 204
Streitberg 74
Stuck, Franz von 45, 76 Anm. 27
Stuttgart 40
„Süddeutsche Monatshefte" 82
Süßheim, Max 104
Sulzbach 167
Suttner, Berta von 48

Tann, Luitpold von der 30 f., 111, 201 Anm. 54
Textilindustrie 28
Thelemann, Heinrich von 178
Thiaumont 108
Thimme, Friedrich 83 (Anm. 57)
Thoma, Ludwig 80
Thyssen, Fritz 134
Timm, Johannes 131, 200
Tirpitz, Alfred von 61
Toller, Ernst 193, 200
Traunstein 97, 106, 117, 169, 201
Triest 181
Troeltsch, Ernst 83
Trotzki, Leo 132, 197
Türkei 181, 202

U-Boot-Krieg 23, 60, 65, 67, 197
Ufa-Film 65
„Ulk" 145 f.
Ulm 174
Unitarismus des Reiches 21 f., 87 ff., 119, 134 ff., 138 f., 141, 147, 182 f., 192
Universitäten 74 ff., 80, 82
Unterfranken 48, 55, 73 ff., 117, 120, 125, 195
Unterleitner, Johann Baptist 200
Urlauber — siehe auch Soldaten — 25 f., 36, 55, 112 f., 117 f., 161
USA 23, 197
USPD 13, 42, 51, 54, 85, 102, 123, 129, 185, 190—201, 203—208

Vaterländische Volkshilfe 64

Vaterlandspartei, deutsche 12 f., 61, 62 (Anm. 78), 131 ff., 182 f.
Verein für das Deutschtum im Ausland 43 Anm. 16
Verfassung des Reiches 21, 85—91, 134 f., 139, 155, 189, 203
Versailles 191, 205, 208
Völkerbund 46, 51
Völkerhaß 14, 44, 78 f., 82, 103
Völkerrechte 44
Volksverein für das katholische Deutschland 64
Vollmar, Georg von 25, 189, 203

Wahlkampf Auer-Eisner 203 f.
Wasserburg 161 (Anm. 6)
Wegner, Marie A. 47
Weiden 185
Weimarer Republik 11 f., 91, 207 ff.
Weißenburg 115
Weltfriedenswerk vom Weißen Kreuz 93 f.
Wien 80, 199
Wilhelm II. 26, 41, 57, 66 f., 83, 121, 181, 183
Willstätter, Richard 45
Wilson, Woodrow 46, 203
Winter, Albert sen. 192, 206
Wirth, (?) 131
Wirtschaftsstruktur des Reiches 21 f.
Wölfflin, Heinrich 45
Wörishofen 164, 180 f.
Wolfgruber, (?) 93 f.
Württemberg 42
Würzburg 47, 73, 75 f., 105, 174 186
Wundt, Wilhelm 47

Zahn, Friedrich 76 Anm. 27
Zehetmaier, Maria 48
Zensur 18, 26, 37 f., 47, 51, 61, 80, 93, 135
Zentralpolizeistelle Bayern 39, 55 f.
Zimmerwalder Konferenz 53
Zügel, Heinrich 76 Anm. 27
Zukunftsfragen 25, 77, 82, 85 f., 102, 118, 134, 139 f., 191, 205 f.
Zusammenbruch, deutscher 24 f., 43 f., 57, 85, 102, 109, 130, 159, 183, 196, 202 f., 205 f.

FSC
www.fsc.org
MIX
Papier | Fördert
gute Waldnutzung
FSC® C083411

Kolibri 360 GmbH
Ferdinand-Jühlke-Straße 7
99095 Erfurt, Deutschland
produktsicherheit@kolibri360.de

Druck:
CPI Druckdienstleistungen GmbH
im Auftrag der
Kolibri 360 GmbH
Ferdinand-Jühlke-Str. 7
99095 Erfurt